Schutzwürdigkeit eingezogenen Vermögens

Frankfurter kriminalwissenschaftliche Studien

Herausgegeben von
Prof. Dr. Cornelius Prittwitz

Bd./Vol. 172

Zu Qualitätssicherung und Peer Review der vorliegenden Publikation

Die Qualität der in dieser Reihe erscheinenden Arbeiten wird vor der Publikation durch Herausgeber der Reihe geprüft.

Notes on the quality assurance and peer review of this publication

Prior to publication, the quality of the work published in this series is reviewed by editors of the series.

Jennifer Seyderhelm

Schutzwürdigkeit eingezogenen Vermögens

Der Wertungswiderspruch zwischen Vereinsgesetz und § 263 StGB im Lichte der Gesamtrechtsordnung

PETER LANG

Berlin - Bruxelles - Chennai - Lausanne - New York - Oxford

Bibliografische Information der Deutschen Nationalbibliothek
Die Deutsche Nationalbibliothek verzeichnet diese Publikation in der Deutschen Nationalbibliografie; detaillierte bibliografische Daten sind im Internet über http://dnb.d-nb.de abrufbar.

Zugl.: Frankfurt (Main), Univ., Diss.,13.02.2024.

D 30
ISSN 0170-6918
ISBN 978-3-631-92180-7 (Print)
E-ISBN 978-3-631-92185-2 (E-Book)
E-ISBN 978-3-631-92186-9 (E-PUB)
DOI 10.3726/b22000

Verlegt durch: Peter Lang GmbH, Berlin, Deutschland

info@peterlang.com- www.peterlang.com

Diese Publikation wurde begutachtet.

Für meine Familie

Vorwort

Die vorliegende Dissertation ist im Sommersemester 2023 vom Fachbereich Rechtswissenschaften der Johann Wolfgang Goethe-Universität Frankfurt am Main als Dissertation angenommen worden.

Zunächst möchte ich meinem Doktorvater, Prof. Dr. Jahn, meinen großen Dank aussprechen. Er hat mich während des gesamten Projekts gefordert und gefördert und durch wertvolle Anregungen die Arbeit sehr unterstützt. Zudem möchte ich meinem Zweitgutachter, Prof. Dr. Kirsch, sehr danken für spannende Diskussionen und die zügige Erstellung des Zweitgutachtens. Schließlich möchte ich mich bei Prof. Dr. Prittwitz bedanken, der die Disputation nicht nur durch das Innehaben des Prüfungsvorsitzes zu einem sehr interessanten Prüfungsgespräch hat werden lassen, sondern dem ich auch die Aufnahme in die Reihe „Frankfurter kriminalwissenschaftliche Studien" verdanke.

Danke an meine „Diss-Gruppe" für regelmäßige Feedback- und Motivationsrunden. Für kritisches Feedback danke ich insbesondere Dr. Nora Wienfort und meinem Bruder Dr. Maximilian Seyderhelm. Mein herzlicher Dank gilt meinem Vater, Dr. Bernhard Seyderhelm, der mich vollumfänglich unterstützt hat und für fachliche Diskussionen stets zur Verfügung stand. Meiner Mutter, Dr. Ramona Thiede-Seyderhelm, möchte ich herzlich danken für ihr offenes Ohr und alle liebevolle Unterstützung. Ebenfalls danke ich Fee Clemens für ihre herzliche Unterstützung.

Der allergrößte Dank gilt meinem Mann, Dr. Jonas Korenke, für seinen Humor, seine Zuversicht und sein Vertrauen in meine Fähigkeiten. Schließlich möchte ich meiner Tochter Josefine danken für einigermaßen guten Schlaf und ihr fröhliches Wesen. Es ist eine bereichernde Herausforderung gewesen, diese Dissertation zu verfassen. Es ist eine große Freude, dabei von so wunderbaren Menschen begleitet zu werden.

Frankfurt am Main, März 2024 | Jennifer Seyderhelm

Inhaltsverzeichnis

Abkürzungsverzeichnis

Die in dieser Arbeit verwendeten Abkürzungen richten sich nach *Kirchner*.[1]

1 *Kirchner/Böttcher*, Abkürzungsverzeichnis der Rechtssprache.

A. Einführung

Ist das Vermögen einer Terrororganisation strafrechtlich schutzwürdig? Der Bundesgerichtshof bejahte dies in einem Fall aus dem Jahr 2017, in dem es um einen Betrug zu Lasten der Vereinigung „Islamischer Staat“[2] ging. Besonders ist und viel Beachtung fand diese Entscheidung, weil es sich bei der verletzten Person um ein (vermeintliches) Mitglied einer Terrororganisation handelte.[3] Die dadurch ausgelöste Diskussion bewegte sich zwischen dem wirtschaftlichen und dem juristisch-ökonomischen Vermögensbegriff und entzweite sich an der Frage, ob normative Wertungen im Rahmen der Schutzwürdigkeit von Vermögen zu berücksichtigen seien.[4]

Die Entstehung dieser Dissertation ist auf diesen Fall zurückzuführen. Er diente der Verfasserin als Ausgangspunkt, um einen normativen Wertungswiderspruch im Kontext des Betrugstatbestands zu analysieren.

I. Anlass der Untersuchung

Zum besseren Verständnis wird der Fall und die sich daran anschließende Literaturdiskussion im Folgenden kurz erläutert.

---

2 In der Politik und der arabischen Presse wird anstatt „Islamischer Staat“ der Begriff „Daesh/Da'ish/Daesch“ verwendet, der ein Akronym von „Al-daula al-Islamija fi-l-Iraq wa-l-Scham” darstellt und der Bedeutung „Zwietracht säen“ ähnelt. Hintergrund davon ist eine Abwertung und eine Verweigerung der Anerkennung des selbst gewählten Namens und damit verbundenen Herrschaftsanspruch der Terrororganisation. Die Terrororganisation hatte sich selbst vor 2014 so benannt, die deutsche Übersetzung des Begriffs heißt „Islamischer Staat in Irak und der Levante (ISIL)“, dazu hier: *Schulte von Drach*, Warum der Name ”Daesch” den Islamischen Staat ärgert, SZ vom 23.11.2015.

3 *BGH*, NStZ-RR 2018, 221.

4 Siehe dazu Abschnitt A.I.3. dieser Untersuchung.

1. Der Fall: Betrug zu Lasten einer Terrororganisation

Im maßgeblichen Fall befasste sich der 5. Strafsenat des Bundesgerichtshofs im Rahmen einer Revision mit der Frage, ob das Vermögen des „Islamischen Staats" dem schutzwürdigen Vermögen des § 263 StGB unterlag und bejahte dies.[5]

Dem lag folgender Sachverhalt zu Grunde: Der Angeklagte hatte via Facebook Kontakt zu einem vermeintlichen Funktionär des „Islamischen Staats" aufgenommen – der Facebook-Account war zum Tatzeitpunkt tatsächlich in den Händen eines syrischen Oppositionellen –, um diesem einen Deal vorzuschlagen. Er wolle sich um die Beschaffung von acht mit einer nicht näher bezeichneten Substanz beladenen Autos kümmern und im Gegenzug 180.000 € erhalten. Dabei verfolgte der Angeklagte nicht die Absicht, den behaupteten Plan in die Tat umzusetzen, sondern wollte das Geld lediglich für eigene Zwecke verwenden. Letztlich scheiterte die Umsetzung dieses Plans. Die Auffassung des Landgerichts Saarbrückens, der Angeklagte habe sich eines versuchten Betruges zu Lasten des „Islamischen Staats" strafbar gemacht, bestätigte der Bundesgerichtshof.

2. Die Rechtsprechung als Verfechterin des wirtschaftlichen Vermögensbegriffs

Der Bundesgerichtshof positionierte sich in diesem Urteil klar zum wirtschaftlichen Vermögensbegriff. Ohne große Umschweife lehnte der Senat eine normative Einschränkung des schutzwürdigen Vermögens ab. Mit Verweis auf die ständige Rechtsprechungspraxis hielt er am ausschließlich wirtschaftlich ausgerichteten Beurteilungsmaßstab fest und wiederholte das bereits aus vielen Urteilen bekannte Dogma: „Die Rechtsordnung kennt im Bereich der Vermögensdelikte allgemein kein wegen seiner Herkunft, Entstehung oder Verwendung schlechthin schutzunwürdiges Vermögen."[6] Eine andere Beurteilung ergebe sich auch nicht aus § 89c StGB, dem Tatbestand der Terrorismusfinanzierung. Weder sei vorliegend § 89c StGB tatbestandlich erfüllt noch habe sich der Gesetzgeber bei Schaffung der Norm mit dem strafrechtlichen

---

5 *BGH*, NStZ-RR 2018, 221; Gegenstand der Revision waren weitere strafprozessuale und materiell-rechtliche Fragestellungen, die für diese Untersuchung allerdings nicht relevant sind.

6 *BGH*, NStZ-RR 2018, 221, 223; es handelt sich dabei um einen prominenten Satz, der eine Absage an „an sich" schutzunwürdiges Vermögen erteilt und in zahlreichen Entscheidungen des Bundesgerichtshofs enthalten ist, u.a. in Folgenden: *BGHSt* 8, 254, 256; NStZ-RR 1999, 184, 185; NStZ-RR 2017, 112, 113.

Vermögensschutz befasst.[7] Damit sah der Bundesgerichtshof ausdrücklich keinen Widerspruch in folgender Konstellation: Eine Person macht sich nach § 263 StGB strafbar, wenn sie dem „Islamischen Staat" durch Täuschung zur einer Vermögensverfügung veranlasst, die ihrerseits gleichzeitig nach § 89c StGB strafbar wäre.

3. Das Literaturecho

Trotz der Kürze des Falls und der überschaubaren Argumentationskette des Strafsenats ist der – fast ausschließlich kritische – Widerhall in der Literatur dazu nicht gering ausgefallen. Ob der wirtschaftliche Vermögensbegriff auch auf den Fall mit dem „Islamischen Staat" als Verletzten passe, hat die anschließende Literaturdiskussion deutlich in Frage gestellt.[8] Denn durch den vor dem Bundesgerichtshof entschiedenen Fall ist die Betrugskasuistik um einen Fall mit einer ungewöhnlichen verletzten Person, namentlich einem Mitglied einer Terrororganisation, ergänzt worden.[9]

a) Die Kritiker

Jahn stellt – aus juristisch-ökonomischer Perspektive – auf einen Widerspruch des Urteils mit der hinter § 89c StGB stehenden Wertung ab.[10] Unabhängig von einer hier zu verneinenden Strafbarkeit nach § 89c StGB wäre das Spannungsfeld zwischen dem strafrechtlichen Vermögensschutz einerseits und dem Verbot der Terrorismusfinanzierung andererseits zu reflektieren gewesen.[11] *Ebner* tendiert in die gleiche Richtung und unterzieht die Entscheidung einer Kohärenzprüfung mit innerhalb und außerhalb des StGB liegenden Normen – dabei rekurriert er innerhalb auf die Wertungen aus §§ 129a, 129b, 89c, 261 Abs. 1 S. 2 Nr. 5, 73 ff. StGB und außerhalb auf §§ 40, 85 S. 1 AO, § 50 EStDV.[12] Auch

---

7 *BGH*, NStZ-RR 2018, 221, 223.

8 *Ebner*, ZWH 2018, 296; *Jahn*, JuS 2018, 719; *Achenbach*, NStZ 2019, 711; *Bechtel*, JURA 2019, 63; *Wachter*, StV 2019, 85; für die Anwendung des wirtschaftlichen Vermögensbegriffs sprach sich *Li* aus: *Li*, NZWiSt 2019, 405.

9 *Ebner*, ZWH 2018, 296, 297.

10 *Jahn*, JuS 2018, 719, 721.

11 *Ebner*, ZWH 2018, 296, 298; *Jahn*, JuS 2018, 719, 721; *Bechtel*, JURA 2019, 63, 70; *Wachter*, StV 2019, 85, 88.

12 *Ebner*, ZWH 2018, 296, 298; *Ebner* wundert sich außerdem, weshalb der Bundesgerichtshof der „Vermögenssubjektivität" – also der Frage, ob der „Islamische Staat" Träger von Vermögen sein kann – keine Beachtung geschenkt hat.

Wachter schließt sich dem an und stellt (ausschließlich) auf einen genuin strafrechtlichen Widerspruch mit § 89c StGB ab; durch die Anwendung des wirtschaftlichen Vermögensbegriffs würden Erwartungen der Terrororganisation geradezu abgesichert und in den Stand eines Schutzguts gehoben.[13] *Bechtel* erläutert den Zusammenhang mit § 89c StGB wie folgt und spricht dabei von einer „doppelten Bemakelung“[14]: Der Zweck, Terror zu finanzieren, sei in § 89c StGB pönalisiert und die Finanzierung desselben sei folglich rechtlich missbilligt. Als Besonderheit stellt er in diesem Zusammenhang heraus, dass gerade der Finanzierung von Terror ein eigener Straftatbestand gewidmet sei.[15] In anderen Worten kritisieren die dargestellten Literaturstimmen Folgendes: Wenn die Finanzierung eines Zwecks in § 89c StGB ausdrücklich pönalisiert sei, könne das dafür aufgewandte Geld nicht überzeugend auch gleichzeitig von § 263 StGB geschützt werden.[16]

b) Die Fürsprecherin

Li, die einzige Kritikerin, die die Anwendung des wirtschaftlichen Vermögensbegriffs in diesem Fall als überzeugend bewertet, tritt dem entschieden entgegen.[17] Dass die Finanzierung eines Zwecks unter Strafe gestellt sei, habe keine Implikation für die Strafbarkeit einer Betrugstat; denn der gesetzgeberischen Intention, die § 89c StGB zugrunde liegt, sei keine Aussage zu entnehmen, wie mit einem betrügerischen vermögensschädigenden Verhalten umzugehen ist.[18] Es bestehe gerade kein Widerspruch zu § 89c StGB, da ein staatlicher Kampf gegen den Terror keine Inkohärenz zu einem Zugriff durch Privatpersonen auf das Vermögen einer Terrororganisation darstelle.[19]

c) Bewertung

Die Argumentation von *Li* verkennt, dass es sich in dieser Konstellation um einen Wertungswiderspruch handeln könnte. Dabei geht es nicht um die – wie *Jahn* zu Recht ausführt – „technische Tatbestandserfüllung im Einzelfall, sondern um die hinter der neuen Strafnorm stehende[n] Wertung.“[20] Abzugrenzen

13 *Wachter*, StV 2019, 85, 88.
14 *Bechtel*, JURA 2019, 63, 70.
15 *Bechtel*, JURA 2019, 63, 70.
16 *Bechtel*, JURA 2019, 63, 70.
17 *Li*, NZWiSt 2019, 405, 406.
18 *Li*, NZWiSt 2019, 405, 410.
19 *Li*, NZWiSt 2019, 405, 410.
20 Mit „Strafnorm” ist § 89c StGB gemeint, *Jahn*, JuS 2018, 719, 721.

ist ein Wertungswiderspruch von einem möglichen normlogischen Widerspruch, der leichter erkennbar ist, aber hier wohl nicht vorliegt: § 263 StGB ist nicht die Erlaubnis zu entnehmen, Terrorismus zu finanzieren und enthält auch kein entsprechendes Gebot, dies zu tun.[21] Dennoch könnten die Wertungen beider Tatbestände im Widerspruch stehen, wenn einerseits die finanzielle Unterstützung von Terrororganisationen sanktioniert werde und andererseits gleichzeitig diese Geldflüsse unter den Schutz des § 263 StGB gefasst werden würden.[22] Die Kernfrage, die es in der Literaturdiskussion zu beantworten gilt, ist Folgende: Kann ein strafrechtlicher Tatbestand das schützen, was ein anderer gerade verbietet?[23]

Zudem geht es – auch bei normativer Einschränkbarkeit des Vermögensbegriffs und damit einer potentiellen Verneinung der Betrugsstrafbarkeit als Folge – nicht darum, eine Einladung an Privatpersonen auszusprechen, das Vermögen einer Terrororganisation zu schädigen. Vielmehr geht es darum, das Tatbestandsmerkmal normativ zu konturieren und nur das vermögensstrafrechtlich zu erfassen, was sich sowohl wirtschaftlich als auch normativ betrachtet als schutzwürdige Vermögensposition erweist.[24]

Ordnet man die Diskussion, die dieser Fall ausgelöst hat, Vermögensbegriffen zu, wird deutlich, dass die Argumentation der Literatur vorrangig auf dem juristisch-ökonomischen Vermögensbegriff basiert, der eine normative Einschränkung auf wirtschaftlicher Grundlage zulässt.[25] Dem gegenüber steht der von der Rechtsprechung angewandte wirtschaftliche Vermögensbegriff, der aufgrund der ausschließlichen Ausrichtung an wirtschaftlichen Maßstäben

21 Siehe eingehend zu den unterschiedlichen Widersprüchen Abschnitt B.III.1. dieser Untersuchung.

22 *Jahn*, JuS 2018, 719, 721; in diese Richtung auch *Ebner*, der von einem „selbstwidersprüchlichen Strafrechtssystem" spricht: *Ebner*, ZWH 2018, 296, 298; auch *Wachter* ist der Ansicht, dass sich die Wertung des § 89c StGB – als genuin strafrechtliche Wertung – auf den Vermögensbegriff auswirkt: *Wachter*, StV 2019, 85, 88.

23 *Windsberger* untersucht einen solchen axiologischen Wertungswiderspruch in ihrem Aufsatz mit dem Titel „Verbotene Gegenstände als Schutzgüter des Strafrechts?": *Windsberger*, ZStW 2021, 123, 143.

24 Statt vieler Kindhäuser-*Kindhäuser/Hoven*, § 263 StGB Rn. 30 m.w.N.

25 *Nagler*, ZAkDR 1941, 294; *Cramer*, JuS 1966, 472, 475; *Cramer* benannte die Kombination aus juristischem und wirtschaftlichem Vermögensbegriff den „materialen Vermögensbegriff: *Cramer*, Vermögensbegriff und Vermögensschaden im Strafrecht, 100 ff; *H. Hirsch*, ZStW 1969, 944, 945; *Kretschmer*, StraFo 2003, 191.

eine zusätzliche normative Beurteilung ablehnt.[26] *Achenbach* bewertet die Entscheidung – Bezug nehmend auf das vom Bundesgerichtshof wiederholte Dogma „Die Rechtsordnung kennt im Bereich der Vermögensdelikte allgemein kein wegen seiner Herkunft, Entstehung oder Verwendung schlechthin schutzunwürdiges Vermögen“[27] – wie folgt: „Schade! Der Fall hätte nun wirklich Gelegenheit geboten, diese unbeirrt aufrechterhaltene Formel zu reflektieren und mit den dadurch aufgeworfenen Widersprüchen in der Rechtsordnung zu konfrontieren […].“[28]

4. Fazit

Das dargestellte Urteil hat eine rege und kritische Diskussion über die normative Einschränkung schutzwürdigen Vermögens im Rahmen des § 263 StGB erneut entfacht. Primär bleibt diese allerdings im StGB verhaftet. Die Debatte hat die Frage nach der Berücksichtigung normativer Inkohärenzen am Tatbestandsmerkmal des Vermögens aufgeworfen und unbeantwortet gelassen. Der Verfasserin dient diese Feststellung als Einladung, den Fall abstrahiert zu betrachten und einen Wertungswiderspruch herauszuarbeiten, der – soweit ersichtlich – noch nicht Gegenstand vertiefter rechtswissenschaftlicher Analyse war.

II. Gegenstand der Untersuchung

In dieser Untersuchung geht es allerdings nicht darum, eine weitere Besprechung des „IS-Falls“ zu verfassen, sondern abstrakt einen Wertungswiderspruch zu betrachten und zu analysieren. Der Fall dient insofern nur als anschauliches Vehikel und nicht als Beschränkung für diese Untersuchung.

Unabhängig von den bereits dargestellten Literaturstimmen gilt es zu erarbeiten, welche weiteren tragenden Gesichtspunkte es geben könnte, die im Rahmen der Schutzwürdigkeit strafrechtlichen Vermögens eine Rolle spielen können. Unterstellt wird – wie es auch in der Literaturdiskussion unausgesprochen der Fall war – dass es sich tatsächlich bei der verletzten Person um ein Mitglied des „Islamischen Staats“ gehandelt hätte. Nur aufgrund dieser Zuordnung der verletzten Person zu einer Terrororganisation sticht dieser Fall heraus und wirft die Frage auf, ob auch das Vermögen einer Terrororganisation

26 *RGSt* 44, 230; *BGHSt* 2, 364; *BGHSt* 15, 83; *Cramer,* Vermögensbegriff und Vermögensschaden im Strafrecht, S. 90 ff; MüKo-*Hefendehl*, § 263 StGB Rn. 478 m.w.N.

27 *BGH*, NStZ-RR 2018, 221, 223.

28 *Achenbach*, NStZ 2019, 711, 713.

schutzwürdig ist. Allein die Mitgliedschaft in einer Terrororganisation kann und darf allerdings nicht dazu führen, dass strafrechtlicher Vermögensschutz versagt wird. Der Anknüpfungspunkt der Betrugsstrafbarkeit liegt nicht in der Person des Verletzten oder der Bewertung der dahinterstehenden (Terror-) Organisation, sondern in der Tatbestandsmäßigkeit des in Rede stehenden Verhaltens.[29] Vielmehr offenbart sich ein Widerspruch, der an die Vermögensposition an sich anknüpft.

1. Eigene Analyse: Die (übersehene) Rolle des VereinsG

Die normative Grundlage, die einen Widerspruch hervorruft und bis jetzt keinen Einzug in die Diskussion gefunden hat, liegt im Vereinsgesetz. Bei der Terrororganisation „Islamischer Staat" handelt es sich um eine Organisation, deren Tätigkeit gemäß § 3 Abs. 1 i.V.m. § 15 Abs. 1 und § 18 S. 2 VereinsG seit dem 12. September 2014 durch Verbotsverfügung vom zuständigen Bundesinnenministerium verboten ist, weil sie Strafgesetzen zuwiderläuft, sich gegen die verfassungsmäßige Ordnung und den Gedanken der Völkerverständigung richtet.[30] Von der in der Regel damit verbundenen Einziehung und Beschlagnahme gemäß § 3 Abs. 1 S. 2 VereinsG von Vermögen, Sachen und Forderungen Dritter wurde in Nrn. 4–6 der Verbotsverfügung Gebrauch gemacht.[31]

Daraus ergibt sich folgende Konstellation: Das Vermögen dieser als verfassungsfeindlich eingestuften Vereinigung wurde als Folge eines Verbots eingezogen. Gleichzeitig wird die Schutzwürdigkeit einer solchen Vermögensposition von Rechtsprechung und einem Teil der Literatur bejaht, indem diese als Schutzgut des § 263 StGB qualifiziert wird. Ob dieses Ergebnis überzeugend ist, wird durch die Thesen, die in dieser Untersuchung aufgestellt werden, beurteilt werden können. Gegenstand dieser Untersuchung ist vor diesem Hintergrund ein Wertungswiderspruch zwischen vereinsrechtlichen Wertungen aus §§ 3 Abs. 1, 11 Abs. 1, 2 VereinsG und strafrechtlichen Wertungen aus § 263 Abs. 1 StGB.

2. Zu analysierender Fall: Betrug zu Lasten eines Mitglieds eines verbotenen Vereins

Die Untersuchung beschränkt sich nicht auf den „IS-Fall", sondern wählt den im Folgenden vorgestellten Fall als Ausgangsfall für die Prüfung eines

29 *BGH*, NStZ 2016, 596, 598.
30 *BMI*, BAnz AT 12.09.2014 B1.
31 *BMI*, BAnz AT 12.09.2014 B1, 2 f.

Wertungswiderspruchs. Denn das Vorliegen eines möglichen Wertungswiderspruchs ist nicht abhängig davon, ob die verletzte Person dem „Islamischen Staat" angehört. Es kommt maßgeblich darauf an, ob die Person und ihr Verhalten einem – unter bestimmten Voraussetzungen – verbotenen Verein „zugerechnet" werden können. Wie der Zusammenhang zwischen der getäuschten Person und dem verbotenen Verein ausgestaltet sein muss und warum infolgedessen vermögensstrafrechtlicher Schutz zu versagen ist, wird in dieser Untersuchung zu prüfen sein.

Zunächst dient folgendes Beispiel als Ausgangsfall: A ist Mitglied eines Vereins. Dieser Verein wurde durch Verbotsverfügung verboten und aufgelöst, weil er Strafgesetzen zuwiderläuft und sich gegen die verfassungsmäßige Ordnung richtet. Die Einziehung des Vereinsvermögens wurde angeordnet, sodass dieses auf den Staat übergegangen ist. A tritt in der Folgezeit an B heran mit folgender Bitte: B erhalte von A finanzielle Mittel, um einen Terroranschlag zu finanzieren. A übergibt B den vereinbarten Geldbetrag; die Gegenleistung bleibt allerdings aus, weil B nicht vorhatte, das Geld entsprechend einzusetzen. Täuschungsbedingt hat A in dieser Konstellation Geld zu illegalen Zwecken an B geleistet, die ihren Teil der Verabredung nicht erfüllt hat.

Es stellt sich die Frage, ob B sich des Betruges zu Lasten des A strafbar gemacht hat. Bejaht man diese Frage und stützt sich ohne große Umschweife auf das Dogma der Rechtsprechung[32], kann dieses Ergebnis – wie im „IS-Fall" auch – sowohl bei Laien als auch in der Rechtswissenschaft ein irritierendes „Störgefühl" auslösen.[33] Denn es wird Vermögen als strafrechtlich schutzwürdig qualifiziert, das einem Verein zugeordnet werden kann, der aufgrund einer staatlichen Intervention weder existiert noch über Vermögen verfügt noch darüber verfügen darf. Die Frage nach der Strafbarkeit kann allerdings aus überzeugenden Gründen verneint werden, wenn der juristisch-ökonomischen Vermögenslehre gefolgt wird. Auf dieser Grundlage kann die schwer zu fassende normative Inkongruenz berücksichtigt und aufgelöst werden, die sich als Wertungswiderspruch herausstellen wird.

---

32 Das Dogma der Rechtsprechung in diesen Fällen lautet: „Die Rechtsordnung kennt im Bereich der Vermögensdelikte allgemein kein wegen seiner Herkunft, Entstehung oder Verwendung schlechthin schutzunwürdiges Vermögen." Siehe dazu nur: *BGH*, NStZ-RR 2018, 221, 223.

33 Die Darstellung des Literaturechos war Gegenstand von Abschnitt A.I.3. dieser Untersuchung.

III. Gang der Untersuchung

Ziel dieser Untersuchung ist es, einen Wertungswiderspruch zwischen vereins- und betrugsstrafrechtlichen Wertungen zu analysieren. Es werden Maßstäbe entwickelt, die Rechtswissenschaft und -praxis befähigen sollen, die Konstellation, in der ein solcher Wertungswiderspruch entsteht, zu erkennen und diesen aufzulösen. Ausgehend von einer Analyse der entsprechenden Wertungen aus §§ 3 Abs. 1, 11 Abs. 1, 2 VereinsG und § 263 Abs. 1 StGB, wird eine rechtsmethodologische Prüfung des bestehenden Widerspruchs vorgenommen.

Der analysierte Wertungswiderspruch soll nicht nur punktuell zwischen VereinsG und StGB betrachtet werden, sondern auch in den Zusammenhang mit der Gesamtrechtsordnung gestellt werden. Dafür wird zunächst eine Parallele zwischen vereins- und strafrechtlicher Einziehung gezogen. Daraus werden Konsequenzen für die Schutzwürdigkeit einer eingezogenen Vermögensposition abgeleitet. Daran anschließend wird geprüft, ob die verletzte Person im vorliegenden Fall Schutz durch das Zivilrecht beanspruchen könnte. Schließlich wird eine verfassungsrechtliche Betrachtung vorgenommen, aus der Argumente für die Berücksichtigung des Wertungswiderspruchs folgen. Das Argument der Einheit der Rechtsordnung wird ebenfalls verfassungsrechtlich eingeordnet und geprüft, welche Implikation diesem Argument für den Umgang mit Wertungswidersprüchen entnommen werden kann.

Wie die Auflösung des Wertungswiderspruchs erfolgen kann, ist Gegenstand von Abschnitt D. dieser Untersuchung. Dort werden zunächst rechtsmethodologisch Möglichkeiten vorgestellt, die für die Auflösung eines Wertungswiderspruchs zur Verfügung stehen. Zudem wird die Kernfrage beantwortet, die dieser Untersuchung zugrunde liegt: In welcher Konstellation liegt ein Wertungswiderspruch zwischen §§ 3 Abs. 1, 11 Abs. 1, 2 VereinsG und § 263 Abs. 1 StGB vor, der aufzulösen ist? Die Antwort wird in Gestalt eines eigenen Lösungsansatzes entwickelt. Er enthält drei Kriterien, die als normative Komponente beim juristisch-ökonomischen Vermögensbegriff zu berücksichtigen sind und zur Schutzunwürdigkeit der entsprechenden Vermögensposition führen. Die Kriterien dienen als Instrument, den Wertungswiderspruch zu erfassen. Der eigene Lösungsansatz wird auf die Vereinbarkeit mit straf- und verfassungsrechtlichen Vorgaben hin untersucht und mit naheliegender Kritik konfrontiert werden.

In Abschnitt E. werden praktische Anwendungsfälle vorgestellt, die veranschaulichen, in welchen Konstellationen ein aufzulösender Wertungswiderspruch vorliegen kann. Schließlich wird untersucht, ob ein parallel gelagerter Wertungswiderspruch vorliegt, wenn eine Auflösung des Vermögensinhabers und Einziehung von entsprechendem Vermögen nicht aufgrund eines Vereins-, sondern eines Parteiverbotsverfahrens erfolgte und welche weiteren Anwendungsfälle denkbar sind.

Das nicht leicht zu verortende „Störgefühl“, das entsteht, wenn normative Widersprüche nicht beachtet werden, kann beseitigt werden. Es wird in dieser Arbeit die Frage beantwortet, warum sich in hiesiger Fallkonstellation ein Wertungswiderspruch offenbart und wie dieser aufzulösen ist. Diese Untersuchung will damit einen Beitrag dazu leisten, den Wertungswiderspruch rechtswissenschaftlich und rechtsmethodologisch einzuordnen und diesen für die Praxis erfassbar zu machen. Im Ergebnis führt das dazu, dass der Wertungswiderspruch aufgelöst werden kann.

B. Einordnung des Widerspruchs zwischen Vereins- und Strafrecht

In diesem Kapitel wird herausgearbeitet, worin der in Abschnitt A. angesprochene Wertungswiderspruch genau besteht. Dafür wird zunächst der betrugsstrafrechtliche Vermögensschutz untersucht. Ausgehend vom Schutzzweck des § 263 StGB werden die unterschiedlichen Vermögensbegriffe kurz dargestellt. Denn Voraussetzung für eine Berücksichtigung eines normativen Wertungswiderspruchs ist ein Vermögensbegriff, der (auch) normative Gesichtspunkte bei der Bewertung der Schutzwürdigkeit einer Vermögensposition vorsieht. Die Untersuchung gibt deshalb einen kurzen Überblick über die Vermögensbegriffe, stellt dar, welche sich für eine normative Konturierung eignen und warum diese überzeugen.

Anschließend wird die vereinsrechtliche Einziehung einer umfassenden Analyse unterzogen. Die Aussagen des VereinsG über das vereinsrechtliche Vermögen werden beleuchtet und die Natur dieser Maßnahme untersucht.

Auf Grundlage dieser beiden Analysen wird der bestehende Widerspruch untersucht und als Wertungswiderspruch eingeordnet. Schließlich wird aufgezeigt, warum dieser Wertungswiderspruch aufzulösen ist.

I. Analyse: Betrugsstrafrechtlicher Vermögensschutz

Am Anfang der Analyse betrugsstrafrechtlichen Vermögensschutzes steht die Definition des Schutzguts. Daran anschließend wird die Konstellation betrachtet, die sich ergibt, wenn ein Betrug zur Abwendung der Verhängung oder Vollstreckung einer strafrechtlichen Einziehung begangen wird. Das dient dazu, die vermögensstrafrechtliche Beurteilung der der Einziehung unterliegenden Vermögenspositionen i.R.d. StGB zu verdeutlichen. Im weiteren Fortgang der Arbeit wird dazu eine Parallele zur vereinsrechtlichen Einziehung gezogen werden. Abschließend werden die Vermögenslehren dahingehend untersucht, ob sie für die These dieser Arbeit fruchtbar gemacht werden können.

1. Schutzzweck des Betrugs

Welches Rechtsgut vom Betrug geschützt ist, ist relevant für die spätere Untersuchung des Wertungswiderspruchs. Denn nur eine Wertung, die hinter einem Rechtsgut steht, das überzeugend i.R.d. § 263 StGB Schutz beansprucht, kann überhaupt in einen Widerspruch zu anderen Wertungen treten.

Der Betrugstatbestand schützt ausschließlich das Vermögen.[34] Dafür spricht bereits der Wortlaut von § 263 StGB, der begrifflich nur das Vermögen nennt („das Vermögen eines anderen dadurch beschädigt, [...]"). Neben privatem kann auch öffentliches Vermögen vom Schutzzweck des Betrugs erfasst sein, dabei ist sowohl inländisches als auch ausländisches Vermögen zu berücksichtigen.[35]

Nicht geschützt sind dagegen das Recht auf Wahrheit und die Dispositionsfreiheit.[36] *Hefendehl* ist zuzustimmen, dass die Dispositionsfreiheit – also mit bzw. über etwas frei disponieren und darüber verfügen zu können – sich immer auf etwas beziehen muss.[37] Würde man die Dispositionsfreiheit als Schutzgut des § 263 StGB qualifizieren, wäre diese nicht allein imstande, das Schutzgut zu konturieren, sondern würde zusätzliche Fragen nach dem Bezugsgegenstand, mithin dem Schutzgut, aufwerfen.[38] Denn Dispositionsfreiheit setzt zu disponierendes Vermögen voraus. Zudem würde man den Schutzbereich des Betrugstatbestands sehr weit fassen, wenn man die subjektive Handlungsfreiheit als Rechtsgut deklariert. Das wäre im Hinblick auf die Strafandrohung von bis zu fünf Jahren Freiheitsstrafe zumindest bedenkenswert.

Das Recht auf Wahrheit ist ebenfalls nicht geeignetes Schutzgut des Betrugs, weil nicht die Täuschung an sich, sondern lediglich die vermögensschädigende Täuschung betrugsrelevant ist.[39]

Festzuhalten bleibt hier, dass der Betrugstatbestand dem Schutz von Vermögen dient, was im weiteren Fortgang der Untersuchung zu berücksichtigen sein wird.[40]

---

34 *BGHSt* 16, 220, 221; *BGHSt* 16, 321, 325; *Bockelmann*, in: FS Kohlrausch, 226, 240; Schönke/Schröder-*Perron*, § 263 StGB Rn. 1 ff; MüKo-*Hefendehl*, § 263 StGB Rn. 1 ff; Kindhäuser-*Kindhäuser/Hoven*, § 263 StGB Rn. 10–12; Lackner/Kühl/Heger-*Heger*, § 263 StGB Rn. 2; *Rengier*, Strafrecht BT I, § 13 Rn. 1.

35 Kindhäuser-*Kindhäuser/Hoven*, § 263 StGB Rn. 10 m.w.N; zur Differenzierung nach wirtschaftlicher Potenz: Schönke/Schröder-*Perron*, § 263 StGB Rn. 78a.

36 Das Recht auf Wahrheit spricht *Pawlik* an: *Pawlik*, Unerlaubtes Verhalten beim Betrug, 65 f; *Kindhäuser* tendiert dazu, neben dem Vermögen auch die Dispositionsfreiheit des Geschädigten zu schützen: *U. Kindhäuser*, ZStW 1991, 398, 399.

37 MüKo-*Hefendehl*, § 263 StGB Rn. 4.

38 MüKo-*Hefendehl*, § 263 StGB Rn. 4.

39 *BGHSt* 16, 220, 221; Kindhäuser-*Kindhäuser/Hoven*, § 263 StGB Rn. 13.

40 Siehe dazu Abschnitt B.III. dieser Untersuchung.

2. Strafrechtliche Einziehung und Vermögensschutz

Welche Vermögenspositionen im Einzelnen unter das Tatbestandsmerkmal des Vermögens i.S.d. § 263 StGB unter Anwendung der verschiedenen Vermögensbegriffe fallen, ist für die vorliegende Untersuchung nicht relevant und wurde bereits vielfach an anderer Stelle ausgeführt.[41] Ein kurzes Schlaglicht wird allerdings auf die der strafrechtlichen Einziehung unterliegenden Positionen geworfen, wenn zur Abwendung derselben ein Betrug begangen wird. Denn im Fortgang dieser Arbeit wird eine Parallele von der straf- zur vereinsrechtlichen Einziehung gezogen, bei der auch die entsprechende Schutzwürdigkeit unter § 263 StGB eine Rolle spielen wird.[42]

Dafür ist die Rechtsprechung zu Bußgeld- und Strafansprüchen näher zu betrachten. Nicht erfasst von § 263 StGB und damit keine schutzwürdige Vermögensposition ist die durch Täuschung erfolgte Abwendung der Verhängung und Vollstreckung strafrechtlicher Sanktionen, die eine Vermögenseinbuße bezwecken.[43] Bei der Einziehung handelt es sich um eine solche strafrechtliche Sanktion.[44] Als Begründung ist anerkannt, dass diese Sanktionen, die eine Vermögenseinbuße bezwecken, „keine „für den Wirtschaftsverkehr relevanten" Gegenstände darstellen, da sie „dem wirtschaftlichen Verkehr" nicht unterliegen."[45] Sie sind also nicht beim Tatbestandsmerkmal des Vermögens zu berücksichtigen, weil sie nicht im Wirtschaftsverkehr als relevant angesehen

41 Schönke/Schröder-*Perron*, § 263 StGB Rn. 84 ff; MüKo-*Hefendehl*, § 263 StGB Rn. 527 ff; Kindhäuser-*Kindhäuser/Hoven*, § 263 StGB Rn. 227 ff.

42 Siehe dazu Abschnitt C.I.3. dieser Untersuchung.

43 Bereits das Reichsgericht entschied „Denn die Abwehr einer Strafe – hier der Strafe der Einziehung – ist kein Vermögensvorteil i.S. des § 263 StGB": *RGSt* 71, 280, 281; *RGSt*, 276, 279; *BGHSt* 38, 345, 351.

44 Der Bundesgerichtshof verneinte die Schutzwürdigkeit i.R.d. § 263 StGB für die „Verhängung oder Vollstreckung strafrechtlicher Sanktionen, welche eine Vermögenseinbuße zur Folge haben (Geldstrafe, Geldbuße, Einziehung, Verfall, Verwarnungsgeld)": *BGHSt* 38, 345, 351; dass dem Institut der Einziehung kein strafender oder strafähnlicher Charakter zukommt, stellte das Bundesverfassungsgericht fest: *BVerfGE* 110, 1, 14.

45 *BGHSt* 38, 345, 351 f; Lackner/Kühl/Heger-*Heger*, § 263 StGB Rn. 45; gesetzessystematisch spricht außerdem gegen einen vermögensstrafrechtlichen Schutz solcher Positionen, dass in diesem Fall das Selbstbegünstigungsprivileg aus § 258 Abs. 5 StGB unterlaufen werden würde: *OLG Karlsruhe*, NStZ 1990, 282; Kindhäuser-*Kindhäuser/Hoven*, § 263 StGB Rn. 246.

werden.[46] Sie würden zwar für den Staat einen wirtschaftlichen Wert aufweisen, der Natur der Maßnahme wohne allerdings kein primär wirtschaftlicher Zweck inne, sondern diese sei Ausdruck präventiver und repressiver Strafzwecke.[47] Staatliche Maßnahmen, die einen solchen Charakter aufweisen, würden keinen vermögensstrafrechtlichen Schutz genießen.[48]

In diesem Zusammenhang ist fraglich, ob daraus der Schluss gezogen werden kann, dass nicht nur der Einziehung keine betrugsrelevante wirtschaftliche Potenz zugeschrieben werden kann, sondern diese Aussage auch für den Einziehungsgegenstand an sich gilt.

In den dazu ergangenen reichsgerichtlichen Entscheidungen findet sich keine ausführliche Begründung, warum die Abwehr einer Strafe nicht als Vermögensbestandteil des § 263 StGB zu qualifizieren sei.[49] Ein Beschluss des OLG Stuttgart aus dem Jahr 1980 führte dazu kurz, aber prägnant aus, dass die Verhängung einer Strafe – bzw. entsprechend die Anordnung der Einziehung – ein Selbstzweck inne wohne, sie „um ihrer selbst willen“[50] erfolge und ihr deshalb nicht vermögensrechtliche Relevanz beigemessen werden könne.[51] Das OLG Karlsruhe judizierte zehn Jahre später ausführlicher; es ging dabei um die durch Täuschung versuchte Verhinderung der Vollstreckung einer Geldstrafe.[52] Die staatlich verhängte Geldstrafe sei nicht Bestandteil des Wirtschaftsverkehrs und könne auch nicht als finanzieller Ausgleich für Einbußen fungieren.[53] Interessant ist, dass das Gericht auch klarstellte, dass diese Aussage über die Qualität der Geldstrafe nur im Kontext von § 263 StGB gelte und ihr beispielsweise im Haushaltsrecht durchaus wirtschaftliche Relevanz zugeschrieben werden könne.[54]

Betrachtet man diese Konstruktion näher, ergibt sich daraus Folgendes: Eine Geldstrafe wird verhängt zur Ahndung einer Straftat und hat eine – durch das

---

46 Schönke/Schröder-*Perron*, § 263 StGB Rn. 78a; Lackner/Kühl/Heger-*Heger*, § 263 StGB Rn. 45.

47 *OLG Karlsruhe*, NStZ 1990, 282; MüKo-*Hefendehl*, § 263 StGB Rn. 621; Lackner/Kühl/Heger-*Heger*, § 263 StGB Rn. 45.

48 *OLG Karlsruhe*, NStZ 1990, 282; MüKo-*Hefendehl*, § 263 StGB Rn. 621; Lackner/Kühl/Heger-*Heger*, § 263 StGB Rn. 45.

49 *RGSt* 58, 212; *RGSt* 71, 280; *RGSt*, 276, 278.

50 *OLG Stuttgart*, MDR 1981, 422.

51 *OLG Stuttgart*, MDR 1981, 422.

52 *OLG Karlsruhe*, NStZ 1990, 282.

53 *OLG Karlsruhe*, NStZ 1990, 282.

54 *OLG Karlsruhe*, NStZ 1990, 282.

Tagessatzsystem – bezifferbare Geldzahlung zum Gegenstand.[55] Konkret geht es um eine Geldzahlung der verurteilten Person zugunsten des Staates. Dass Geld im Wirtschaftsverkehr grundsätzlich Relevanz zugesprochen wird, wird durch die zitierte Rechtsprechung nicht in Abrede gestellt. Denn die Negation des (markt-)wirtschaftlichen Wertes trifft nur im Rahmen des Betrugstatbestands zu, wenn durch Täuschung eine Geldstrafe bzw. die Verhängung oder Vollstreckung derselben verhindert werden soll. Maßgeblich wird also auf die fehlende Fungibilität abgestellt. Dass das OLG Karlsruhe die Geldstrafe auch nicht losgelöst von der Geldzahlung verstanden hat, ergibt sich aus dem Hinweis auf das Haushaltsrecht, denn für dieses kann nur die tatsächliche Geldzahlung maßgeblich sein.[56]

Entsprechendes muss auch für die Einziehung und den Einziehungsgegenstand gelten.[57] Die Aussage über die wirtschaftliche Potenz erstreckt sich wiederum nur im Schutzbereich des § 263 StGB auf Einziehung und Einziehungsgegenstand, denn die Einziehung ist nichts anderes als die Abschöpfung von Positionen, die mit der Tat in Verbindung stehen.[58] Eine wirtschaftliche Potenz und daraus folgernd eine vermögensstrafrechtliche Schutzwürdigkeit kann solchen Positionen nicht zugesprochen werden.

Abstrakt – und damit losgelöst von der Konstellation des eingangs beschriebenen Falls – formuliert, kann Vermögenspositionen, die der strafrechtlichen Einziehung unterliegen, keine Vermögensqualität i.R.d. § 263 StGB zugesprochen werden.[59] Ihnen mangelt es an wirtschaftlicher Potenz. Im weiteren Fortgang dieser Arbeit wird zu prüfen sein, ob diese Feststellung auch auf Vermögenspositionen, die der vereinsrechtlichen Einziehung unterliegen, übertragen werden kann. Dieser Aufgabe widmet sich Abschnitt C.I. dieser Untersuchung.

3. Relevanz des strafrechtlichen Vermögensbegriffs

Was unter dem strafrechtlichen Vermögen zu verstehen ist bzw. welche Vermögenspositionen als betrugsstrafrechtlich schutzwürdig zu beurteilen sind,

---

55 Statt vieler Lackner/Kühl/Heger-*Heger*, § 40 StGB Rn. 3.

56 *OLG Karlsruhe*, NStZ 1990, 282.

57 Als strafrechtliche Sanktion, die eine Vermögenseinbuße zur Folge haben, nennt der Bundesgerichtshof fünf: „Geldstrafe, Geldbuße, Einziehung, Verfall, Verwarnungsgeld“: *BGHSt* 38, 345, 351.

58 Statt vieler Kindhäuser-*Saliger*, Vorb. zu §§ 73 StGB ff. Rn 1.

59 Siehe eingehend zur strafrechtlichen Einziehung Abschnitt C.I. dieser Untersuchung.

ist Gegenstand einer bereits lang andauernden Diskussion in und zwischen Rechtsprechung und Literatur.[60] Diese soll hier nicht in Gänze wiedergegeben werden.[61] Vielmehr werden die unterschiedlichen Vermögensbegriffe übersichtsartig dargestellt und aufgezeigt, welche aufgrund der Berücksichtigung normativer Gesichtspunkte für diese Untersuchung fruchtbar gemacht werden können. Daran anschließend wird dargestellt, warum normative Kriterien bei der Schutzwürdigkeit von Vermögenspositionen eine Rolle spielen müssen und warum diese – nicht nur, aber auch als Anknüpfungspunkt für diese Untersuchung – überzeugen.

a) Vermögensbegriffe

aa) Der juristische Vermögensbegriff

Der juristische Vermögensbegriff[62] erfasst als Vermögen die „Summe der Vermögensrechte und -pflichten“[63], die der Verfügungsgewalt des Einzelnen zuzuordnen sind.[64] Die Wahl des Adjektivs „juristisch“ weist darauf hin, dass sich die Bestimmung des Vermögens ausschließlich an Vorgaben aus dem Gesetz orientiert, also rechtsakzessorisch ist.[65] Ob die Vermögensposition einen wirtschaftlichen Wert innehat, sei dabei unbeachtlich.[66] Ziel dieser Lehre ist es,

60 MüKo-*Hefendehl*, § 263 StGB Rn. 527 ff; Kindhäuser-*Kindhäuser/Hoven*, § 263 StGB Rn. 226 ff; Lackner/Kühl/Heger-*Heger*, § 263 StGB Rn. 33 ff.

61 Einen Überblick dazu gibt auch: *Samson*, JA 1989, 510.

62 Früher vertrat das Reichsgericht den juristischen Vermögensbegriff und sprach nur solchen Vermögenspositionen den strafrechtlichen Schutz zu, die nicht gegen „Recht und Gesetz“ verstießen und bei denen es sich um zivilrechtlich anerkannte Positionen handelte: *RGSt* 19, 186, 192; *RGSt 36, 334*; *RGSt 37, 161*; der Bundesgerichtshof positionierte sich schon in seinen Anfängen ablehnend zum juristischen Vermögensbegriff, denn der Blick sei nicht auf die einzelne unredliche verletzte Person zu richten, sondern auf den Zweck des Strafrechts als Rechtssicherheitsgarant: *BGHSt* 2, 364, 366 f; *BGHSt* 8, 254, 256.

63 *Binding*, Lehrbuch des gemeinen deutschen Strafrechts I, 238 ff; MüKo-*Hefendehl*, § 263 StGB Rn. 474.

64 *Gerland*, Deutsches Reichsstrafrecht, 560 ff; *Binding*, ein früherer Vertreter dieser Lehre, versteht den Betrug als „Vermögensumkehrung“ rechtlich geschützter Vermögenspositionen. Für ihn ist der Betrug damit ein Rechtsbetrug: *Binding*, Lehrbuch des gemeinen deutschen Strafrechts I, 340 f; *Pawlik* definiert das Vermögen unter diesem Begriff als „vergegenständliche Handlungsfreiheit“: *Pawlik*, Unerlaubtes Verhalten beim Betrug, 263 ff.

65 Kindhäuser-*Kindhäuser/Hoven*, § 263 StGB Rn. 18.

66 *Gerland*, Deutsches Reichsstrafrecht, 560 f; *Hirschberg*, Der Vermögensbegriff im Strafrecht, S. 279 ff; Schönke/Schröder-*Perron*, § 263 StGB Rn. 79.

durch die Orientierung an bürgerlich-rechtlichen Maßstäben Wertungswidersprüche innerhalb der Rechtsordnung zu vermeiden.[67]

Aufgrund dieser normativen Orientierung könnte diese Lehre dem Grunde nach – losgelöst von der berechtigten Kritik[68] – auch als Ausgangspunkt für diese Untersuchung dienen.

bb) Der wirtschaftliche Vermögensbegriff

Anhand des zu Anfangs geschilderten Falls ist bereits deutlich geworden, dass sich die Rechtsprechung als Vertreterin des wirtschaftlichen Vermögensbegriffs versteht.[69] Der wirtschaftliche Vermögensbegriff erfasst alle geldwerten Güter einer Person und definiert das Vermögen unabhängig von den anderen Tatbestandsmerkmalen des Betrugstatbestandes.[70] Abgestellt wird nicht auf die einzelnen Vermögenspositionen, sondern auf die Gesamtheit der Vermögenssumme.[71]

---

67 *Gallas*, in: FS Schmidt, 401, 408; *Binding*, Lehrbuch des gemeinen deutschen Strafrechts I, 355 ff.

68 Die Kritik knüpft an die fehlende Wirtschaftlichkeit und den Fokus auf subjektive Rechte an. Während manchen Gütern mangels ihrer Subjektivität eine Zuordnung zum Vermögen verwehrt bleibt, zählen andere, die zwar subjektiv, aber wirtschaftlich wertlos sind, zum geschützten Vermögen: Dölling/Duttge-*Duttge*, § 263 StGB Rn. 38; der juristischen Vermögenslehre kann zudem der Vorwurf der Verfassungswidrigkeit gemacht werden: *F. Saliger*, HRRS 2012, 363, 364; denn das Verschleifungsverbot, das Ausfluss von Art. 103 Abs. 2 GG ist, wird durch mangelnde Konturierung des Tatbestandsmerkmals des Vermögensschadens verletzt. Im Übrigen wäre die juristische Vermögenslehre auch nicht mit den Vorgaben des Bundesverfassungsgerichts an das Schadensmerkmal vereinbar, die neben normativen Gesichtspunkten von einem wirtschaftlichen Postulat ausgehen: *BVerfGE* 126, 170, 198.

69 Siehe dazu Abschnitt A.I.2. dieser Untersuchung.

70 Die Vereinigten Strafsenate des Reichsgerichts beurteilte bereits 1887 die Frage, ob ein Vermögensschaden vorliegt, im Ansatz nach objektiven Maßstäben: Das Gericht stellte auf eine Veränderung des monetären Gesamtwertes und auf einen Vergleich der Vermögenslage vor und nach dem schädigenden Ereignis ab, *RGSt* 16, 1, 4; 1910 ordnete das Reichsgericht den Vermögensbegriff als wirtschaftlichen Begriff ein und beschrieb das Vermögen als „wirtschaftliche Macht" einer Person: *RGSt* 44, 230, 233; *Cramer*, Vermögensbegriff und Vermögensschaden im Strafrecht, 38 f; *Binding*, Lehrbuch des gemeinen deutschen Strafrechts I, 238 ff; *F. Saliger*, HRRS 2012, 363, 365.

71 *F. Saliger*, in: Dogmatik und Praxis des strafrechtlichen Vermögensschadens, 15, 20; *Wang*, Die Vermögensverfügung als Tatbestandsmerkmal des Betrugs, 39 ff.

Mit dem Verständnis des Vermögens als Wertsummenbegriff geht die Gesamtsaldierung als Prinzip der Schadensermittlung einher.[72] Ein Vermögensschaden liegt vor, wenn der Wert des Vermögens durch die täuschungsbedingte Vermögensminderung geringer ist als vorher.[73] Zu prüfen ist stets, ob der Vermögensposition ein eigenständiger wirtschaftlicher Wert zukommt.[74]

Konsequenz des wirtschaftlichen Vermögensbegriffs ist, dass es den „rechtsfreien Raum"[75] zwischen straffälligen Personen nicht gibt, weil nicht zwischen geschützten und ungeschützten Vermögenspositionen differenziert wird.[76] Begründet wird das mit der Strafwürdigkeit der straffällig gewordenen Person, die keine andere rechtliche Beurteilung zulasse.[77] Dabei sei hinzunehmen, dass „der Strafschutz in der Regel einem Unwürdigen zugutekommt."[78] Rechtspolitisch sei es zudem nicht gewollt, dass Täter und Täterinnen sich schwächere Personen als Verletzte auswählen, um einer Strafbarkeit zu entgehen.[79]

In der Praxis sind Ausnahmen des wirtschaftlichen Vermögensbegriffs in Gestalt des individuellen Schadenseinschlags[80] und der objektiven Zweckverfehlungslehre[81] anerkannt.[82]

---

72 *RGSt* 16, 1, 4; *BGHSt* 16, 220; *Becker/Rönnau*, JuS 2017, 975.

73 *RGSt* 16, 1; *BGHSt* 16, 220.

74 *RGSt* 16, 1; *BGH*, NStZ, 191; *BGH*, NStZ 2011, 699, 701.

75 *BGH*, NStZ-RR 1999, 184, 186 mit Verweis auf BGHSt 8, 254, 256.

76 *BGHSt* 2, 364; *BGHSt* 8, 254; NStZ-RR 2018, 221(st. Rspr.); *KG Berlin*, NJW 2001, 86; *Kretschmer*, StraFo 2009, 189.

77 *BGHSt* 2, 364.

78 *BGHSt* 2, 364.

79 *BGHSt* 2, 364; *BGHSt* 8, 254.

80 Der Bundesgerichtshof erarbeitete in der Melkmaschinen-Entscheidung drei Fallgruppen und berücksichtigte dadurch die individuelle Perspektive der verletzten Person bei der Ermittlung des Vermögensschadens: *BGHSt* 16, 321; Individualisierungstendenzen wurden bereits in einem Beschluss der Vereinigten Strafsenate 1887 angesprochen: *RGSt* 16, 1, 7; MüKo-*Hefendehl*, § 263 StGB Rn. 986 ff; zu der Implikation der Leitentscheidung des Bundesverfassungsgerichts (BVerfGE 126, 170): *Schlösser*, HRRS 2014, 395; *Schilling*, NStZ 2018, 316, 320.

81 Die Lehre der Zweckverfehlung findet nur im Ausnahmefall Anwendung, wenn zwei Voraussetzungen kumulativ vorliegen: Das Geschäft ist wirtschaftlich unausgeglichen und es wird ein sozial gebilligter Zweck verfolgt, *BGHSt* 38, 281; NStZ, 191; *Samson*, JA 1978, 625, 628; zur Verfassungswidrigkeit bzw. -gemäßheit im Lichte der Leitentscheidung BVerfGE 126, 170: *Schlösser*, in: Dogmatik und Praxis des strafrechtlichen Vermögensschadens, 89, 96 ff; *Rostalski*, HRRS 2016, 73.

82 *BGH*, NStZ 2008, 96; NStZ-RR 2014, 132; NStZ-RR 2018, 283; *OLG Köln*, NJW 1976, 1222.

Die Verhaftung dieser Lehre in einem ausschließlich wirtschaftlichen Maßstab (mit Individualisierungstendenzen als Ausnahmen) führt dazu, dass sie nicht imstande ist, die These dieser Untersuchung abzubilden. Denn eine normative Komponente, die neben der wirtschaftlichen Herangehensweise berücksichtigt wird, fehlt bei dieser Lehre.

cc) Der juristisch-ökonomische Vermögensbegriff

Der juristisch-ökonomische Vermögensbegriff bestimmt als Vermögensbestandteile alle wirtschaftlichen Güter, die unter dem Schutz der Rechtsordnung stehen beziehungsweise nicht von ihr missbilligt werden.[83] Der Ausgangspunkt ist somit bei wirtschaftlicher und bei juristisch-ökonomischer Vermögenslehre derselbe.[84] Letztere definiert allerdings einen engeren Schutzbereich, da von dem wirtschaftlichen Vermögensbestand jene Positionen subtrahiert werden, die nicht im Einklang mit der Rechtsordnung stehen.[85]

Diese Vermittlungslehre verzeichnet ihr Gefolge vornehmlich in der Literatur.[86] Es gibt aber auch vereinzelt Entscheidungen des Bundesgerichtshofs, die die Frage aufwerfen, ob bemakeltes Vermögen als schützenswerte Rechtsposition anzusehen sei – zuletzt zunächst noch bejaht im Anfragebeschluss des 2. Strafsenats des Bundesgerichtshofs.[87]

---

83 *Nagler*, ZAkDR 1941, 294; *Cramer*, JuS 1966, 472, 475; *Cramer* nennt die Kombination aus juristischem und wirtschaftlichem Vermögensbegriff den „materialen Vermögensbegriff": *Cramer*, Vermögensbegriff und Vermögensschaden im Strafrecht, 100 ff; *H. Hirsch*, ZStW 1969, 944, 945; *Kretschmer*, StraFo 2003, 191.

84 *Kretschmer*, StraFo 2009, 189.

85 Kindhäuser-*Kindhäuser/Hoven*, § 263 StGB Rn. 31; zur Kritik am juristisch-ökonomischen Vermögensbegriff: *Pawlik* kritisiert, dass in der juristisch-ökonomischen Vermögenslehre lediglich zwei selbstständige Lehren nebeneinander gestellt wurden, ein sinnvolles Konzept zur Verbindung beider Lehren allerdings nicht vorliege: *Pawlik*, Unerlaubtes Verhalten beim Betrug, 259 ff; außerdem wird eingewandt, dass rechtsfreie Räume durch die Zulassung ungeschützten Vermögens geschaffen werden: *RGSt* 44, 230, 249; *BGHSt* 2, 364, 367; *Kretschmer*, StraFo 2003, 191, 193.

86 Schönke/Schröder-*Perron*, § 263 StGB Rn. 82; Kindhäuser-*Kindhäuser/Hoven*, § 263 StGB Rn. 30; *Fischer*, StGB, § 263 StGB Rn. 90.

87 Die Frage, ob illegaler Besitz einen Vermögensschaden darstellt, wird in diesem Beschluss aufgeworfen: *BGH*, BeckRS 2013, 15589; im bereits erwähnten Anfragebeschluss stellte ein Senat den wirtschaftlichen Vermögensbegriff in Frage und bekannte sich damit indirekt zum juristisch-ökonomischen Vermögensbegriff: NStZ 2016, 596.

Hauptargument der juristisch-ökonomischen Vermögenslehre ist das Postulat der Einheit der Rechtsordnung.[88] Was gegen zivilrechtliche Normen verstoße, habe auch keinen strafrechtlichen Schutz verdient.[89] Erklärtes Ziel dieser Lehre ist es, Widersprüche zwischen Rechtsordnungen im Hinblick auf die Schutzwürdigkeit von Vermögen zu vermeiden.[90]

Die Leitentscheidung des Bundesverfassungsgerichts[91] zur Untreue spricht dem Grunde nach für die juristisch-ökonomische Lehre.[92] Das Gericht bezeichnete das Vermögen als „wirtschaftliche Größe, deren Umfang zu einem bestimmten Zeitpunkt sich erst aus einer Bewertung ergibt. […] Hierbei können normative Erwägungen eine Rolle spielen […].“[93] Diese Aussage zur Untreue ist auch auf den Betrug übertragbar, da den Tatbeständen ein einheitlicher Vermögens- und Schadensbegriff zu Grunde liegt.[94] Dass das Bundesverfassungsgericht im Rahmen der Feststellung eines Vermögensnachteils sowohl eine wirtschaftliche als auch eine normative Komponente nannte, bestärkt die Existenz des juristisch-ökonomischen Vermögensbegriffs. Denn normativen Erwägungen eine gewisse Rolle zuzuweisen, ergibt nur einen Sinn, wenn diese einen Unterschied machen können. Folgerichtig muss es also durch die Zulassung normativer Kriterien zu unterschiedlichen Ergebnissen kommen dürfen, verglichen mit dem Fall, in dem es ausschließlich wirtschaftliche Kriterien heranziehen würde. Denn wäre das nicht vom Gericht gewollt, hätte es der Berücksichtigung normativer Gesichtspunkte eine Absage erteilen müssen.

Die bundesverfassungsgerichtlich als zulässig erachtete Kombination streitet für die These dieser Arbeit, die einen normativen Wertungswiderspruch im Rahmen der Schutzwürdigkeit einer Vermögensposition berücksichtigt. Auf

---

88 *Kretschmer*, StraFo 2003, 191, 192.

89 *Kretschmer*, StraFo 2003, 191, 192; Schönke/Schröder-*Perron*, § 263 StGB Rn. 83.

90 *Kretschmer*, StraFo 2003, 191, 192.

91 *BVerfGE* 126, 170.

92 Ob und wie sich dieser Beschluss zur juristisch-ökonomischen Vermögenslehre verhält, wird in der Lehre unterschiedlich beurteilt. *Krüger* sieht in der Entscheidung einen Zuspruch für den juristisch-ökonomischen Begriff in seinen beiden Komponenten: *Krüger*, NStZ 2011, 369, 374; *Saliger* ist der Ansicht, das Gericht gehe grundsätzlich von einem wirtschaftlichen Vermögensbegriff aus und *Krüger* beziehe sich lediglich auf eine Passage aus dem Entscheidung, in dem es um Saldierungsfragen gehe: *F. Saliger*, ZIS 2011, 902, 905.

93 *BVerfGE* 126, 170, 206.

94 *BVerfGK* 15, 193; *BGH*, NStZ 2013, 37; *F. Saliger*, in: Dogmatik und Praxis des strafrechtlichen Vermögensschadens, 15, 16.

Grundlage bzw. unter Anwendung des juristisch-ökonomischen Vermögensbegriffs kann die These der Untersuchung entwickelt werden.

dd) Der personale Vermögensbegriff

Der personale Vermögensbegriff versucht einen Ausgleich zwischen der juristischen und der wirtschaftlichen Vermögenslehre zu schaffen, indem er Vermögen als wirtschaftliche Potenz beschreibt, die dem Vermögensinhaber zuzuordnen sei und kraft dessen er sich wirtschaftlich entfalten könne.[95] Werde die wirtschaftliche Entfaltungsmöglichkeit beschnitten, liege ein Vermögensschaden vor.[96] Ausgangspunkt dieser Lehre ist die Beziehung zwischen Person und Objekt, die selbst – und nicht bestimmte Vermögensobjekte – als Schutzobjekt angesehen wird.[97]

Der personale Vermögensbegriff kann für die vorliegende Untersuchung nicht wirklich fruchtbar gemacht werden. Denn die Beeinträchtigung wirtschaftlicher individueller Potenz könnte zwar aufgrund einer vereinsrechtlichen Einziehungsanordnung bezüglich der Vermögensposition gemindert sein; eine solche normative Konturierung durch das öffentliche Vereinsgesetz ist in dieser Lehre aber nicht ursprünglich angelegt.

ee) Der funktionale Vermögensbegriff

Der funktionale Vermögensbegriff definiert das Vermögen als Verfügungsmacht einer Person, die ihr über ihre rechtlich zugeordneten Güter zusteht.[98] Maßgeblich

---

95 *Otto,* Die Struktur des strafrechtlichen Vermögensschutzes, 36 ff; *Bockelmann*, in: FS Kohlrausch, 226, 248 f; Schönke/Schröder-*Perron*, § 263 StGB Rn. 81.

96 *Otto,* Die Struktur des strafrechtlichen Vermögensschutzes, S. 82 ff; das Abstellen auf die Verminderung der individuellen wirtschaftlichen Potenz statt auf eine wirtschaftlich messbare Minderung ist auch gleichzeitig die Kritik an dieser Lehre: *Bockelmann*, in: FS Kohlrausch, 226, 252; *Lampe*, in: FS Otto, 623; zudem kann der personalen Vermögenslehre der Vorwurf der Verfassungswidrigkeit gemacht werden: Mangels eigenständiger Bedeutung des Tatbestandsmerkmals des Vermögensschadens finde eine Verschleifung statt, da bereits die Verfehlung einer subjektiven Zwecksetzung zu einer Bejahung des Vermögensschadens führe: *Rostalski*, HRRS 2016, 73, 82; *F. Saliger*, in: Dogmatik und Praxis des strafrechtlichen Vermögensschadens, 15, 30.

97 *Otto,* Die Struktur des strafrechtlichen Vermögensschutzes, 36 ff; *Lampe*, in: FS Otto, 623, 632; *F. Saliger*, in: Dogmatik und Praxis des strafrechtlichen Vermögensschadens, 15, 30; MüKo-*Hefendehl*, § 263 StGB Rn. 496.

98 Kindhäuser-*Kindhäuser/Hoven*, § 263 StGB Rn. 35.

sei, dass diese von einer auf eine andere Person übertragen werden könne.[99] *Kindhäuser* vertritt den funktionalen Vermögensbegriff, weil er vom Umfang entsprechend den Eigentumsdelikten ausgestaltet sei (Kohärenzkriterium) und solche Positionen erfasse, die zu Lasten des Vermögensinhabers (Schadenskriterium) in ungerechtfertigter Weise erlangt werden könnten (Bereicherungskriterium).[100] Dieser Vermögensbegriff ist subjektiv geprägt, weil es für die Frage, ob ein Schaden vorliegt, auf die subjektive Zwecksetzung der Vertragsparteien ankommt.[101]

Da für die Zuordnung einer Vermögensposition zu einer Person rechtliche Kriterien maßgeblich sind, könnte dieser Vermögensbegriff auch im Rahmen dieser Untersuchung herangezogen werden.[102]

ff) Der normativ-ökonomische Vermögensbegriff

Hefendehl hat den normativ-ökonomischen Vermögensbegriff entwickelt, der sich maßgeblich am Zivilrecht orientiert und das Konzept von Herrschaft hervorhebt.[103] Demzufolge handele es sich um Vermögen, wenn eine Person mit ihrem wirtschaftlichen Potenzial, das mit der Rechtsordnung vereinbar ist, mit zivilrechtlichen Durchsetzungsmöglichkeiten nach eigenem Gutdünken umgehen könne.[104] Grund dafür sei, dass das Zivilrecht eine objektive Vermögens(zu)ordnung vornehme.[105]

Auch dieser Vermögensbegriff zeigt, dass eine Orientierung an einer anderen Rechtsordnung ein Weg ist, um den Vermögensbegriff zu konturieren. Einen Blick in das öffentliche Vereinsrecht wagt allerdings auch diese Lehre nicht.

---

99 *U. Kindhäuser*, in: FS Lüderssen, 635, 648; Kindhäuser-*Kindhäuser/Hoven*, § 263 StGB Rn. 36.

100 Kindhäuser-*Kindhäuser/Hoven*, § 263 StGB Rn. 35; dazu auch: *Lichtenthäler*, Besitzverbot und Eigentumsschutz, 226 ff.

101 *U. Kindhäuser*, in: FS Lüderssen, 635, 641; Kindhäuser-*Kindhäuser/Hoven*, § 263 StGB Rn. 280.

102 Kritik am funktionalen Vermögensbegriff ist die Folgende: Indem die funktionale Vermögenslehre auf eine intersubjektive Zwecksetzung aus der Parteiabrede abstellt, um den Schaden zu bestimmen, wird dabei außer Acht gelassen, dass das Bundesverfassungsgericht den Vermögensbegriff auf eine wirtschaftliche und nicht auf eine subjektive Grundlage stellt: Kindhäuser-*Kindhäuser/Hoven*, § 263 StGB Rn. 280; *BVerfGE* 126, 170.

103 *Hefendehl,* Vermögensgefährdung und Exspektanzen, 115 ff; MüKo-*Hefendehl*, § 263 StGB Rn. 516 ff. m.w.N.

104 *Hefendehl,* Vermögensgefährdung und Exspektanzen, 117 ff.

105 *Hefendehl,* Vermögensgefährdung und Exspektanzen, 115 f.

gg) Zwischenfazit

Die Möglichkeit, normative Zuordnungskriterien bei der Schutzwürdigkeit einer Vermögensposition zu berücksichtigen, ist in den verschiedenen Vermögenslehren (juristische, juristisch-ökonomische, funktionale und normativökonomische) überwiegend angelegt. Lediglich die rein wirtschaftliche und die personale Vermögenslehre eignen sich weniger für eine solche Konturierung. Aufgrund der Nichteinhaltung bundesverfassungsrechtlicher Vorgaben sind die juristische (und auch die personale) Vermögenslehre aber ohnehin abzulehnen.[106]

Überzeugen kann die juristisch-ökonomische Vermögenslehre. Denn sie ist imstande, die bundesverfassungsrechtlichen Vorgaben abzubilden, indem sie sowohl einen wirtschaftlichen als auch einen normativen Maßstab an die Vermögensposition anlegt. In dieser Untersuchung wird deshalb dem juristischökonomischen Vermögensbegriff gefolgt.

b) Überzeugend: Die normative Komponente

Für diese Untersuchung dient als Ausgangspunkt ein (auch) normativ geprägter Vermögensbegriff. Eine rein wirtschaftliche Definition des schutzwürdigen Vermögens ist lückenhaft, in ihrer Argumentation nicht überzeugend und deshalb zumindest über- bzw. bedenkenswert.[107] Warum dieser Schluss zu ziehen und eine juristisch-ökonomische Betrachtung vorzugswürdig ist, wird im Folgenden dargestellt.

Eine quasi lehrbuchartig anmutende Übersicht des Für und Wider zwischen dem wirtschaftlichen und juristisch-ökonomischen Vermögensbegriff findet sich im vom 2. Strafsenat im Jahr 2016 angestrengten Anfrageverfahren[108] und den darauf folgenden (ablehnenden) Beschlüssen der anderen Strafsenate.[109] Im Anfragebeschluss bekannte sich der 2. Strafsenat zum juristisch-ökonomischen Vermögensbegriff bzw. lehnte den wirtschaftlichen Vermögensbegriff ab[110]; die angefragten Senate hielten allerdings am wirtschaftlichen Vermögensbegriff

---

106 Siehe dazu die Ausführungen in den Fußnoten bei Abschnitt B.I.3.a)aa) und B.I.3.a)dd) dieser Untersuchung.

107 So auch *Windsberger*, die den „„streng ökonomischen Vermögensbegriff" tiefgreifenden Bedenken ausgesetzt" sieht: *Windsberger*, ZStW 2021, 123, 140.

108 *BGH*, NStZ 2016, 596; ein Anfrageverfahren ist der Vorlage an den Großen Senat oder an die Vereinigten Großen Senate vorgelagert, vgl. § 132 Abs. 3 S. 1 GVG.

109 *BGH*, NStZ-RR 2017, 44; NStZ-RR 2017, 244; NStZ-RR 2017, 110; NStZ-RR 2017, 112.

110 *BGH*, NStZ 2016, 596.

fest.[111] Schließlich entschied sich auch der anfragende Senat – allerdings in geänderter Besetzung – für den wirtschaftlichen Vermögensbegriff.[112] Der Senat begründete seine Entscheidung nur sehr knapp und repetierte im Wesentlichen die Argumente der angefragten Senate.[113] Die Ansicht des Senats ist aber aus folgenden Gründen nicht überzeugend, wie anschließend dargelegt wird.

aa) Keine Sorge vor rechtsfreien Räumen

Als Hauptargument der Rechtsprechung[114] für einen rein wirtschaftlichen Vermögensbegriff lässt sich die Befürchtung erkennen, dass durch die Zulassung von strafrechtlich ungeschütztem Vermögen „rechtsfreie Räume“[115] entstünden.[116] In diesem Kontext fällt auch das Stichwort des „kriminalpolitischen“[117] Interesses, keine Strafbarkeitslücken entstehen zu lassen und daraus folgend alle wirtschaftlich werthaltigen Positionen in den Vermögensbegriff aufzunehmen.[118] Zudem verwies der Bundesgerichtshof auch auf die – über ein Jahrhundert andauernde und an die Rechtsprechung des Reichsgericht[119] anknüpfende – „Tradition“, dem wirtschaftlichen Vermögensbegriff zu folgen.[120]

Diese Argumentation greift aus vielerlei Hinsicht zu kurz. Erstens geht auch der juristisch-ökonomische Vermögensbegriff auf der ersten Stufe von einer wirtschaftlichen Bemessung aus.[121] Maßgeblich und strittig ist allein der Kontext – also

---

111 *BGH*, NStZ-RR 2017, 44; NStZ-RR 2017, 244; NStZ-RR 2017, 110; NStZ-RR 2017, 112.

112 *BGH*, NStZ-RR 2017, 341; schon bevor das Anfrageverfahren durchlaufen war, entschied sich der 2. Strafsenat in einer anderen Entscheidung wieder für den wirtschaftlichen Vermögensbegriff: *BGHSt* 61, 263.

113 *BGH*, NStZ-RR 2017, 341.

114 Das wird durch den viel zitierten Satz in Entscheidungen des Bundesgerichtshofs deutlich: „Die Rechtsordnung kennt im Bereich der Vermögensverbrechen allgemein kein wegen seiner Herkunft, Entstehung oder Verwendung schlechthin schutzunwürdiges Vermögen, sei es im ganzen oder in Teilen.“ *BGHSt* 8, 254, 256; NStZ-RR 1999, 184, 185; NStZ-RR 2017, 112, 113; NStZ-RR 2018, 221, 223.

115 *BGH*, NStZ-RR 1999, 184, 186 mit Verweis auf BGHSt 8, 254, 256.

116 *BGHSt* 2, 364; *BGHSt* 8, 254; NStZ-RR 2018, 221, 223 (st. Rspr.).

117 *BGH*, NStZ-RR 2017, 44.

118 *BGH*, NStZ-RR 2017, 44; NStZ-RR 2017, 244.

119 *RGSt* 44, 230.

120 Siehe nur: *BGH*, NStZ-RR 2017, 44, 45.

121 *Puppe* analysiert die Argumentation der ablehnenden Senate; sie kommt zu dem Schluss, dass vom anfragenden Senat nicht bestritten wird, dass illegaler Besitz

der legale bzw. illegale Markt – in dem von einem wirtschaftlichen Wert überhaupt gesprochen werden kann.[122] Zweitens ist ein kriminalpolitisches Interesse, das qua Natur der Sache gesellschaftlichem Wandel unterworfen ist und als Billigkeitserwägung zu werten ist, kein angemessenes Kriterium, um eine Strafbarkeit – also einen Grundrechtseingriff – zu begründen.[123] Und drittens ist das Vorbringen, der wirtschaftliche Vermögensbegriff werde schon seit 1910 vom Reichsgericht vertreten und daran möge man auch in Zukunft nichts ändern, kein Argument, sondern eine Feststellung.[124]

Puppe ordnet die Argumentation – die Rechtsordnung kenne kein schutzunwürdiges Vermögen – zu Recht als Zirkelschluss ein.[125] Der anfragende Strafsenat hatte diese These bereits als „tautologisch“[126] bezeichnet. Dem ist zuzustimmen: Denn diese Ansicht legt den wirtschaftlichen Vermögensbegriff lediglich zugrunde, vermag ihn aber nicht überzeugend zu begründen.

Zutreffend ist auch der Hinweis auf die Voraussetzungen der Strafbarkeit, der vom anfragenden Strafsenat ins Spiel gebracht wurde: die Tatbestandsmäßigkeit des in Rede stehenden Verhaltens.[127] Denn Anknüpfungspunkt für eine strafrechtliche Verantwortlichkeit ist nicht die Person des Täters bzw. der Täterin – die „Gefährlichkeit“[128] oder die „kriminelle Gesinnung“[129] – sondern die Tat selbst.[130] Damit einher geht auch weder ein Anreiz[131] noch ein Freibrief.[132] *Zieschang* führt folgerichtig dazu aus: „So wenig wie aber beispielsweise dem Täter, der ein vom Tatbestand des Hausfriedensbruchs gemäß § 123 StGB nicht

---

nach dem wirtschaftlichen Vermögensbegriff ein Wert zugemessen wird. Vielmehr gehe es darum, ob dieser Wert dem geschützten Vermögen nach § 263 StGB zuzuordnen sei: *Puppe,* Kleine Schule des juristischen Denkens, 275 ff.

122 *BGH*, NStZ 2016, 596, 598; *Windsberger* stellt in diesem Kontext zugespitzt die Frage, ob der Vermögensbegriff „legal ökonomisch“ oder „illegal ökonomisch“ zu definieren sei: *Windsberger*, ZStW 2021, 123, 134.

123 Das Argument der „Folgenberücksichtigung“ ist nach Ansicht *Windsbergers* nicht ein solches, das bei der Auslegung des Vermögensbegriffs eine Rolle spielen könnte: *Windsberger*, ZStW 2021, 123, 146.

124 Siehe nur: *BGH*, NStZ-RR 2017, 44, 45.

125 *Puppe,* Kleine Schule des juristischen Denkens, 276.

126 *BGH*, NStZ 2016, 596, 598.

127 *BGH*, NStZ 2016, 596, 598.

128 *BGH*, NStZ 2016, 596, 598.

129 *BGH*, NStZ 2016, 596, 598.

130 MüKo-*Joecks/Erb*, Einl. StGB Rn. 42 ff.

131 *RGSt* 44, 230, 249.

132 *KG Berlin*, NJW 2001, 86.

geschütztes Grundstück betritt, dadurch ein „strafrechtlicher Freibrief" erteilt wird, ist dies dann im Hinblick auf § 263 StGB der Fall."[133]

Das Argument, durch einen normativ konturierten Vermögensbegriff strafrechtlich ungeschütztes Vermögen zuzulassen, sollte zudem nicht als „Befürchtung" vorgebracht werden, sondern ist vielmehr Ausdruck des strafrechtlichen Selbstverständnisses. Dieses Vorbringen übersieht die prägenden Maximen des deutschen Strafrechts: den fragmentarischen Charakter und die Ultima-Ratio-Funktion.[134]

Der fragmentarische Charakter des Strafrechts lässt es gerade zu, dass das komplexe Leben nur lückenhaft vom Strafrecht erfasst ist.[135] Aufgabe des Betrugstatbestands ist der Schutz des Vermögens vor bestimmten Einwirkungen und nicht pauschalisierend die Herstellung des Rechtsfriedens.[136]

Nach dem Ultima-Ratio-Prinzip dürfen strafrechtliche Normen nur dann eingreifen, wenn andere weniger einschneidende Mittel keine Wirkung entfalten.[137] Das Strafrecht wird nicht umsonst als schärfstes staatliches Schwert bezeichnet und hat anderen in Betracht kommenden Mitteln Vorrang zu gewähren.[138]

bb) Zivilrechtlicher Besitzschutz hilft nicht weiter

Dem Argument der Einheit der Rechtsordnung, dessen sich die juristisch-ökonomische Vermögenslehre bedient, wird der Hinweis auf zivilrechtliche Besitzschutzregeln gemäß §§ 858 ff. BGB entgegengehalten.[139] Im Zivilrecht dürfe sich der Dieb als unrechtmäßiger Besitzer auf das Selbsthilferecht aus § 859 BGB und die possessorischen Besitzschutzrechte aus §§ 861, 862 BGB berufen.

Die gezogene Parallele überzeugt nicht, denn die Besitzschutzregeln dienen nicht dem Schutz des Vermögens, sondern sollen vielmehr den Rechtsfrieden

133 *Zieschang*, in: FS Hirsch, 831, 840.

134 *BGH*, NStZ 2016, 596, 598.

135 *BVerfGE* 120, 224, 240; *BGH*, NStZ 2016, 596, 598; *Buchholz*, JA 2018, 264, 268.

136 *BGH*, NStZ 2016, 596, 598; *Gallas*, in: FS Schmidt, 401, 426.

137 *BVerfGE* 88, 203, 258; *U. Kindhäuser*, in: Modernes Strafrecht und ultima-ratio-Prinzip, 29; *Kaspar*, Verhältnismäßigkeit und Grundrechtsschutz im Präventionsstrafrecht, 243 ff; *Burchard*, in: Strafbegründung und Strafeinschränkung als Argumentationsmuster, 23, 28.

138 *Prittwitz*, in: Vom unmöglichen Zustand des Strafrechts, 387; *Appel*, Verfassung und Strafe, 406 ff; *Trendelenburg*, Ultima ratio?, 29 ff.

139 Siehe dazu nur: *BGH*, NStZ-RR 2017, 244, 245.

vor Eingriffen in den faktischen Besitz schützen.[140] Zudem geht es bei den zivilrechtlichen Besitzschutzregeln nicht um das Recht zum Besitz, sondern um die tatsächliche Sachherrschaft über den Besitz.[141] Eine konstitutive rechtliche Zuordnung ergibt sich aus diesen Regelungen folglich nicht.[142] Die in §§ 858 ff. BGB niedergelegte Wertung ist deshalb nicht geeignet, um die Notwendigkeit eines flankierenden strafrechtlichen Schutzes bemakelten Vermögens zu begründen.

cc) Kohärenz mit Eigentumsdelikten möglich

Auch eine mögliche fehlende Kohärenz zwischen Vermögens- und Eigentumsdelikten vermag nicht als Argument gegen eine normative Konturierung des Vermögensbegriffs überzeugen.[143]

Folgender Fall soll dieses Gegenargument zunächst veranschaulichen: Täuscht eine Person eine andere mit Drogen dealende Person und erhält infolgedessen von dieser bemakeltes Geld, soll sich diese nicht des Betruges gemäß § 263 Abs. 1 StGB strafbar gemacht haben. In Betracht kommt lediglich eine Nötigung gemäß § 240 Abs. 1 StGB. Nimmt die Person der mit Drogen dealenden Person aber das bemakelte – im Sinne von: nicht schutzwürdig, weil es im Widerspruch zur Rechtsordnung steht[144] – Geld gegen ihren Willen weg, macht sie sich eines Diebstahls gemäß § 242 Abs. 1 StGB strafbar. Während also ein Betrügen lediglich als Nötigung erfasst werden könnte, komme in anderen Fällen ein Diebstahl in Betracht. Die Diskrepanz der jeweiligen Strafrahmen beträgt zwei Jahre.

Zur Lösung dieses Dilemmas gibt es bereits viele diskutierte Lösungsmöglichkeiten, die hier nur genannt, aber nicht im Einzelnen erörtert werden. Der anfragende 2. Strafsenat des Bundesgerichtshofs sprach sich in diesen Fällen für eine teleologische Reduktion von Eigentumsdelikten aus.[145] Denkbar wäre

---

140 *BGH*, NStZ 2016, 596, 598; *Gallas*, in: FS Schmidt, 401, 426; MüKo-*Schäfer*, § 859 BGB Rn. 1.

141 Jauernig-*Berger*, § 858 BGB Rn. 1; MüKo-*Schäfer*, § 859 BGB Rn. 1.

142 *Gallas*, in: FS Schmidt, 401, 426; *Zieschang*, in: FS Hirsch, 831, 837.

143 *BGH*, NStZ-RR 2017, 244; NStZ-RR 2017, 110; eingehend zu der Thematik der Kohärenz: *Lichtenthäler*, Besitzverbot und Eigentumsschutz, 220 ff.

144 Zitat aus dem Anfragebeschluss des 2. Strafsenats: „Es gibt kein strafrechtlich schutzwürdiges Vermögen außerhalb des Rechts oder sogar im Widerspruch dazu." *BGH*, NStZ 2016, 596, 598.

145 *BGH*, NStZ 2016, 596, 599; dazu auch: *Lichtenthäler*, Besitzverbot und Eigentumsschutz, 157 ff.

außerdem, als einen „Ausweg" aus dieser mangelnden Kohärenz den Weg über den subjektiven Tatbestand einzuschlagen: Die Zueignungsabsicht sei immer dann nicht rechtswidrig, wenn es sich um Vermögen handelt, das strafrechtlich nicht schützenswert sei.[146]

dd) Inkonsequenz der rein wirtschaftlichen Betrachtung

Im Übrigen zeigt sich bereits – ohne besonderen Begründungsaufwand – an der inkonsequenten Anwendung des wirtschaftlichen Vermögensbegriffs, dass dieser unzureichend ist. Die Rechtsprechung hat nicht nur durch die entwickelten Ausnahmen[147] zur Subjektivierung des Schadensbegriffs beigetragen, sondern orientierte sich auch – entgegen dem wirtschaftlichen Postulat – am Zivilrecht als Konturierung der wirtschaftlichen Vermögenslehre.

Das lässt sich beispielsweise anschaulich in der Rechtsprechung vor und nach dem Inkrafttreten von § 1 S. 1 ProstG am 1. Januar 2002 erkennen. Bevor § 1 S. 1 ProstG normierte, dass vorgenommene sexuelle Handlungen gegen vereinbartes Entgelt eine rechtswirksame Forderung begründen, wertete die Rechtsprechung eine täuschungsbedingte Vorenthaltung des Lohns nicht als Betrug.[148] Argumentation in diesen Fällen war stets die Folgende: Die Arbeitskraft diene unsittlichen Zwecken und könne aufgrund des Dogmas der Einheit der Rechtsordnung nicht strafrechtlich geschützt sein.[149] Rekurrierend auf § 1 S. 1 ProstG maß der Bundesgerichtshof der erbrachten Leistung nun allerdings „betrugsstrafrechtlich relevante[n] wirtschaftliche[n] Wert"[150] zu. Eine Loslösung vom Zivilrecht kann zumindest die Rechtsprechung als Anwenderin der wirtschaftlichen Vermögenslehre nicht glaubhaft behaupten.

Auch *Li* – die Befürworterin der eingangs dargestellten Entscheidung des Bundesgerichtshofs – stellt in ihrer Analyse fest, dass die Rechtsprechung den wirtschaftlichen Vermögensbegriff nicht einheitlich anwendet.[151]

---

146 *Buchholz*, JA 2018, 264, 270.

147 Zu nennen sind hier der individuelle Schadenseinschlag und die objektive Zweckverfehlungslehre, siehe dazu Abschnitt B.I.3.a)bb) dieser Untersuchung.

148 *BGHSt* 4, 373; NStZ 1987, 407; BeckRS 1988, 4205.

149 In einem Beschluss dazu hieß es wörtlich: „Das Strafrecht würde sich in Widerspruch zur übrigen Rechtsordnung setzen, wenn es im Rahmen des Betrugstatbestandes nichtigen Ansprüchen Schutz gewährte, die aus verbotenen oder unsittlichen Rechtsgeschäften hergeleitet werden." *BGH*, NStZ 1987, 407.

150 *BGHSt* 61, 149.

151 *Li*, NZWiSt 2019, 405.

ee) Unbestimmtheit der rein wirtschaftlichen Betrachtung

Schließlich ist ein ausschließlich wirtschaftlich geprägter Vermögensbegriff auch zu unbestimmt, um damit eine verlässliche Konturierung des geschützten Vermögens des Betrugstatbestands zu erreichen. Auch wenn sich die wirtschaftliche Lehre an vermeintlich objektiven Maßstäben orientiert, ist der wirtschaftliche Wert einer Vermögensposition nicht ohne Weiteres einheitlich in einem von dieser Lehre – weil auf normative Zurechnungskriterien verzichtend – rechtsfreien Raum zu bestimmen.[152]

Windsberger stellt im Rahmen einer Wortlautauslegung des Vermögensbegriffs überzeugend dar, dass für die Bestimmung der Werthaltigkeit einer Vermögensposition nur der Kontext des legalen Marktes zweckdienlich und damit die Gesamtrechtsordnung als Maßstab heranzuziehen sei.[153] Die Verhaftung des wirtschaftlichen Vermögensbegriffs im rein Faktischen führe dazu, dass eine Wertbestimmung auf illegalen Märkten nicht kohärent möglich sei, weil keine einheitlichen Kriterien zur Wertbemessung vorhanden seien.[154] Auch im Anfrageverfahren wies der anfragende Senat darauf hin, dass illegale Märkte „faktische" Anerkennung erführen, wenn eine lediglich wirtschaftlich und nicht auch normative Bestimmung des Vermögensbegriffs erfolge.[155]

Zudem scheint es weder praktikabel noch realitätsnah, wenn davon ausgegangen wird, dass „Wirtschaft" und „Recht" sich vollkommen voneinander entkoppeln ließen.[156] Denn „die" Wirtschaft ist selbst Ausdruck von und orientiert sich an Maßstäben, die durch das Rechtssystem in unsere Gesellschaft implementiert wurden.[157] Der Frage, ob dem Rechtsgut ein wirtschaftlicher Wert zukommt, geht die Frage nach der Zuordnung des Rechtsguts zur Vermögen

---

152 *Becker/Rönnau*, JuS 2017, 975, 976.

153 *Windsberger*, ZStW 2021, 123, 134 ff.

154 *Windsberger* spricht in diesem Zusammenhang vom „(illegal-) ökonomischen" Vermögensbegriff: *Windsberger*, ZStW 2021, 123, 138, 140; in diese Richtung auch: MüKo-*Hefendehl*, § 263 StGB Rn. 481; Schönke/Schröder-*Perron*, § 263 StGB Rn. 80.

155 *BGH*, NStZ 2016, 596, 599.

156 *Rönnau*, in: Dogmatik und Praxis des strafrechtlichen Vermögensschadens, 31, 35.

157 *Fischer*, in: Dogmatik und Praxis des strafrechtlichen Vermögensschadens, 51, 54; *Nelles*, Untreue zum Nachteil von Gesellschaften, 387 ff.

inhabenden Person voraus.[158] Diese Zuordnung ergibt sich wiederum aus dem (Zivil-)Recht.[159]

Die Feststellung, wie die Rechtsordnung eine bestimmte Vermögensposition bewertet, ist deshalb ein relevantes und unerlässliches Kriterium für die Bestimmung der Werthaltigkeit derselben und kann zum Ausschluss strafrechtlichen Schutzes führen.[160]

ff) Zwischenfazit

Die Bedenken, die einer auch normativen Definition vermögensstrafrechtlich schutzwürdigen Vermögens entgegengebracht werden, lassen sich entkräften und auflösen. Die Analyse hat gezeigt, dass es vielmehr der rein wirtschaftliche Vermögensbegriff ist, dessen Argumente und Anwendung nicht überzeugen.

Das Hauptargument der juristisch-ökonomischen Vermögenslehre – die Einheit der Rechtsordnung durch Vermeidung von Wertungswidersprüchen zu gewährleisten – wird im Anschluss an die Darstellung des dieser Arbeit zugrunde liegenden Wertungswiderspruchs eingehend betrachtet. Daraus wird sich ergeben, warum der in Abschnitt B.III.1. festgestellte Wertungswiderspruch aufzulösen ist.

4. Fazit: Normativ geprägter Vermögensbegriff als Grundlage für die Berücksichtigung des Widerspruchs

Der Ausgangspunkt für die vorliegende Untersuchung ist aus der Perspektive des betrugsstrafrechtlichen Vermögensschutzes geschaffen: Der Schutz des Vermögens nach § 263 StGB unter Anwendung eines wirtschaftlich und normativ orientierten Vermögensbegriffs ist schlüssig. Die Kombination dieser beiden Komponenten, die sich im juristisch-ökonomischen Vermögensbegriff wiederfindet, bietet die Grundlage für die Entwicklung der eigenen These: Sie ermöglicht, dass normative Wertungen aus dem VereinsG im Rahmen des strafrechtlichen Vermögensschutzes berücksichtigt werden können.

158 Anschaulich dargestellt in: *BGHSt* 31, 178; *W. Kargl*, JA 2001, 714, 720; zu der Frage der Zuordbarkeit auch *Kindhäuser*: Kindhäuser-*Kindhäuser/Hoven*, § 263 StGB Rn. 24.

159 *W. Kargl*, JA 2001, 714, 720.

160 *Cramer*, Vermögensbegriff und Vermögensschaden im Strafrecht, 108 ff; LK-*Tiedemann*, § 263 StGB Rn. 132; Schönke/Schröder-*Perron*, § 263 StGB Rn. 82 ff.

II. Analyse: Vereinsgesetzliche Einziehung

Der Analyse des betrugsstrafrechtlichen Vermögensschutzes wird im nächsten Schritt eine Analyse der vereinsrechtlichen Einziehung gegenüberstellt. Es erscheint deshalb an dieser Stelle angezeigt, sich die Grundlagen der vereinsrechtlichen Einziehung und des vereinsrechtlichen Verständnisses von Vermögen zu vergegenwärtigen.

Dieser Abschnitt dient dazu, die anschließende Untersuchung des Widerspruchs zu ermöglichen. Denn dieser kann nur herausgearbeitet werden, wenn zunächst die Normen, aus denen widersprüchliche Wertungen zu entnehmen sind, einzeln beleuchtet werden und aufgezeigt wird, welche Aussagen diese aus welchen Gründen über das Vermögen treffen.

1. Einordnung in das Maßnahmenprogramm des VereinsG

Der Umgang mit dem Vermögen verbotener Vereine ist in §§ 10–13 VereinsG normiert und erfolgt dreistufig: An die Beschlagnahme des Vereinsvermögens (§ 10 VereinsG) schließt sich die Einziehung des Vereinsvermögens (§ 11 VereinsG) und die Einziehung von Gegenständen Dritter (§ 12 VereinsG) an; als letzte Stufe folgt die in § 13 VereinsG normierte Abwicklung.[161] Der Schwerpunkt dieser Untersuchung liegt auf der vereinsrechtlichen Vermögenseinziehung gemäß § 11 VereinsG, sodass Beschlagnahme und Abwicklung nur kurz vorab zum besseren Verständnis dargestellt werden. Daran schließt sich eine ausführliche Darstellung der vereinsrechtlichen Einziehung an.

a) Beschlagnahme

Von der Beschlagnahme umfasst sind das Vereinsvermögen (§ 3 Abs. 1 S. 2 Nr. 1 VereinsG), Sachen Dritter, die der Verein einem Dritten zu treuen Händen übertragen hat oder die ein Dritter als Treuhänder für den Verein erworben hat (§ 10 Abs. 1 S. 2 VereinsG) und Sachen Dritter nach § 3 Abs. 1 S. 2 Nr. 3 VereinsG.

Der vollziehbaren Beschlagnahmeanordnung, die selbst als Verwaltungsakt zu qualifizieren ist, kommt gemäß § 10 Abs. 1 S. 1 VereinsG die Wirkung

161 Ergänzend sind dabei §§ 2 ff. VereinsG-DVO zu beachten. Die Verordnung zur Durchführung des Gesetzes zur Regelung des öffentlichen Vereinsrechts (Vereinsgesetz) vom 28.07.1966 (BGBl. I S. 457), die zuletzt durch Art. 6 Abs. 1 des Gesetzes vom 22.08.2002 (BGBl. I S. 3390) geändert worden ist, wurde von der Bundesregierung auf Grundlage von § 19 VereinsG erlassen.

eines absoluten Veräußerungsverbots im Sinne des § 134 BGB zu.[162] Aus dieser Zuschreibung wird der Schutzzweck erkennbar: Es ist nicht der Individual-, sondern der Allgemeinheitsschutz bezweckt.[163] Der Verein bleibt während der Beschlagnahme weiterhin Eigentümer, weil der Beschlagnahme selbst keine eigentumsverändernde Wirkung zukommt.[164]

b) *Abwicklung*

Die Abwicklung bildet die letzte Stufe des Verbotsverfahrens und erfolgt nach § 13 VereinsG.[165] Gläubiger und Gläubigerinnen, deren Forderung nicht nach § 12 VereinsG eingezogen wurden, sind aus der besonderen Vermögensmasse zu befriedigen (§ 13 Abs. 1 VereinsG); im Fall der Überschuldung findet ein Insolvenzverfahren statt (§ 13 Abs. 3 VereinsG) und verbleibendes Restvermögen ist für gemeinnützige Zwecke einzusetzen (§ 13 Abs. 4 VereinsG).

2. Voraussetzungen der Einziehung

Die Voraussetzungen und Rechtsfolgen der Vermögenseinziehung gemäß § 11 VereinsG werden im Folgenden dargestellt, damit eine Einordnung dieser Maßnahme – in Bezug auf § 263 StGB und § 73 StGB – im weiteren Verlauf der Untersuchung erfolgen kann.

a) *Besondere Einziehungsanordnung*

Voraussetzung der Einziehung nach § 11 VereinsG ist eine besondere Einziehungsanordnung der Verbotsbehörde.[166] Bei der Einziehungsanordnung handelt es sich um einen selbstständigen, zur vereinsrechtlichen Verbotsverfügung[167]

---

162 *Petzold*, NJW 1964, 2281, 2282; Reichert-*Schiffbauer*, Kap. 3 Rn. 197, 201.

163 BT-Drs. IV/430, 19; Albrecht/Roggenkamp-*Seidl*, § 10 VereinsG Rn. 2.

164 *Petzold*, NJW 1964, 2281, 2282; Albrecht/Roggenkamp-*Seidl*, § 10 VereinsG Rn. 2.

165 *Groh*, VereinsG, § 13 VereinsG Rn. 1.

166 Einziehungsberechtigt ist je nach Zuständigkeit der Verbotsbehörde – diese richtet sich danach, ob sich die Tätigkeit des (Teil-)Vereins auf das Gebiet eines Landes beschränkt oder darüber hinausgeht – entweder das Land, §§ 3 Abs. 2 Nr. 1, 11 Abs. 1 S. 1 oder der Bund, §§ 3 Abs. 2 Nr. 2, 11 Abs. 1 S. 1 VereinsG. Eine Entlastung des Bundesministeriums des Innern, für Bau und Heimat ist in § 11 Abs. 3 VereinsG vorgesehen.

167 Eine Verbotsverfügung enthält drei Bestandteile: die konstitutive Feststellung, dass der Verein gegen Art. 9 Abs. 2 GG verstoßen hat, die Anordnung der Auflösung und die Anordnung von Beschlagnahme und Einziehung: BT-Drs. IV/430, 12.

nach § 3 Abs. 1 S. 1 VereinsG akzessorischen, Verwaltungsakt.[168] In der Regel wird die Einziehungsanordnung gleichzeitig mit der Verbotsverfügung erlassen, § 3 Abs. 1 S. 2 VereinsG, kann dieser aber auch nachfolgen.[169]

b) Anknüpfen an Verbotstatbestand

Da die Vermögenseinziehung an die Verbotstatbestände aus § 3 VereinsG anknüpft, werden diese kurz erläutert. Durch die einzelnen Voraussetzungen des Verbotstatbestands wird sowohl eine Verbindung ins materielle Strafrecht als auch eine solche ins Verfassungsrecht erkennbar. Die Tatsache, dass es sich bei § 3 VereinsG um eine einfachgesetzliche Konkretisierung[170] des Grundrechts aus Art. 9 Abs. 2 GG[171] handelt und der Schutz oberster Verfassungsgrundsätze bezweckt ist, dient als Ausgangspunkt für die spätere in der Untersuchung vorgenommene verfassungsrechtliche Flankierung des Wertungswiderspruchs.

aa) Erster Verbotsgrund: Verstoß gegen Strafgesetze

Gemäß § 3 Abs. 1 VereinsG darf ein Verein nur dann als verboten behandelt werden, wenn durch Verfügung festgestellt ist, dass seine Zwecke oder Tätigkeiten Strafgesetzen zuwiderlaufen. Ob Zweck oder Tätigkeit des Vereins gegen Strafgesetze verstoßen, ist nicht etwa abhängig von einer Verurteilung nach § 129 StGB (Bildung krimineller Vereinigungen) oder der Einleitung eines entsprechenden Strafverfahrens, sondern wird von der zuständigen Verbotsbehörde selbstständig geprüft.[172] Denn der Verbotstatbestand wurde nicht geschaffen, um individuelles strafbares Handeln „doppelt" zu erfassen.[173] Vielmehr geht es darum, die besondere Gefährlichkeit zu sanktionieren, die sich für die öffentliche Sicherheit und Ordnung aus einer Vereinsstruktur ergibt, die Straftaten fördert.[174] Im Rahmen des Verbotstatbestands ist auf zurechenbare

---

168 BT-Drs. IV/430, 20.

169 Im Verhältnis zur Verbotsverfügung handelt es sich bei der Einziehungsanordnung um eine Nebenmaßregel, BT-Drs. IV/430, 20.

170 Albrecht/Roggenkamp-*Albrecht*, § 3 VereinsG Rn. 1.

171 Entgegen dem enthaltenen Wortlaut „sind verboten" in Art. 9 Abs. 2 GG sind Vereinigungen nicht ipso iure verboten, sondern es bedarf einer Verbotsverfügung der zuständigen Verbotsbehörde. Die Verbotsverfügung ist insofern konstitutiv: *Baudewin*, NVwZ 2013, 1049; Reichert-*Schiffbauer*, Kap. 3 Rn. 68.

172 *BVerwG*, NJW, 993, 995; NVwZ, 446, 447.

173 *BVerwG*, NVwZ, 446, 447.

174 *BVerwG*, NVwZ, 446, 447; Albrecht/Roggenkamp-*Albrecht*, § 3 VereinsG Rn. 23.

strafgesetzwidrige Absichten oder Verhaltensweisen der einzelnen Mitglieder abzustellen, wenn diese den Charakter des Vereins prägen.[175]

Es kann festgestellt werden, dass der vereinsrechtliche Verbotstatbestand gleich in seiner ersten Tatbestandsalternative eine Verbindung in das materielle Strafrecht herstellt. Das ist zwar kein Argument für eine normative Konturierung des strafrechtlichen Vermögensbegriffs, zeigt aber als reine Feststellung, dass dem Vereinsrecht eine strafrechtliche Verknüpfung immanent ist.

bb) Zweiter Verbotsgrund: Verstoß gegen die verfassungsmäßige Ordnung

Ein Verein kann auch verboten werden, wenn er sich gegen die verfassungsmäßige Ordnung richtet, § 3 Abs. 1 S. 1 Alt. 2 VereinsG. Der Verein muss sich sowohl objektiv als auch subjektiv gegen die verfassungsmäßige Ordnung richten.[176] Dafür ist ein „kämpferisch-aggressives“[177] Untergraben dieser Ordnung, das von einem entsprechenden Handlungswillen getragen wird, erforderlich.[178]

Ob die Auslegung des Begriffs der verfassungsmäßigen Ordnung identisch mit der Auslegung des Begriffs der freiheitlich demokratischen Grundordnung aus Art. 18 S. 1, 21 Abs. 2 GG erfolgt, wird unterschiedlich beurteilt und ist relevant für die durch den Begriff geschützten Prinzipien. In der Kommentarliteratur findet sich vornehmlich die Ansicht, dass die Begriffe übereinstimmend[179] und synonym[180] auszulegen seien und zwischen den in den unterschiedlichen Normen verwendeten Begriffen ein Bezug bestehe.[181]

Schiffbauer, rekurrierend auf das Urteil des Bundesverfassungsgerichts im NPD-Verbotsverfahren, plädiert für eine Differenzierung zwischen den beiden Begriffen.[182] In diesem Urteil setzte sich das Bundesverfassungsgericht mit dem Verhältnis von Art. 9 Abs. 2 GG und Art. 21 Abs. 2 S. 1 GG auseinander und machte deutlich, dass der Begriff der verfassungsmäßigen Ordnung weiter sei als der der freiheitlich demokratischen Grundordnung; im Urteil hieß es dazu konkret „Während es nach dem Wortlaut von Art. 9 Abs. 2 GG ausreicht,

---

175 *BVerwG*, NJW, 993, 995; NVwZ, 446, 447, 450, vgl. auch § 3 Abs. 5 VereinsG.

176 Die Verfassungswidrigkeit enthält ein objektives und subjektives Element: Albrecht/Roggenkamp-*Albrecht*, § 3 VereinsG Rn. 40 ff.

177 *BVerwG*, NVwZ-RR 2011, 14, 15.

178 Es genügt nicht, dass der Verein die verfassungsmäßige Ordnung ablehnt und ihr andere Grundsätze entgegenstellt: *BVerwG*, NVwZ 2014, 1573, 1576.

179 Erbs/Kohlhaas-*Wache*, § 3 VereinsG Rn. 14 m.w.N.

180 *Groh*, VereinsG, § 3 VereinsG Rn. 14.

181 Albrecht/Roggenkamp-*Albrecht*, § 3 VereinsG Rn. 38.

182 Reichert-*Schiffbauer*, Kap. 3 Rn. 126 ff.

dass die Vereinigung sich gegen die verfassungsmäßige Ordnung richtet, setzt Art. 21 Abs. 2 S. 1 GG voraus, dass eine Partei darauf ausgeht, die freiheitliche demokratische Grundordnung zu beeinträchtigen oder zu beseitigen."[183] Des Weiteren führte das Gericht aus: „Freiheitliche demokratische Grundordnung und verfassungsmäßige Ordnung sind mithin zu unterscheiden. Die freiheitliche demokratische Grundordnung beschränkt sich auf diejenigen Prinzipien, die unter Ausschluss jeglicher Gewalt- und Willkürherrschaft eine rechtsstaatliche Herrschaftsordnung auf der Grundlage der Selbstbestimmung des Volkes nach dem Willen der jeweiligen Mehrheit und der Freiheit und Gleichheit gewährleisten."[184]

Wie *Schiffbauer* zu Recht anmerkt, hat sich das Bundesverfassungsgericht in dem Urteil mit dem Parteiverbot und nur in Abgrenzung dazu mit dem Vereinigungsverbot beschäftigt und deshalb auch keine weitere inhaltliche Konturierung des in Art. 9 Abs. 2 GG verwendeten Begriffs der verfassungsmäßigen Ordnung vorgenommen.[185] Dem Urteil ist dennoch zu entnehmen, dass einer identischen inhaltlichen Auslegung beider Begriffe eine Absage zu erteilen ist. Inwiefern Parallelen und Unterschiede zwischen dem Vereinigungs- und dem Parteiverbot bestehen, wird im weiteren Verlauf der Arbeit – bei der Untersuchung weiterer Anwendungsfälle – näher analysiert.[186]

Zur inhaltlichen Bestimmung des Begriffs der verfassungsmäßigen Ordnung kann auf bundesverwaltungsrechtliche Rechtsprechung, die sich mit der Auslegung von Art. 9 Abs. 2 GG und § 3 Abs. 1 VereinsG beschäftigt, zurückgegriffen werden.[187] Demnach zählen zu den Schutzgütern der verfassungsmäßigen Ordnung die „Achtung vor den im Grundgesetz konkretisierten Menschenrechten sowie das demokratische Prinzip mit der Verantwortlichkeit der Regierung, das Mehrparteienprinzip und das Recht auf verfassungsmäßige Bildung und Ausübung einer Opposition."[188] Begrifflich umfasst sei auch das Rechtsstaatsprinzip.[189]

Unabhängig der Differenzierung beider Begriffe konstatierte das Bundesverfassungsgericht, dass Art. 9 Abs. 2 GG – neben Art. 18 und Art. 21 GG – als

183 *BVerfGE* 144, 20, 228.
184 *BVerfGE* 144, 20, 203.
185 Reichert-*Schiffbauer*, Kap. 3 Rn. 127.
186 Siehe dazu Abschnitt E.II. dieser Untersuchung.
187 So auch: Reichert-*Schiffbauer*, Kap. 3 Rn. 128.
188 *BVerwG*, NVwZ 2014, 1573, 1576; *BVerwG*, NVwZ-RR 2011, 14.
189 *BVerwG*, NVwZ 2014, 1573, 1576.

Instrument einer „wehrhaften“ und „streitbaren“[190] Demokratie diene.[191] Die einfachgesetzliche Konkretisierung[192] von Art. 9 Abs. 2 GG findet sich im VereinsG.[193]

Dass ein Vereinsverbot auf Grundlage einer Beeinträchtigung höchster Verfassungsprinzipien verfügt werden kann, ebnet der zu entwickelnden Argumentationskette gewissermaßen den Weg ins Verfassungsrecht. Der zu analysierende Widerspruch wird in Abschnitt C.III. dieser Untersuchung auch mit verfassungsrechtlichen Argumenten untermauert.

cc) Dritter Verbotsgrund: Verstoß gegen den Gedanken der Völkerverständigung

Die dritte Alternative des Verbotstatbestands ist erfüllt, wenn sich Zweck oder Tätigkeit des Vereins gegen den Gedanken der Völkerverständigung richtet. Voraussetzung dafür ist eine entsprechende Eignung, den Gedanken der Völkerverständigung schwerwiegend zu beeinträchtigen.[194] Das ist nicht nur der Fall, wenn das friedliche Zusammenleben der Völker i.S.d. Art 26 Abs. 1 GG gestört wird, sondern auch, wenn Zweck oder Tätigkeit einer friedlichen Streitbeilegung zwischen Völkern entgegenläuft.[195]

Dieser völkerrechtliche Anknüpfungspunkt kann wohl nicht für die Untersuchung fruchtbar gemacht werden, da auf eine Betrachtung aus völkerrechtlicher Perspektive verzichtet wird.

3. Rechtsfolgen der Einziehung

Das Aufzeigen der Rechtsfolgen der Einziehungsanordnung bringt Aufschluss darüber, in welchem Umfang bei wem welche Vermögenspositionen eingezogen werden können und welcher Beurteilungsmaßstab angelegt wird. Diese Erkenntnisse sind relevant für die Einordnung des Wertungswiderspruchs in

190 Zum Kontext des Terminus „streitbare Demokratie“ siehe: *Gerlach*, Die Vereinsverbotspraxis der streitbaren Demokratie, 50 ff.

191 *BVerfGE* 144, 20, 164.

192 Albrecht/Roggenkamp-*Albrecht*, § 3 VereinsG Rn. 1.

193 Daneben dienen die Verwirkung (Art. 18 GG) und das Parteiverbot (Art. 21 GG) dem gleichen Zweck. Die Bezeichnung als „Instrumente des präventiven Verfassungsschutzes“ von *Stern* dazu ist treffend: *Stern*, Staatsrecht I, 183 f; dazu auch: *BVerfGE* 80, 244, 253; *BVerfGE* 149, 160, 199.

194 *BVerwG*, NVwZ 2005, 1435, 1436.

195 *BVerwG*, NVwZ 2014, 1573, 1579.

Abschnitt C.I., in dem eine Gegenüberstellung von strafrechtlicher und vereinsrechtlicher Einziehung erfolgt.

Die „Schlagkraft", mit der der Gesetzgeber zu verbietenden bzw. verbotenen Vereinen – je nachdem, ob die Einziehungsanordnung gleichzeitig oder zeitlich nach der Verbotsverfügung ergeht – begegnet, wird bereits beim Lesen des § 11 Abs. 2 VereinsG deutlich. Sachlich sind nicht etwa nur einzelne Vermögenspositionen, sondern das „Vereinsvermögen" als solches erfasst. Es bleibt nicht bei dieser rein vermögensbezogenen Konsequenz der Einziehung. In Bezug auf den Vermögensinhaber normiert § 11 Abs. 2 S. 3 VereinsG zusätzlich dessen Erlöschen.

a) Umfang der Einziehung

aa) Vereinsvermögen

Die eigentumsverändernde Wirkung der Einziehung tritt mit Unanfechtbarkeit von Verbotsverfügung und Einziehungsanordnung ein, vgl. § 11 Abs. 2 S. 1 VereinsG. Die Einziehung erstreckt sich auf das Aktivvermögen des Vereins, inklusive durch Dritte treuhänderisch verwalteter Teile nach § 10 Abs. 1 S. 3 VereinsG, Passiva und auf makelbehaftete Forderungen nach § 12 VereinsG.[196] Das Vereinsvermögen umfasst[197]: bewegliche und unbewegliche Sachen, Forderungen und Rechte im Eigentum rechtsfähiger Vereine; auch solche, die den Mitgliedern nicht rechtsfähiger Vereine zustehen.[198] Wie der Verein das Eigentum erworben hat, ist für die Zuordnung zum Vereinsvermögen nicht relevant.[199]

Zusammenfassend gilt: Vermögen verbotener Vereine soll umfassend abgeschöpft werden. Es geht nicht darum, lediglich einzelne bemakelte Vermögenspositionen einzuziehen, sondern jegliche wirtschaftliche Grundlage zu entziehen.

---

196 BT-Drs. IV/430, 20; *Schnorr*, Öffentliches Vereinsrecht, § 11 VereinsG Rn. 4; Reichert-*Schiffbauer*, Kap. 3 Rn. 309 f.

197 Die Aufzählung ist übernommen von: Albrecht/Roggenkamp-*Seidl*, § 10 VereinsG Rn. 14; dazu auch: *Schnorr*, Öffentliches Vereinsrecht, § 10 VereinsG Rn. 7 f.

198 BT-Drs. IV/430, 19.

199 Auch nach § 930 und § 931 BGB erworbene Gegenstände im Besitz Dritter zählen zum Vereinsvermögen: *Schnorr*, Öffentliches Vereinsrecht, § 10 VereinsG Rn. 7; Albrecht/Roggenkamp-*Seidl*, § 10 VereinsG Rn. 14.

bb) Gegenstände Dritter

(1) Voraussetzung: mit einem Makel behaftet

Der Gesetzgeber hat es im Rahmen der Einziehung im VereinsG nicht bei der Abschöpfung des Vereinsvermögens des Vereins belassen, sondern erachtet auch Forderungen von Dritten gegen den Verein und Sachen von Dritten unter bestimmten Voraussetzungen für einziehungswürdig. Verzichtet wird dabei allerdings auf die Einziehung von Sachen, die zur Sicherung auf Dritte übertragen wurden, vgl. § 11 Abs. 1 S. 2 VereinsG.

§ 12 VereinsG[200] ermöglicht es, Forderungen, Sachen und Rechte von Dritten[201] einzuziehen, wenn diese makelbehaftet im Sinne von § 12 Abs. 1 S. 1 VereinsG[202] sind.[203] Dem Zweck der Vermögenseinziehung, umfassend verfassungsfeindlichen Akteuren die finanziellen Mittel zu entziehen, wird damit Rechnung getragen.[204] Daneben soll der Staat davor gewahrt bleiben, dolose Forderungen gegen den Verein befrieden zu müssen und der Verein soll daran gehindert werden, sein Vermögen der Einziehung entziehen zu können.[205] Die eigentumsverändernde Wirkung der Einziehung tritt ebenfalls mit Unanfechtbarkeit des Verbots und der Einziehungsverfügung ein, § 12 Abs. 4 S. 1 VereinsG.

Makelbehaftet i.S.v. § 12 VereinsG sind Forderungen gegen den Verein, wenn diese entweder aus Beziehungen entstanden sind, die sich nach Art, Umfang oder Zweck als eine vorsätzliche Förderung der verfassungswidrigen Bestrebungen des Vereins darstellen (Kollaborationsforderung, § 12 Abs. 1 S. 1 Nr. 1 VereinsG) oder sie begründet wurden, um Vermögenswerte des Vereins dem behördlichen Zugriff zu entziehen oder den Wert des Vereinsvermögens zu mindern (Umgehungsforderung, § 12 Abs. 1 S. 1 Nr. 2 VereinsG).[206] Für die

---

200 § 12 VereinsG wird durch §§ 14, 17 Abs. 2 und 18 DVO ergänzt.

201 Als Dritte im Sinne der Vorschrift zählen Vereinsmitglieder und Außenstehende: *Groh*, VereinsG, § 12 VereinsG Rn. 3.

202 § 12 VereinsG ist als Inhalts- und Schrankenbestimmung des Eigentums verfassungskonform. Der Gesetzgeber gewährt damit dem Schutz der Allgemeinheit vor verfassungswidrigen Bestrebungen den Vorrang vor dem Eigentumsschutz; zu den traditionellen Schranken des Eigentums: *BVerfGE* 110, 1, 24 ff; *Groh*, VereinsG, § 12 VereinsG Rn. 2; Albrecht/Roggenkamp-*Seidl*, § 12 VereinsG Rn. 9.

203 Neben der Verbotsverfügung ist dafür eine gesonderte Einziehungsverfügung erforderlich: Albrecht/Roggenkamp-*Seidl*, § 12 VereinsG Rn. 10.

204 BT-Drs. IV/430, 20.

205 *Groh*, VereinsG, § 12 VereinsG Rn. 1.

206 Albrecht/Roggenkamp-*Seidl*, § 12 VereinsG Rn. 12.

Beurteilung der Kollaboration ist maßgeblich, ob der Verein dadurch eine Förderung erlangt hat; Ansprüche aus unerlaubter Handlung oder Gefährdungshaftung fallen nicht darunter.[207] Forderungen, die als übliche Forderungen im allgemeinen Wirtschaftsverkehr anerkannt sind, fallen ebenfalls nicht darunter.[208]

(2) Zwischenfazit

Im Rahmen des vereinsrechtlichen Verbots und den daran anknüpfenden Folgen hat es der Gesetzgeber in Konstellationen, in denen § 12 VereinsG zum Tragen kommt, bewusst nicht bei der zivilrechtlichen Nichtigkeit von Verträgen gelassen, sondern greift aktiv in den Leistungsaustausch – und zwar auf beiden Seiten – ein. Denn ausgehend vom verbotenen Verein soll nicht nur dem Verein selbst jede finanzielle Grundlage entzogen werden, sondern auch Vereinsgläubigern und -gläubigerinnen der Zugriff auf das Vereinsvermögen verwehrt werden. Dieser umfassende Zugriff auf das Vereinsvermögen basiert auf dem Schutzzweck der Einziehung: verfassungsfeindlichen Bestrebungen die materielle Grundlage zu ihrer Verwirklichung zu entziehen.[209]

cc) Verzicht auf Vermögenseinziehung

Aus welcher Perspektive die Beurteilung der Einziehbarkeit eines Vermögenswerts im VereinsG betrachtet wird, wird durch einen Blick in die Verzichtsvorschrift in § 11 Abs. 4 VereinsG erkennbar.

Von der Einziehung kann nach § 11 Abs. 4 S. 1 VereinsG ausnahmsweise in drei Fällen abgesehen werden: erstens, wenn keine Gefahr besteht, dass die Vermögenswerte zu Bestrebungen nach Art. 9 Abs. 2 GG verwendet werden; zweitens, wenn keine Gefahr besteht, dass die Vermögensauseinandersetzung zur Aufrechterhaltung des Vereins missbraucht wird und schließlich, wenn es sich um Gegenstände von unerheblichem Wert handelt. Übersteigen die Kosten der Einziehung den Wert des Gegenstands, so liegt ein solcher Gegenstand von unerheblichem Wert vor; diese wirtschaftliche Betrachtung ist dann nicht maßgebend, wenn der Gegenstand für den verbotenen Verein für die Fortführung verfassungswidriger Tätigkeiten relevant ist, die Gefährlichkeit den

207 BT-Drs. IV/430, 21.

208 Nicht erfasst sind beispielsweise Steuerforderungen, Ansprüche, die die Grundversorgung betreffen und Ansprüche auf Zahlung von Gerichtsgebühren, BT-Drs. IV/430, 21.

209 BT-Drs. IV/430, 19.

wirtschaftlichen Wert also übersteigt.[210] Folglich ist nicht alleine eine wirtschaftliche Betrachtungsweise maßgebend für die Entscheidung, ob eingezogen wird oder nicht, sondern der Zweck der Einziehung und damit die potenzielle Eignung des Gegenstands für die Verwirklichung verfassungswidriger Ziele ist zugleich in besonderem Maße zu bedenken.[211] Daneben gibt es noch eine in § 13 Abs. 2 VereinsG normierte Härtefallklausel, die in Ausnahmefällen zu einem Absehen von der Einziehung führen kann.[212]

Von der Einziehung kann nur vollständig abgesehen werden; ein teilweises Absehen ist nicht vorgesehen, weil in diesen Fällen die Abwicklung partiell nach VereinsG und partiell nach bürgerlichem Recht erfolgen müsste.[213]

Insofern von der Einziehung abgesehen wird, findet keine vereinsrechtliche Abwicklung nach §§ 11 ff. VereinsG statt, sondern eine zivilrechtliche Liquidation. In diesem Fall kann die Verbotsbehörde eigene Liquidatoren bestellen nach § 11 Abs. 4 S. 2 VereinsG, um zu verhindern, dass Personen des verfassungswidrigen Vereins selbst mit der materiellen Abwicklung befasst wären.[214] Auch im Fall der zivilrechtlichen Liquidation soll dem verbotenen Verein nicht der Liquidationserlös verbleiben; dieser wird nach §§ 11 Abs. 4 S. 3, 12 Abs. 1 VereinsG von der Behörde eingezogen. Die zuvor genannten Normen zeigen, dass – unabhängig des vereins- oder zivilrechtlichen Rahmens der Einziehung – der Zweck des § 11 VereinsG in jedem Fall umfassend verwirklicht werden soll: Der verbotene Verein darf am Ende keinen Zugriff mehr auf eigene finanzielle Mittel haben. Verfassungswidrige Tätigkeiten sollen dadurch vollständig unterbunden werden.[215]

b) Erfasste Vermögen inhabende Rechtssubjekte

Die „persönliche" Reichweite von Verbotsverfügung und Einziehungsanordnung erschöpft sich nicht in der Erfassung des verbotenen Vereins, sondern kann auch Teil-, Ersatzorganisationen und Dritte erfassen.

---

210 BT-Drs. IV/2145 (neu), 3; Erbs/Kohlhaas-*Wache*, § 11 VereinsG Rn. 9.

211 BT-Drs. IV/2145 (neu), 3.

212 Eine unbillige Härte liegt vor, wenn das Interesse des Betroffenen an der Aufrechterhaltung des bestehenden Zustands das öffentliche Interesse an der Einziehung erheblich übersteigt (§ 17 VereinsG-DVO), *Groh*, VereinsG, § 13 VereinsG Rn. 3.

213 BT-Drs. IV/430, 20.

214 Die Liquidation nach bürgerlichem Recht richtet sich sonst nach § 48 BGB (durch den Vorstand), § 265 AktG (durch die Vorstandsmitglieder), § 66 GmbHG (durch die Geschäftsführer).

215 BT-Drs. IV/430, 20.

aa) Verein und Teilorganisation

Der Begriff des Vereins ist in § 2 Abs. 1 VereinsG legal definiert. Demnach ist ein Verein „ohne Rücksicht auf die Rechtsform jede Vereinigung, zu der sich eine Mehrheit natürlicher oder juristischer Personen für längere Zeit zu einem gemeinsamen Zweck freiwillig zusammengeschlossen und einer organisierten Willensbildung unterworfen hat."

Nach § 3 Abs. 3 VereinsG erstreckt sich bereits das Vereinsverbot, wenn es nicht ausdrücklich beschränkt ist, auch auf Teilorganisationen.[216] Nach der Legaldefinition in § 3 Abs. 3 S. 1 VereinsG sind das Organisationen, die dem Verein derart eingegliedert sind, dass sie nach dem Gesamtbild der tatsächlichen Verhältnisse als Gliederung dieses Vereins erscheinen. Das ist auch dann der Fall, wenn sie eigenständig die Voraussetzungen des Vereinsbegriffs i.S.v. § 2 Abs. 1 VereinsG erfüllen oder eine eigene Rechtspersönlichkeit darstellen.[217] Sind sie vom Vereinsverbot umfasst, erstreckt sich auch die Einziehung auf das Vermögen der Teilorganisation.[218] Gleichermaßen wie der Verein erlischt auch die Teilorganisation, § 11 Abs. 2 S. 3 VereinsG.

bb) Ersatzorganisation

§ 8 Abs. 1 VereinsG verbietet die Bildung von Ersatzorganisationen. Dass die Verbotsverfügung auch auf sogenannte Ersatzorganisationen ausstrahlt, verdeutlicht, dass der Gesetzgeber auch die Zeit nach dem Verfügungszeitpunkt bedacht hat und eine Umgehung der Verwaltungsentscheidung zu jedem Zeitpunkt unterbinden wollte.[219]

Erfasst sind sowohl die Bildung einer Ersatzorganisation, die an Stelle des verbotenen Vereins tritt (§ 8 Abs. 1 S. 1 Alt. 1 VereinsG) als auch die Unterwanderung bestehender Organisationen, um diese als Ersatzorganisation fortzuführen (§ 8 Abs. 1 S. 1 Alt. 2 VereinsG). Gemäß § 8 Abs. 2 VereinsG ist gegen sie ein vereinfachtes Feststellungsverfahren bei Zuwiderhandlung ausreichend,

---

216 Teilorganisationen müssen folglich nicht selbst einen Verbotstatbestand des § 3 VereinsG erfüllen: *BVerwG*, NVwZ 1995, 590; die Eingliederung des Teilvereins in verfassungswidrige Strömungen des Vereins wird durch § 3 Abs. 3 VereinsG vermutet: *Seifert*, DÖV 1964, 685, 688.

217 BT-Drs. IV/430, 15.

218 Das Vermögen bleibt hinsichtlich der Haftung selbstständig und bildet eine eigene Vermögensmasse, § 11 Abs. 2 S. 2 VereinsG: BT-Drs. IV/430, 20.

219 Von Ausstrahlungswirkung spricht auch *Schiffbauer*: Reichert-*Schiffbauer*, Kap. 3 Rn. 218; BT-Drs. IV/430, 17 f.

weil an die ursprüngliche Verbotsverfügung angeknüpft wird.[220] Mit dem feststellenden Verwaltungsakt erfolgt auch die Anordnung von Beschlagnahme und Einziehung des Vereinsvermögens.[221]

cc) Dritte

Auch Dritte können vom Wirkungsbereich der Einziehungsverfügung erfasst sein, sofern sie Forderungen, Sachen und Rechten gemäß § 12 VereinsG inne haben, die der Einziehung unterliegen. Als Dritte i.S.v. § 12 VereinsG kommen sowohl externe Dritte als auch Vereinsmitglieder in Betracht.[222]

c) Zwischenfazit

Die Darstellung der Rechtsfolgen hat gezeigt, dass der Staat als Einziehungsberechtigter durch die Vermögenseinziehung nicht nur die wirtschaftliche, sondern auch die „personelle" bzw. „organisatorische" Existenz des Vereins und potentieller Teil- und Ersatzvereine umfassend entzieht bzw. vernichtet.[223] Es bleibt nicht bei der Abschöpfung einzelner – möglicher bemakelter – Vermögenspositionen, sondern das gesamte Vermögen und Forderungen von Dritten werden bis auf wenige Ausnahmen eingezogen.

4. Charakter und Zweck der Vermögenseinziehung

Zum besseren Verständnis der vereinsrechtlichen Einziehung sei zunächst kurz auf die Entstehungsgeschichte des VereinsG hingewiesen, um im Anschluss die Natur und Zwecksetzung der Einziehungsmaßnahme näher zu betrachten.

Das Vereinsgesetz wurde am 5. August 1964 ausgefertigt und fungiert nach der Gesetzesbegründung als „Ausführungsgesetz zu Art. 9 Abs. 2 GG."[224] Es enthält folglich verfahrensrechtliche Konkretisierungen des grundrechtlich verankerten Vereinsverbots.[225] Unter dem Eindruck von zwei Weltkriegen wurde mit dem Gesetzesentwurf angestrebt, zeitgemäß auf Vereinigungen legislatorisch zu reagieren und gleichzeitig die Verfassung in ihrem Bekenntnis

220 *Groh*, VereinsG, § 8 VereinsG Rn. 1.

221 *Groh*, VereinsG, § 8 VereinsG Rn. 8.

222 *Groh*, VereinsG, § 12 VereinsG Rn. 3.

223 *Schnorr* ist der Auffassung, dass das Erlöschen den Verein (nur) in seiner Eigenschaft als Vermögenssubjekt betrifft: *Schnorr*, Öffentliches Vereinsrecht, § 11 VereinsG Rn. 9.

224 BT-Drs. IV/430, 8.

225 *Petzold*, NJW 1964, 2281; Reichert-*Schiffbauer*, Kap. 3 Rn. 68.

zur freiheitlich demokratischen Grundordnung angemessen zu schützen.[226] Das öffentlich-rechtliche Vereinsrecht wird als Sonderrecht zum Schutz der Vereinigungsfreiheit dem Recht der allgemeinen Gefahrenabwehr und der öffentlichen Sicherheit und Ordnung zugeordnet.[227] Die Anwendung von Strafgesetzen auf rechtswidriges Verhalten des einzelnen Vereinsmitglied bleibt bestehen.[228]

a) Charakter

Der vereinsrechtlichen Vermögenseinziehung kommt als Bestandteil des Vollzugsverfahrens der Charakter einer „Sicherungsmaßnahme“[229] zu.[230] Es handelt sich folglich nicht um eine Straf-, sondern um eine Vollzugsmaßnahme.[231]

Eine gegen Art. 14 Abs. 3 GG verstoßende entschädigungslose Enteignung stellt diese Maßnahme nicht dar[232]; als Inhalts- und Schrankenbestimmung i.S.v. Art. 14 Abs. 1 S. 2 GG erfolgt die Einziehung retrospektiv als Reaktion auf (verfassungs-)rechtswidriges Verhalten und soll zukünftige Rechtsverletzungen, die durch die weitere Nutzung finanzieller Mittel möglich gemacht werden könnten, präventiv verhindern.[233] *Groh* vergleicht die vereinsrechtliche Einziehung deshalb – in der Eigenschaft als Reaktion auf normwidriges Verhalten – mit der parteienrechtlichen Vermögenseinziehung aus § 46 Abs. 3 S. 2 BVerfGG und dem Verfall nach § 73d StGB.[234] Ein solcher Vergleich soll auch im weiteren Verlauf dieser Untersuchung angestellt werden.[235]

---

226 BT-Drs. IV/430, 9; BT-Drs. IV/2145 (neu), 1.

227 BT-Drs. IV/430, 8, 11 f.

228 BT-Drs. IV/430, 12.

229 BT-Drs. IV/430, 19.

230 *BVerwG*, NVwZ 2005, 1435, 1441; *Seifert*, DÖV 1964, 685, 688; Reichert-*Schiffbauer*, Kap. 3 Rn. 267.

231 *Groh*, VereinsG, § 11 VereinsG Rn. 1; Erbs/Kohlhaas-*Wache*, § 11 VereinsG Rn. 2.

232 BT-Drs. IV/430, 19; *Seifert*, DÖV 1964, 685, 689; *Schnorr*, Öffentliches Vereinsrecht, § 11 VereinsG Rn. 2 ff; Albrecht/Roggenkamp-*Seidl*, § 11 VereinsG Rn. 7.

233 *BVerwG*, NVwZ 2005, 1435, 1441; *OVG Münster*, BeckRS 2016, 47615; BT-Drs. IV/430, 19 f; *Groh*, VereinsG, § 11 VereinsG Rn. 1; *Wache* ist der Ansicht, dass es sich bei der Einziehung nicht um eine gegen Art. 14 GG entschädigungslose Enteignung handele. Denn sie ergebe sich aus Art. 9 Abs. 2 GG, der als Sondervorschrift Art. 14 GG vorgehe: Erbs/Kohlhaas-*Wache*, § 11 VereinsG Rn. 2.

234 *Groh* bezeichnet die vereinsrechtliche Einziehung als „ähnlich“ zu den genannten anderen Einziehungsvorschriften: *Groh*, VereinsG, § 11 VereinsG Rn. 1.

235 Siehe dazu Abschnitt C.I und E.II. dieser Untersuchung.

b) Doppelte Zwecksetzung

Die Vermögenseinziehung verfolgt einen doppelten Zweck.[236] Im Gegensatz zu bürgerlich-rechtlichen Vorschriften, die aufgelöste Vereine zum Zweck der Vermögensabwicklung weiter bestehen lassen, soll die vereinsrechtliche Einziehung gerade verhindern, dass der Verein weiter besteht und das Vermögen zu verfassungswidrigen Zwecken eingesetzt wird.[237] Daneben soll durch die Einziehung ein neues Vermögen tragendes Rechtssubjekt geschaffen werden, das an die Stelle des verbotenen nicht mehr existenten Vereins tritt.[238]

5. Wertbestimmung im Kontext der vereinsrechtlichen Einziehungsvorschriften

Im Vereinsgesetz wird der Begriff des Vermögens wirtschaftlich[239] und nicht eigentumsrechtlich[240] verstanden, sodass alle Gegenstände darunter zu subsumieren sind, die dem Verein zur Zweckerreichung dienlich sind und über die er verfügen kann. Die Behauptung, der Verein sei nicht Eigentümer eines bestimmten Gegenstands, steht einer Zuordnung zum vereinsrechtlichen Vermögen deshalb nicht entgegen.[241] Hintergrund für diese umfassende, weite Beurteilung des Vereinsvermögens ist wiederum der mit dem VereinsG verfolgte Zweck: verfassungsfeindlichen Bestrebungen möglichst umfassend und effektiv die wirtschaftliche und organisatorische Existenz zu entziehen.[242]

---

236 *Schnorr,* Öffentliches Vereinsrecht, § 11 VereinsG Rn. 1.

237 BT-Drs. IV/430, 19 f; Reichert-*Schiffbauer,* Kap. 3 Rn. 269.

238 BT-Drs. IV/430, 20; *Schnorr,* Öffentliches Vereinsrecht, § 11 VereinsG Rn. 1; *Rudroff,* Vereinigungsverbot, 124 ff.

239 Für einen ausschließlich wirtschaftlichen Vermögensbegriff sprachen sich aus: *BVerwG,* NVwZ-RR 2019, 512, 515; *OVG Münster,* BeckRS 2016, 47615; *VG Berlin,* BeckRS 2015, 47487; *VG Karlsruhe,* MMR 2017, 786; *VG Düsseldorf,* BeckRS 2019, 32375; BeckRS 2022, 2338.

240 Das OVG Bautzen sprach sich dafür aus, dass der Vermögensbegriff nicht (mehr) wirtschaftlich, sondern zivilrechtlich (eigentumsrechtlich) verstanden werden muss: *OVG Bautzen,* LKV 2018, 276; mit Hinblick auf den Zweck der Vermögenseinziehung – den Verein auszulöschen und die finanziellen Mittel umfassend zu entziehen – ist diese Ansicht nicht überzeugend.

241 *VG Berlin,* BeckRS 2015, 47487; *BVerwG,* NVwZ-RR 2019, 512, 515; *VG Karlsruhe,* MMR 2017, 786, 787.

242 BT-Drs. IV/430, 19; Reichert-*Schiffbauer,* Kap. 3 Rn. 210.

Es handelt sich folglich um einen ausschließlich wirtschaftlichen Vermögensbegriff, der gerade nicht normativ geprägt ist.[243] Dass keine normative Komponente im vereinsrechtlichen Vermögensbegriff enthalten ist, ist nicht abträglich für die vorliegende Untersuchung, sondern eine reine Feststellung. Denn nicht der vereinsrechtliche Vermögensbegriff soll normativ durch eine strafrechtliche Bewertung eingeschränkt werden. Es ist der strafrechtliche Vermögensbegriff, der normativ einzuschränken sein könnte, wenn Vermögenspositionen betroffen sind, die einem Verein zuzuordnen sind, der bereits einem Vereinsverbot inklusive einer Vermögenseinziehung unterlag. Der im VereinsG gewählte weite Vermögensbegriff wird in Abschnitt C.I. dieser Untersuchung mit der der strafrechtlichen Einziehung unterliegenden Vermögenspositionen verglichen.

6. Fazit: Umfassende Abschöpfung und Auslöschung des Vermögensinhabers durch das VereinsG

Die Betrachtung der vereinsrechtlichen Vermögenseinziehung hat eine Einordnung derselben ermöglicht. Es wurde deutlich, dass es sich dabei um eine öffentlich-vereinsrechtliche Sicherungsmaßnahme handelt, die sowohl materiell als auch organisatorisch eine umfassende Abschöpfung und Auslöschung bezweckt. Der Zweck des Vereinsgesetzes und auch insbesondere der Einziehung – verfassungsfeindlichen Bestrebungen jede Grundlage zu entziehen[244] – kommt in dem Maßstab, in dem Vereinsvermögen beurteilt und eingezogen wird, zum Ausdruck: Wirtschaftlich und nicht zivilrechtlich wird die Zugehörigkeit zum Vereinsvermögen bestimmt. Makelbehaftete Forderungen Dritter können eingezogen werden und ein Verzicht auf eine Vermögenseinziehung ist trotz geringen wirtschaftlichen Wertes geboten, wenn die Gefahr besteht, dass Vermögenswerte zu verfassungsfeindlichen Bestrebungen verwendet werden.

Diese Feststellungen können für den Fortgang der Untersuchung fruchtbar gemacht werden. Der festzustellende Widerspruch in Abschnitt B.III. baut auf den vorangegangenen Analysen einerseits des Betrugstatbestands und andererseits der Einziehung auf. Auch der in Abschnitt C.I. anzustellende Vergleich zwischen straf- und vereinsrechtlicher Einziehung wird durch die vorangegangene Analyse vorbereitet.

---

243 Seifert bezeichnet den vereinsrechtlichen Vermögensbegriff als „besonderen Vermögensbegriff": *Seifert*, DÖV 1964, 685, 689.

244 BT-Drs. IV/430, 19.

III. Der Wertungswiderspruch

Ausgehend von der Betrachtung des strafrechtlichen Vermögensschutzes und der vereinsrechtlichen Einziehung wird in diesem Abschnitt der sich daraus ergebende Widerspruch untersucht. Es wird analysiert, welche Art von Widerspruch in der vorliegenden Konstellation gegeben ist und warum dieser aufzulösen ist.

Zum besseren Verständnis sei der Ausgangsfall kurz vergegenwärtigt: A und B verabreden, dass B von A finanzielle Mittel erhält, um einen Terroranschlag zu verüben. A gehört einem Verein an, der in Folge einer Verbotsverfügung aufgelöst wurde und dessen Vermögen der Einziehung zugunsten des Staates unterlag. A ist Mitglied dieses verbotenen Vereins und übergibt B das entsprechende Geld. B hatte allerdings nie vor, den Plan von A in die Tat umzusetzen, sondern wollte das Geld nur für eigene Zwecke verwenden.

Es wird angenommen, dass sich B eines Betruges zu Lasten von A strafbar gemacht hat. Denn nur die positive Annahme der Betrugsstrafbarkeit führt dazu, dass ein Widerspruch entsteht.

1. Einordnung des Widerspruchs

In der Rechtstheorie werden logische, normlogische – diese werden wiederum differenziert in deontische und normative – und axiologische[245] (damit sind Wertungswidersprüche gemeint) Widersprüche unterschieden.[246] Im Folgenden wird untersucht, welche Art von Widerspruch in der hiesigen Konstellation vorliegt.

---

245 Als Axiome werden Grundaussagen einer Theorie bezeichnet, die als wahr akzeptiert werden: *Zoglauer,* Einführung in die formale Logik für Philosophen, 102 ff.

246 *Meyer* vertritt die Ansicht, dass jeder Normwiderspruch zugleich ein Wertungswiderspruch sei: *Meyer,* Grundzüge einer systemorientierten Wertungsjurisprudenz, 101 f; *Engisch* differenziert zwischen Norm- und Wertungswidersprüchen: *Engisch,* Die Einheit der Rechtsordnung, 46, 59, 63 f; *Larenz* differenziert zwischen Norm- und Wertungswidersprüchen: *Larenz,* Methodenlehre der Rechtswissenschaft, 335 ff; *Zoglauer* differenziert zwischen logischen, deontischen und normativen Widersprüchen: *Zoglauer,* Einführung in die formale Logik für Philosophen, 145 ff; *Puppe* differenziert zwischen normlogischen und Wertungswidersprüchen: *Puppe,* Kleine Schule des juristischen Denkens, 267 ff., 286 ff; ein axiologischer Widerspruch ist nach *Weinberger* ein Wertungswiderspruch: *Weinberger,* Rechtslogik, 316 ff.

a) *Logischer Widerspruch*

In der Aussagenlogik liegt ein logischer Widerspruch vor, wenn die Handlung „a“ nicht gleich „a“ ist. Als Formel stellt sich das wie folgt dar:

$$a \wedge \neg a$$

Das Zeichen „ $\neg$ “ bedeutet Negation.[247] Da ein solcher logischer Widerspruch nicht auf normativer, sondern auf deskriptiver Ebene zu verorten ist, kommt er vorliegend nicht in Betracht.[248]

b) *Terminologischer Widerspruch*

Ein terminologischer Widerspruch beschreibt einen begrifflichen Widerspruch.[249] Ein solcher liegt hier nicht vor. Denn in der vorliegenden Untersuchung geht es nicht darum, aufzuzeigen, dass beispielsweise der Begriff des Vermögens in §§ 3 Abs. 1 S. 2 Nr. 1, 11 Abs. 2 S. 1 VereinsG und § 263 Abs. 1 StGB unterschiedlich und damit gegebenenfalls widersprüchlich definiert und ausgelegt wird. Die strafrechtliche und die vereinsgesetzliche Auslegung eines Begriffs erfolgen aufgrund der Natur des Gesetzes, dem sie zuzuordnen sind, aus unterschiedlicher Perspektive.[250] In einer nicht identischen Auslegung des Vermögensbegriffs in VereinsG und StGB liegt demnach kein Widerspruch.

Wie bereits angesprochen, geht es um die in den jeweiligen Normen transportierten gesetzgeberischen Wertungen, die hier zu betrachten sind und widersprüchlich sein könnten. Im Gegensatz zu einem terminologischen

---

247 *Zoglauer,* Einführung in die formale Logik für Philosophen, 113 ff.

248 *Windsberger* schreibt den logischen Widerspruch der „Welt des Seins“ zu: *Windsberger,* ZStW 2021, 123, 141.

249 *Engisch* weist den „technischen“ – wie er die terminologischen Widersprüche nennt – Widersprüchen keine besondere Bedeutung zu: *Engisch,* Die Einheit der Rechtsordnung, 43 ff. m.w.N; *Renzikowski,* GA 1992, 159; *K. Schmidt,* in: Vielfalt des Rechts – Einheit der Rechtsordnung?, 9, 12 ff.

250 *Schiffbauer* begründet die unterschiedlichen straf- (StGB) und öffentlich-rechtlichen (VereinsG) Anforderungen an den Vereinigungsbegriff (abgesehen von § 85 StGB, da dieser das Vereinsverbot flankiert) mit der jeweiligen Funktion der Rechtsordnung, aus dem die Normen entspringen: Das Strafrecht als „ultima ratio“ des Gesetzgebers habe einen engeren Begriff gewählt; dem Vereinsrecht, das eine Konkretisierung des Grundrechts aus Art. 9 GG darstellt, liege ein weiterer Vereinigungsbegriff zu Grunde, um der Grundrechtsentfaltung angemessen Rechnung zu tragen: Reichert-*Schiffbauer,* Kap. 23 Rn. 24 m.w.N.

Widerspruch steht dieser Widerspruch auch im Zusammenhang mit der Einheit der Rechtsordnung.[251]

c) Normlogischer Widerspruch

Ein normlogischer Fehler würde nach *Puppe* vorliegen, wenn eine Norm etwas erlauben würde, was eine andere Norm verbieten würde.[252] Nach Ansicht von *Engisch* sind es nur die normlogischen Widersprüche, die aufgelöst werden müssen und nicht bestehen bleiben dürfen.[253] *Zoglauer* differenziert bei der Normenlogik zwischen deontischen und normativen Widersprüchen.[254] Im Folgenden wird untersucht, ob ein normlogischer Widerspruch entweder in Gestalt eines deontischen oder eines normativen Widerspruchs vorliegt.

aa) Deontischer Widerspruch

(1) Voraussetzungen

Ein deontischer Widerspruch liegt vor, wenn innerhalb eines Normsystems eine Handlung sowohl ge- als auch verboten ist.[255] Ein deontischer Widerspruch stellt sich wie folgt dar:

$$O(a) \wedge O(\neg a)$$ [256]

Nach dieser Formel ist die Handlung „a" zugleich geboten „O(a)" als auch verboten „O(¬a)"; es handelt sich folglich um zueinander gegensätzliche

251 *K. Schmidt*, in: Vielfalt des Rechts – Einheit der Rechtsordnung?, 9, 12.

252 Nach *Puppe* sind bei der Normenlogik Normen in Bezug auf ihre Grundaussage durch folgende Instrumentarien zu untersuchen: geboten, verboten, erlaubt und nicht erlaubt, *Puppe*, Kleine Schule des juristischen Denkens, 269 ff.

253 *Engisch*, Die Einheit der Rechtsordnung, 53, 63.

254 Auf S. 145 bezeichnet *Zoglauer* den normativen Widerspruch als logischen Widerspruch. Er schlägt allerdings vor, den Begriff des normativen Widerspruchs zu wählen, um eine Verwechslung mit dem logischen Widerspruch aus der Aussagenlogik zu vermeiden: *Zoglauer*, Einführung in die formale Logik für Philosophen, 146 ff.

255 *Zoglauer*, Einführung in die formale Logik für Philosophen, 145 ff; *Zoglauer* verweist auf: *Kutschera/Breitkopf*, Einführung in die moderne Logik, 29 ff; *Windsberger* setzt sich bei der systematischen Auslegung des Vermögensbegriffs mit den verschiedenen Widersprüchen auseinander: *Windsberger*, ZStW 2021, 123, 141 ff.

256 „O" wird in diesem Kontext als „Gebotenheitsoperator" (obliged = geboten) bezeichnet. Er bezieht sich auf die Handlungsvariable „a": *Zoglauer*, Einführung in die formale Logik für Philosophen, 135 f.

Aussagen.[257] Die von der Norm adressierte Person würde sich in einem solchen Fall in einer Dilemmasituation befinden, da ihr Verhalten stets eine Norm verletzen würde: Würde sie sich entsprechend „a" verhalten, würde sie „O(¬ a)" verletzen; Würde sie „a" unterlassen, würde sie entgegen des Gebots aus „O(a)" handeln.[258]

(2) Subsumtion

Ein deontischer Widerspruch zwischen der vereinsrechtlichen Einziehung und einer Betrugsstrafbarkeit lässt sich nicht feststellen. Der vereinsrechtlichen Einziehung ist das Verbot zu entnehmen, dass eingezogenes Vereinsvermögen verbotener Vereine bei diesem Verein verbleibt. In Folge der Einziehung wird das Vermögen auf den Staat als Einziehungsberechtigten und damit neuen Vermögensinhaber transferiert; der Verein als ursprünglicher Vermögensinhaber wird ausgelöscht. Der Betrugstatbestand des § 263 StGB enthält nicht das Gebot, dass dieses Vermögen beim Verein verbleibt oder dieses dem Staat zu entziehen.

Auch anders herum betrachtet, ergibt sich daraus kein deontischer Widerspruch: Denn das § 263 StGB immanente Verbot, das Vermögen eines anderen durch Täuschung zu schädigen, wird nicht durch ein entsprechendes Gebot konterkariert, das sich aus der vereinsrechtlichen Einziehung ergeben würde.

bb) Normativer Widerspruch

(1) Voraussetzungen

Ein normativer Widerspruch läge vor, wenn eine Handlung gleichzeitig verboten und erlaubt wäre.[259] Dieser Widerspruch lässt sich wie folgt darstellen:

$$O(a) \wedge \neg O(a)$$

Als Beispiel nennt *Zoglauer* die Existenz zweier Normen mit folgendem Inhalt: Eine Norm bestraft Diebstahl ausdrücklich; die andere Norm bestraft Diebstahl ausdrücklich nicht.[260] Im Gegensatz zum deontischen Widerspruch

257 *Zoglauer*, Einführung in die formale Logik für Philosophen, 136 ff.
258 *Windsberger*, ZStW 2021, 123, 142.
259 *Zoglauer*, Einführung in die formale Logik für Philosophen, 146 ff.
260 *Zoglauer*, Einführung in die formale Logik für Philosophen, 146 ff.

kann sich die von der Norm adressierte Person stets in Bezug auf eine Norm normadäquat verhalten.[261]

(2) Subsumtion

Sowohl der vereinsrechtlichen Einziehung als auch der Betrugsstrafbarkeit lässt sich keine ausdrückliche Erlaubnis entnehmen, wie mit einem Vermögensgegenstand zu verfahren ist. Die vereinsrechtliche Vermögenseinziehung enthält das Verbot, dass das eingezogene Vermögen beim Verein verbleibt. Eine Erlaubnis enthält die Einziehungsvorschrift nicht. § 263 StGB enthält insbesondere nicht die Erlaubnis, Mitglieder verbotener Vereine zu betrügen. Somit liegt auch kein normativer Widerspruch vor.

d) Wertungswiderspruch

aa) Voraussetzungen

Zwischen den aus §§ 3 Abs. 1, 11 Abs. 1, 2 VereinsG und § 263 Abs. 1 StGB zu entnehmenden Wertungen könnte allerdings ein – im Rahmen des juristisch-ökonomischen Vermögensbegriffs viel zitiertes Stichwort[262] – Wertungswiderspruch vorliegen.[263] Dieser ist als axiologischer Widerspruch zu bezeichnen, da er auf der Bewertungsebene zu verorten ist.[264]

Ein Wertungswiderspruch kann sich zum einen bereits beim Vergleich von zwei Normen oder erst bei der Anwendung derselben ergeben.[265] Nach *Puppe* ist bei einem Wertungswiderspruch zu untersuchen, ob die Begründung des einen Ergebnisses der Begründung des anderen Ergebnisses widerspricht.[266] Daraus ergibt sich eine zweistufige Prüfung: Ausgehend vom Ergebnis sind die Begründungen derselben auf einen Widerspruch hin zu analysieren.

Nach *Weinberger* könnte man das Ergebnis einer Wertung „Bewertung" nennen, da es sich dabei um eine Stellungnahme handelt, die nach gewissen wertenden Kriterien entstanden ist.[267] *Renzikowski* beschreibt Wertentscheidungen

---

261 *Zoglauer*, Einführung in die formale Logik für Philosophen, 146 f.

262 Statt vieler MüKo-*Hefendehl*, § 263 StGB Rn. 492 m.w.N.

263 *Puppe* lehnt den Begriff des „Wertungswiderspruchs" ab, die Verbindung von „Wertung" und „Widerspruch" stelle nämlich selbst einen Wertungswiderspruch dar: *Puppe*, Kleine Schule des juristischen Denkens, 286.

264 *Weinberger* übersetzt „Axiologie" mit „Werttheorie": *Weinberger*, Rechtslogik, 316 ff.

265 *Engisch*, Die Einheit der Rechtsordnung, 59 ff.

266 *Puppe*, Kleine Schule des juristischen Denkens, 286 ff.

267 *Weinberger*, Rechtslogik, 316 ff.

als „normative Urteile".[268] Dadurch wird auch deutlich, dass im Fall dieses Widerspruchs ein Bewertungswiderspruch vorliegen würde.

Ein Wertungswiderspruch kann in folgenden Konstellationen[269] zum Ausdruck kommen:

$$W+(p)-W+(\neg p)$$

$$W-(p)-W-(\neg p)$$

$$W+(p)-W-(p)$$

$$W+(p)-Wi(p)$$

$$W-(p)-Wi(p)$$

„W(p)" steht für einen Sachverhalt „p", dem ein Wert „W" zugeschrieben wird; „W+", „W–" und „Wi" stehen für eine positive, negative und indifferente Bewertung.[270]

bb) Subsumtion

Die Subsumtion erfolgt anhand der von *Puppe*[271] vorgeschlagenen Untersuchung von Ergebnis und Begründung und wird im Anschluss in eine von *Weinberger*[272] verwendete Formel eingeordnet. Es sind die Wertungen, die sich bei Anwendung der Normen aus §§ 3 Abs. 1, 11 Abs. 1, 2 VereinsG und § 263 Abs. 1 StGB ergeben, zu betrachten.

(1) Ergebnis

Das Ergebnis vereinsrechtlicher Einziehung ist in § 11 Abs. 2 VereinsG normiert: Mit Eintritt der Unanfechtbarkeit von Verbot und Einziehungsanordnung findet der Vermögensübergang zugunsten des Einziehungsberechtigten

268 *Renzikowski*, GA 1992, 159, 160.
269 *Weinberger*, Rechtslogik, 325 ff.
270 *Weinberger*, Rechtslogik, 325 ff.
271 *Puppe*, Kleine Schule des juristischen Denkens, 286 ff.
272 *Weinberger*, Rechtslogik, 325 ff.

statt. Der Verein und die von der Einziehung betroffenen Teilorganisationen erlöschen.

Ist der Betrugstatbestand in dieser Konstellation einschlägig, hat eine Person das Vermögen eines verbotenen Vereins durch Täuschung geschädigt. Die Bestrafung kann mit Freiheitsstrafe bis zu fünf Jahren oder mit Geldstrafe erfolgen, vgl. § 263 Abs. 1 StGB.

(2) Begründung

Zu betrachten ist, wie sowohl das vereinsrechtliche als auch das betrugsstrafrechtliche Ergebnis im Einzelnen begründet werden. Dafür ist der jeweilige (Schutz)Zweck relevant.

Die Auslöschung des ursprünglichen Vermögensinhabers und der Übergang des Vereinsvermögens auf den Staat sind Ausdruck der Zwecksetzung der vereinsrechtlichen Einziehung.[273] Einerseits soll durch den Entzug der materiellen Grundlage verhindert werden, dass der Verein das Vermögen erneut zu verfassungswidrigen Bestrebungen nutzt; andererseits soll ein neuer Rechtsträger für das Vereinsvermögen geschaffen werden.[274] Das Vermögen wird durch die Einziehung dem Wirtschaftsverkehr entzogen und dem Staat zugeordnet.

Zweck des Betrugstatbestands ist ausschließlich der Schutz des Vermögens.[275] Welche konkreten Vermögenspositionen strafrechtlichen Schutz genießen, ist bekanntlich Gegenstand des Diskurses um „den" betrugsstrafrechtlichen Vermögensschutz.[276] Eine subjektive Handlungsfreiheit in Gestalt der Dispositionsfreiheit oder ein Recht auf Wahrheit genießen hingegen keinen Schutz und werden deshalb bei dieser Analyse nicht berücksichtigt.[277]

(3) Widerspruch

Betrachtet man ausgehend von den Ergebnissen die Begründungen derselben, ergibt sich ein Widerspruch. Dieser wird erkennbar, wenn man die jeweiligen Aussagen über das Vermögen gegenüberstellt.

Für das Vorliegen der Betrugsstrafbarkeit bedarf es für das Tatbestandsmerkmal eines Vermögensschadens zunächst eine schutzwürdige Vermögensposition. Im Fall einer vereinsrechtlichen Vermögenseinziehung liegt gerade

273 Siehe dazu Abschnitt B.II.4.b) dieser Untersuchung.
274 BT-Drs. IV/430, 19; *Schnorr*, Öffentliches Vereinsrecht, § 11 Rn. 1.
275 Siehe dazu Abschnitt B.I.1. dieser Untersuchung.
276 Siehe dazu Abschnitt B.I.3. dieser Untersuchung.
277 Siehe dazu Abschnitt B.I.1. dieser Untersuchung.

kein Vermögen mehr vor, das dem Wirtschaftsverkehr zugeordnet werden könnte. Mit der Einziehung (und dem Vereinsverbot[278]) hat der Gesetzgeber ein Instrument geschaffen, das sowohl in Bezug auf das Vermögensobjekt (Vereinsvermögen) als auch hinsichtlich des Vermögenssubjekts (Verein) die Auslöschung derselben zur Folge hat.[279] Nach erfolgter Vermögenseinziehung kann folglich – normativ betrachtet – begrifflich gar nicht mehr von „Vereinsvermögen“ gesprochen werden, weil Verein und Vermögen nicht mehr existieren.

Diese Annahme untermauernd, kann die Natur der Verbotsverfügung herangezogen werden. Bei der Verbotsverfügung handelt es sich um einen Verwaltungsakt mit Dauerwirkung.[280] Einem solchen Verwaltungsakt kommt Wirkung für die Zukunft zu.[281] Die einmal verfügte Verbotsverfügung enthält die Aussage „der Verein ist in der Gegenwart und auch für die Zukunft verboten.“ Wenn der Gesetzgeber die Verbotsverfügung so ausgestaltet und akzessorisch dazu die Einziehungsanordnung verortet, dann kann dem dennoch vorhandenen bzw. neu generierten „Vereinsvermögen“[282] folglich keine Relevanz im Wirtschaftsverkehr beigemessen werden. Einer solchen Vermögensposition strafrechtlichen Schutz zu gewähren, erscheint paradox. Denn wenn es keine Vermögensposition mehr gibt (bzw. mehr geben darf), kann ein Betrug – der nur bejaht werden kann, wenn wirtschaftlich und normativ von einer betrugsrelevanten Vermögensposition gesprochen werden kann – nicht angenommen werden.

Der Wertungswiderspruch kann deshalb wie folgt dargestellt werden:

$$W+(p)-W-(p)$$

278 Gemäß § 11 Abs. 2 VereinsG geht mit Unanfechtbarkeit von Vereinsverbot und der Einziehungsanordnung das Vermögen auf den Einziehungsberechtigten über. In Folge erlöschen der Verein und die von der Einziehung betroffenen Teilorganisationen.

279 BT-Drs. IV/430, 19.

280 *Groh*, VereinsG, § 3 VereinsG Rn. 49 m.w.N; das ergebe sich nach *Schiffbauer* auch aus der Existenz des § 8 VereinsG (Verbot der Bildung von Ersatzorganisationen). Dass diese Norm an eine vorher verfügte Verbotsverfügung anknüpft, ergebe nur Sinn, wenn der Verbotsverfügung eine Regelung für die Zukunft zu entnehmen sei: Reichert-*Schiffbauer*, Kap. 3 Rn. 202 m.w.N.

281 Stelkens/Bonk/Sachs-*Stelkens*, § 35 VwVfG Rn. 223 m.w.N.

282 „Vereinsvermögen“ ist in Anführungszeichen gesetzt, weil der Verein nicht mehr existiert und somit auch kein Vermögen zugeordnet werden kann, vgl. § 11 Abs. 2 S. 3 VereinsG.

Einerseits wird das Vermögen des verbotenen Vereins eingezogen und der Verein als entsprechender Vermögensinhaber ausgelöscht. Und andererseits wird das Vermögen des verbotenen nicht mehr existenten Vereins positiv vom Betrugstatbestand erfasst und als schutzwürdiges Betrugsobjekt bewertet. Erfolgt eine Verbotsverfügung und Einziehungsanordnung zeitlich bevor es zu einer Betrugstat kommt, stellt die Bewertung des Vermögens als schutzwürdig im Rahmen des Betrugstatbestands eine Friktion dar. Vermögensschutz auf strafrechtlicher Seite ist nicht kohärent mit vorheriger Vernichtung des Vermögensinhabers und Entzug des Vermögens auf vereinsrechtlicher Seite. Darin liegt ein Wertungswiderspruch.

cc) Konsequenz für den Vermögensbegriff

Im Rahmen des juristisch-ökonomischen Vermögensbegriffs – und auch anderer normativ geprägter Vermögensbegriffe[283] – sind normative Wertungen zu berücksichtigen.[284] Der festgestellte Wertungswiderspruch stellt eine normative Friktion dar, die zum Ausschluss der Schutzwürdigkeit des Vermögens führt.

e) Zwischenfazit: Wertungswiderspruch liegt vor

Die Analyse hat ergeben, dass es sich in Abgrenzung zu anderen Widersprüchen um einen Wertungswiderspruch handelt. Dieser besteht, wenn betrugsstrafrechtlicher Schutz für Vermögenspositionen gewährt wird, die vereinsrechtlich eingezogen wurden. Anders formuliert: Liegt eine Verbotsverfügung und Einziehungsanordnung der zuständigen Behörde vor, erzeugt die davon ausgehende Wertung einen Widerspruch, wenn sie von Strafgerichten nicht im Rahmen der Schutzwürdigkeit des Vermögens berücksichtigt wird.

2. Warum der Wertungswiderspruch aufgelöst werden muss

Die Feststellung eines Wertungswiderspruchs führt unweigerlich zu der Frage, wie mit diesem umzugehen ist. Im folgenden Abschnitt wird auf das bekannte Prinzip der Einheit der Rechtsordnung eingegangen, das als Argument herangezogen wird, um Widersprüche aufzulösen. Dieses kann für die Auflösung eines Wertungswiderspruchs nur ins Feld geführt werden, wenn ein Wertungswiderspruch einen Verstoß dagegen darstellt.[285]

---

283 Siehe dazu Abschnitt B.I.3. dieser Untersuchung.

284 Zum juristisch-ökonomischen Vermögensbegriff siehe Abschnitt B.I.3.a)cc) dieser Untersuchung.

285 So auch: *Kröpil*, ZRP 2010, 178, 180.

Das Argument wird anschließend in die Diskussion über den strafrechtlichen Vermögensbegriff eingeordnet. Dadurch wird deutlich, dass Wertungswidersprüche im Kontext der Debatte um schutzwürdiges Vermögen als normative Wertungen zu berücksichtigen und aufzulösen sind.

a) Einheit der Rechtsordnung

Dass Wertungswidersprüche aufgrund eines anthropogenen Rechtssystems innerhalb einer und zwischen verschiedenen Rechtsordnungen vorliegen (können), ist kein Argument für die Akzeptanz derselben.[286] Für die Auflösung eines Wertungswiderspruchs spricht das Argument der Einheit der Rechtsordnung, das oft in der Diskussion um den juristisch-ökonomischen Vermögensbegriff herangezogen wird: Ist eine Vermögensposition von der Rechtsordnung missbilligt, kann diese nicht als schützenswerter Vermögensbestandteil i.R.d. § 263 StGB angesehen werden.[287]

aa) Konturierung des Begriffs

Engisch begann 1935 seine Antrittsvorlesung[288] in Heidelberg mit der Feststellung „jeder Schriftsteller stellt sich [darunter] etwas anderes vor“[289] und meinte damit den Begriff der Einheit der Rechtsordnung. Seine Aussage findet auch Jahrzehnte später – so exemplarisch 1983 bei *Günther*[290] und 2016 bei *Wagner*[291] – Zustimmung. An dieser Stelle wird darauf verzichtet, noch eine Abhandlung über diesen schillernden Begriff zu verfassen.[292] Insoweit

286 *Canaris,* Systemdenken und Systembegriff in der Jurisprudenz, 112 ff; *Engisch* ist allerdings der Ansicht, dass Wertungswidersprüche nicht unbedingt aufgelöst werden müssen: *Engisch,* Die Einheit der Rechtsordnung, 63 ff; nach *Larenz* müssen Wertungswidersprüche auch mal hingenommen werden, auch wenn diese grundsätzlich vermieden werden sollten: *Larenz,* Methodenlehre der Rechtswissenschaft, 335 ff.

287 Statt vieler Schönke/Schröder-*Perron,* § 263 StGB Rn. 83; *Kretschmer,* StraFo 2009, 189.

288 *Kaufmann* weist zu Anfang des Geleitwortes darauf hin, dass es sich bei der Monografie von *Engisch* „Die Einheit der Rechtsordnung“ um eine erweiterte Fassung seiner Heidelberger Antrittsvorlesung handelt: *Engisch,* Die Einheit der Rechtsordnung, 3 ff.

289 *Engisch,* Die Einheit der Rechtsordnung, 1 ff.

290 *Günther,* Strafrechtswidrigkeit und Strafunrechtsausschluss, 89 ff.

291 *Wagner,* Die Akzessorietät des Wirtschaftsstrafrechts, 24 ff.

292 Exemplarisch lässt sich ein Überblick bei *Wagner* nachlesen, der die unterschiedlichen Ansichten zur Einordnung, Herleitung und Adressierung des Begriffs anschaulich darstellt: *Wagner,* Die Akzessorietät des Wirtschaftsstrafrechts, 25 ff.

der Begriff für den Umgang mit Wertungswidersprüchen eine Aussage trifft und deshalb für den Fortgang der Untersuchung relevant wird, wird dieser dargestellt.

Bei der Analyse der drei aneinander gereihten Worte fällt auf, dass diese trotz der Einfachheit im Stande sind, einige Fragen hervorzurufen[293]: Welche Rechtsordnung ist gemeint? Geht es um eine singuläre Rechtsordnung, wie die bloße Grammatik vermuten lässt? Oder spricht dagegen nicht der Telos des Begriffs, dass der Wunsch oder die Debatte nach Einheit eigentlich nur geführt wird, wenn Vielfalt herrscht? Werden alle denkbaren Rechtsordnungen angesprochen oder ist nur die Einheit von spezifischen Rechtsordnungen erstrebt? Kann eine Einheit – und wenn ja in welcher Gestalt – hergestellt werden, wenn es eine Vielzahl an Rechtsschöpfenden, -adressaten und -normen gibt?[294]

Aus dem Rechtswörterbuch ergibt sich, dass mit dem Begriff eine Nivellierung von Wertunterschieden verschiedener Rechtsgebiete gemeint ist.[295] Es geht dabei folglich um die Beziehung und den Bezug zwischen Normen (als Teil eines Rechtssystems) und Rechtssystemen unter- und zueinander.[296] Die Einheit der Rechtsordnung lässt sich als systematisches Argument einordnen, weil es um den Einfluss einer bzw. eines Straf-/Privat-/Verfassungsrechtsordnung bzw. -systems auf eine andere bzw. ein anderes geht.[297]

Wirft man einen Blick in die Literatur, die im Rahmen des juristisch-ökonomischen Vermögensbegriffs das Argument der Einheit der Rechtsordnung einführt, bleiben die Ausführungen dazu leider oft an der Oberfläche.[298] Beschrieben wird lediglich, dass es im Hinblick auf die Einheit der Rechtsordnung zu einem Wertungswiderspruch führe, wenn Vermögenspositionen einerseits vom

---

293 *Engisch*, Die Einheit der Rechtsordnung, 1 ff; *K. Schmidt*, in: Vielfalt des Rechts – Einheit der Rechtsordnung?, 9, 11; *Wagner*, Die Akzessorietät des Wirtschaftsstrafrechts, 34 ff; dazu auch: *Lindner*, der anschaulich das „ontologische Problem" dieses Begriffs darstellt: *Lindner*, in: Die Einheit der Rechtsordnung, 15, 18.

294 Die Frage nach der praktischen Umsetzbarkeit stellt auch *Jahn*: *Jahn*, Strafrecht des Staatsnotstandes, 394 ff.

295 *K. Weber*, in: Einheit, Einheit der Rechtsordnung.

296 *Lindner*, in: Die Einheit der Rechtsordnung, 15, 16.

297 MüKo-*Hefendehl*, § 263 StGB Rn. 629; *Windsberger* widmet sich dem Argument der Einheit der Rechtsordnung im Rahmen der systematischen Auslegung des Begriffs des Vermögens: *Windsberger*, ZStW 2021, 123, 140 ff.

298 Schönke/Schröder-*Perron*, § 263 StGB Rn. 83; MüKo-*Hefendehl*, § 263 StGB Rn. 492; *Windsberger* moniert in diesem Zusammenhang die unspezifische Verwendung des Begriffs: *Windsberger*, ZStW 2021, 123, 144.

Strafrecht geschützt werden und andererseits von anderen Teilen der Gesamtrechtsordnung missbilligt werden.[299] Hintergrund dieser These ist ein normativ geprägtes Verständnis von Wirtschaftsgütern; Wirtschaftsgüter können danach nicht losgelöst von der Rechtsordnung betrachtet werden, durch die eine Zuordnung und Wertermittlung derselben erst ermöglicht wird.[300]

Trotz der – zugegeben nur auf den ersten Blick – Simplizität des Begriffs, scheint eine Konturierung desselben schwerzufallen.[301] Der anfangs zitierte *Engisch* macht wenig Hoffnung, als er konstatiert: „schwebt mit Bezug auf das Einheitsprinzip noch alles in schwankender Erscheinung."[302] Wahrscheinlich ist dieser Annahme *Engischs* zuzustimmen, zumindest insofern man die Einheit der Rechtsordnung (noch) nicht verfassungsrechtlich betrachtet hat. Eine verfassungsrechtliche Betrachtung des Begriffs erfolgt in Abschnitt C.III. dieser Untersuchung.

Festzustellen ist, dass zwar die Konturierung des Begriffs in Bezug auf das Strafrecht en Detail Schwierigkeiten bereitet, diese Hürde allerdings nicht davon abzuhalten scheint, das Argument beim strafrechtlichen Vermögensbegriff zu verwenden. Denn die Aussage von „die Rechtsordnung ist entweder einheitlich oder soll einheitlich entwickelt werden"[303] liegt auf der Hand: Erfahren strafrechtlich Vermögenspositionen Schutz, die von der übrigen Rechtsordnung nicht geschützt sind, wird damit ein Widerspruch konstituiert, der eine Friktion zu einer einheitlichen Rechtsordnung darstellt.[304] Damit diese Einheit wieder hergestellt werden kann, müssen normative Kriterien in Gestalt von Wertungswidersprüchen beim strafrechtlichen Vermögensbegriff berücksichtigt und die Schutzwürdigkeit entsprechender Vermögenspositionen verneint werden.[305]

---

299 Schönke/Schröder-*Perron*, § 263 StGB Rn. 83 m.w.N; MüKo-*Hefendehl*, § 263 StGB Rn. 492 m.w.N.

300 Siehe nur: *W. Kargl*, JA 2001, 714 m.w.N.

301 *Engisch,* Die Einheit der Rechtsordnung, 2 ff; *K. Schmidt*, in: Vielfalt des Rechts – Einheit der Rechtsordnung?, 9, 9 f; zustimmend auch: *Jahn,* Strafrecht des Staatsnotstandes, 389 ff.

302 *Engisch,* Die Einheit der Rechtsordnung, 2 ff.

303 Im folgenden Punkt B.III.2.a)bb) wird erklärt, dass die Einheit der Rechtsordnung sowohl als Zustand und Aufgabe verstanden werden kann.

304 In diese Richtung bereits: *BGH*, NStZ 1987, 407; *LG Mannheim*, NJW 1995, 3398, 3399; statt vieler in der Kommentarliteratur: Schönke/Schröder-*Perron*, § 263 StGB Rn. 83.

305 Schönke/Schröder-*Perron*, § 263 StGB Rn. 83.

bb) Adressierung

Das Prinzip der Einheit der Rechtsordnung kann sich sowohl auf legislativer als auch auf judikativer Ebene auswirken.[306] Die Zuordnung hängt unter anderem davon ab, ob man die Einheit der Rechtsordnung als Zustand oder als Aufgabe versteht.[307] *Canaris* beschreibt eine doppelte Wirkung der Einheit der Rechtsordnung bzw. des Systems:[308] Wertungswidersprüche sollen innerhalb des Systems bereits gar nicht erst auftreten und das Recht solle aufgrund der systemrelevanten Wertungen weiter entwickelt werden.[309] Es überzeugt, dass sowohl gesetzgebende als auch rechtsprechende Gewalt sich mit der Einheit der Rechtsordnung auseinandersetzen müssen. Denn Wertungswidersprüche können sowohl auf Ebene der Rechtssetzung als auch -anwendung entstehen.

In vorliegender Untersuchung geht es um die mögliche Auflösung eines Wertungswiderspruchs, der sich erst bei Anwendung der konkreten Normen auf einen bestimmten Sachverhalt auf Grundlage eines Vergleichs der jeweiligen Begründungen ergibt. Aufgrund des Auftretens dieses Wertungswiderspruchs auf Ebene der Rechtsanwendung kann hier folgerichtig nur die Recht anwendende Person mit der Auflösung betraut werden. Für diese Annahme spricht auch, dass dieses Argument im Kontext des juristisch-ökonomischen Vermögensbegriffs – also im Rahmen der Auslegung des Tatbestandsmerkmals des Vermögens – herangezogen wird; es sich also in diesem Kontext nur an die Recht anwendende Person und nicht an die gesetzgebende Gewalt richten kann.

---

306 *Günther*, Strafrechtswidrigkeit und Strafunrechtsausschluss, 97 ff; *Larenz*, Methodenlehre der Rechtswissenschaft, 334 ff; *Canaris*, Systemdenken und Systembegriff in der Jurisprudenz, 16 ff; *Wagner*, Die Akzessorietät des Wirtschaftsstrafrechts, 32 ff; *Renzikowski*, GA 1992, 159, 172.

307 *Engisch* differenziert zwischen der Einheit der Rechtsordnung als „Axiom" – also als etwas Vorhandenes, der Rechtsordnung immanentes – und als Postulat – also als etwas, das erst durch die Rechtsanwendung geschaffen wird, weil es gerade noch nicht vorliegt: *Engisch*, Die Einheit der Rechtsordnung, 69 ff; *Schmidt* sieht es nicht als Zustand, sondern als Prozess und ständiges Bemühen an: *K. Schmidt*, in: Vielfalt des Rechts – Einheit der Rechtsordnung?, 9, 28; eingehend dazu auch: *Wagner*, Die Akzessorietät des Wirtschaftsstrafrechts, 24 ff.

308 Unter „System" versteht *Canaris* die „äußere Form der wertungsmäßigen Einheit und Folgerichtigkeit der Rechtsordnung": *Canaris*, Systemdenken und Systembegriff in der Jurisprudenz, 113 ff.

309 *Canaris* bezeichnet es als „negative" und „positive Funktion" des Systems: *Canaris*, Systemdenken und Systembegriff in der Jurisprudenz, 100 ff.

cc) Konsequenz

Wertungswidersprüche stellen eine Verletzung der Einheit der Rechtsordnung dar und sind deshalb aufzulösen.[310] Das Argument der Einheit der Rechtsordnung kann allerdings nur verwendet werden, um zu begründen, dass Wertungswidersprüche nicht vorliegen dürfen – ob das der Fall ist und wie diese aufzulösen sind, wird dadurch nicht beantwortet.[311] Dass ein Wertungswiderspruch vorliegt, wurde in Abschnitt B.III.1.d) dieser Untersuchung positiv festgestellt.

Als Instrumente der Auflösung des Wertungswiderspruchs auf Ebene der Rechtsanwendung können Auslegung, Analogie, teleologische Reduktion oder eine Lösung über die Rechtsfolgen in Betracht kommen.[312] Wie die Auflösung im der hier besprochenen Konstellation erfolgen könnte, ist Bestandteil des Abschnitts D. dieser Untersuchung.

b) Im Kontext des Vermögensbegriffs: Legitimes Wirtschaften

Es drängt sich die Frage auf, warum Wertungswidersprüche gerade und unbedingt aufgelöst werden müssen, wenn es um strafrechtlich schutzwürdiges bzw. schutzunwürdiges Vermögen geht. Damit angesprochen ist der Hauptkritikpunkt an der rein wirtschaftlichen Betrachtungsweise: Diese allein reicht nicht aus, um zu bestimmen, ob eine Vermögensposition wirtschaftlich werthaltig ist oder nicht.[313] Weil sich aus normativen Kriterien einerseits die Zuordnung zur der Person, die das Vermögen inne hat, und andererseits die Werthaltigkeit – im Sinne von: nur rechtlich existente, also gebilligte Positionen – einer Vermögensposition bestimmen lässt, sind Widersprüche zu vermeiden und insofern sie vorliegen, zu beachten und aufzulösen.[314]

---

310 *Günther,* Strafrechtswidrigkeit und Strafunrechtsausschluss, 98 ff; *Meyer,* Grundzüge einer systemorientierten Wertungsjurisprudenz, 101 ff; *Engisch* ist der Ansicht, dass Wertungswidersprüche im Gegensatz zu Normwidersprüchen teilweise bestehen bleiben können: *Engisch,* Die Einheit der Rechtsordnung, 63 ff; *Renzikowski,* GA 1992, 159, 171; *Canaris,* Systemdenken und Systembegriff in der Jurisprudenz, 100, 117.

311 *Günther,* Strafrechtswidrigkeit und Strafunrechtsausschluss, 98 ff.

312 *Renzikowski,* GA 1992, 159, 176 f; *Günther,* Strafrechtswidrigkeit und Strafunrechtsausschluss, 98 ff; *Canaris,* Systemdenken und Systembegriff in der Jurisprudenz, 117 ff.

313 Siehe Abschnitt B.I.3.b)ee) dieser Untersuchung.

314 *H. Hirsch,* ZStW 1969, 944, 945; *Fischer,* in: Dogmatik und Praxis des strafrechtlichen Vermögensschadens, 51, 54; Schönke/Schröder-*Perron,* § 263 StGB Rn. 83.

Es ist also nicht allein das Argument der Einheit der Rechtsordnung, dass die Berücksichtigung normativer Spannungen erforderlich macht. Man könnte auch sagen: Diesem Dogma oder Postulat[315] – je nachdem wie man dieses Argument versteht – kommt kein Selbstzweck zu. In Bezug auf die Frage der Konturierung des Vermögensbegriffs ist es aus Gründen der Bestimmtheit eines strafrechtlichen Tatbestandsmerkmals und damit auch zur Schaffung von Rechtssicherheit geboten, normative Kriterien an die Seite von wirtschaftlichen zu stellen.

Das Argument von *Kretschmer* gegen die juristisch-ökonomische Vermögenslehre – man ziehe sich nur den Teil der Rechtsordnung heran, der einem zum gewollten Ergebnis bringe – kann außerdem entkräftet werden.[316] Das von ihm herangezogene Argument, dass auch im Steuerrecht über § 40 AO[317] wertneutral besteuert werde und normative Wertungen deshalb auch im strafrechtlichen Vermögensschutz keine Rolle spielen (müssten), verfängt in der vorliegenden Konstellation nicht.[318] Denn: Das gesamte Vereinsvermögen wurde eingezogen, es kann deshalb überhaupt keiner Besteuerung mehr unterliegen. Ein Widerspruch zu § 40 AO ergibt sich in diesem Kontext gerade nicht.

Der Vermögensbegriff kann kohärent nur wirtschaftlich und normativ bestimmt werden. Durch den Einzug normativer Gesichtspunkte spielen Wertungen aus anderen Teilen der Rechtsordnung eine Rolle.[319] Ob die Berücksichtigung normativer Kriterien einen Unterschied bei der Bestimmung des geschützten Vermögens macht, hängt davon ab, ob die in Rede stehende Vermögensposition einheitlich von der Rechtsordnung bewertet und geschützt wird oder ob ein Wertungswiderspruch vorliegt, der zur Verneinung der Schutzwürdigkeit führen kann.

---

315 Siehe Abschnitt B.III.2.a)bb) dieser Untersuchung.

316 *Kretschmer*, StraFo 2009, 189, 191.

317 § 40 AO: „Für die Besteuerung ist es unerheblich, ob ein Verhalten, das den Tatbestand eines Steuergesetzes ganz oder zum Teil erfüllt, gegen ein gesetzliches Gebot oder Verbot oder gegen die guten Sitten verstößt."

318 Zu den dem Steuerrecht zu Grunde liegenden Grundsätzen: *K. Schmidt*, in: Vielfalt des Rechts – Einheit der Rechtsordnung?, 9, 15; so auch: *Kretschmer*, StraFo 2009, 189, 191.

319 Dass normative Gesichtspunkte bei der Nachteilsfeststellung eine Rolle spielen (dürfen), stellte das Bundesverfassungsgericht in einer Leitentscheidung zur Untreue fest: *BVerfGE* 126, 170, 212.

3. Fazit

Der vorangegangene Abschnitt hat den Widerspruch in der Konstellation von vereinsrechtlicher Vermögenseinziehung und strafrechtlicher Betrugsstrafbarkeit untersucht und als Wertungswiderspruch eingeordnet. Dieser ist aufgrund des Arguments der Einheit der Rechtsordnung auch aufzulösen. Von Relevanz ist diese Feststellung für die Bestimmung von schutzwürdigem Vermögen im Rahmen des Betrugstatbestands. Denn allein durch die Berücksichtigung normativer Kriterien lässt sich der Vermögensbegriff überzeugend definieren. Deshalb ist der aufgezeigte Wertungswiderspruch als normatives Kriterium bei der Bestimmung von schutzwürdigem Vermögen zwingend zu berücksichtigen.

IV. Fazit: Wertungswiderspruch muss beachtet werden

Die eigens formulierte These hat sich auf ein dogmatisches Standbein stellen lassen. Es hat sich gezeigt, dass in der Konstellation des Ausgangsfalls nicht nur ein laienhaftes „Störgefühl" erzeugt wird, sondern rechtsmethodologisch von einem Wertungswiderspruch gesprochen werden kann. Dieser wurde – soweit ersichtlich – weder von Rechtsprechung noch Literatur untersucht.

Einbetten lässt sich der Wertungswiderspruch in den juristisch-ökonomischen Vermögensbegriff und weitere normativ geprägte Vermögensbegriffe. Die einzelnen Voraussetzungen, wann ein Wertungswiderspruch vorliegt und diese Annahme zum Ausschluss von schutzwürdigem Vermögen führt, werden in Abschnitt D. dieser Untersuchung erarbeitet.

C. Betrachtung des Wertungswiderspruchs im Lichte der Gesamtrechtsordnung

Der festgestellte Wertungswiderspruch soll nicht nur punktuell und eingegrenzt in der dargestellten Konstellation zwischen VereinsG und StGB betrachtet werden, sondern in den Zusammenhang mit der Gesamtrechtsordnung gestellt werden. Der strafrechtliche Anknüpfungspunkt im StGB findet sich vorliegend in der Anwendung des juristisch-ökonomischen Vermögensbegriffs im Rahmen des Betrugstatbestands, der durch seine normative Prägung die Tür in andere Rechtsordnungen öffnet. In diesem Abschnitt werden Wertungen und Prinzipien anderer Rechtsordnungen zur Beantwortung der Frage nach der Schutzwürdigkeit von Vermögenspositionen herangezogen, um Unstimmigkeiten innerhalb der Gesamtrechtsordnung zu vermeiden.[320]

Zunächst bewegt sich die Untersuchung weiter auf strafrechtlichem Terrain: Die Argumentationslinie, die in der Diskussion um die Schutzwürdigkeit strafrechtlicher Vermögenspositionen im Zusammenhang mit der strafrechtlichen Einziehung verfolgt wird, wird dargestellt und eruiert, inwiefern diese auch auf die vereinsrechtliche Einziehung übertragbar sein könnte. Daran anschließend wird der Blick auf das Zivilrecht ausgeweitet und ausgehend von der Berücksichtigung zivilrechtlicher Wertungen beim strafrechtlichen Vermögensbegriff untersucht, ob und inwieweit in der vorliegenden Konstellation zivilrechtlicher Schutz bestehen würde. Schließlich endet die Einordnung in die Gesamtrechtsordnung mit einer Betrachtung des Wertungswiderspruchs aus verfassungsrechtlicher Perspektive. Dafür werden einerseits Strafbegrenzungsprinzipien näher betrachtet und andererseits verfassungsrechtliche Maßstäbe herausgearbeitet, um zu zeigen, dass auch verfassungsrechtliche Argumente dafür sprechen, den Wertungswiderspruch aufzulösen.

Ziel dieses Abschnitts ist es, weitere Argumente zu entwickeln, die für eine Berücksichtigung und Auflösung des analysierten Wertungswiderspruchs herangezogen werden können und eine Argumentationslinie herauszuarbeiten, die sich auf dem Fundament der Gesamtrechtsordnung entfalten kann.

---

320 Auch *Zieschang* betrachtet den Einfluss der Gesamtrechtsordnung bei der Frage des Vermögensschutzes im Rahmen des Betrugstatbestands: *Zieschang*, in: FS Hirsch, 831.

I. Strafrechtliche Flankierung des Wertungswiderspruchs

Der Wertungswiderspruch wird zunächst in Bezug zu strafrechtlichen Wertungen gesetzt. In Betracht kommen dafür die strafrechtlichen Einziehungsvorschriften gemäß §§ 73 ff. StGB. Diese werden herangezogen, weil sie eine Rolle in der Debatte um die Schutzwürdigkeit strafrechtlicher Vermögenspositionen spielen: Die Tatsache, dass eine Vermögensposition der Einziehung unterliegt, wird bekanntermaßen als Argument verwendet, um eine Schutzwürdigkeit derselben zu verneinen. Die vorliegende Konstellation unterscheidet sich allerdings insofern, als dass Vermögenspositionen, die zum Vereinsvermögen zu zählen sind, bereits eingezogen wurden.

In diesem Abschnitt wird zunächst die genannte Argumentation dargestellt und geprüft, ob sich diese auf die vereinsrechtliche Einziehung übertragen lässt. Dafür wird einerseits untersucht, ob sich der inhaltliche Kern der Argumente auch in Bezug auf die vereinsrechtliche Einziehung entwickeln lässt. Andererseits wird ein Vergleich von vereins- und strafrechtlichen Einziehungsvorschriften angestellt, um zu überprüfen inwieweit – in Gänze oder mit vorzunehmenden Einschränkungen – sich diese Argumentation auch für die vereinsrechtliche Einziehung entwickeln lässt.

1. Argumentation: Schutzunwürdigkeit kraft Einziehung

Geht es um die Schutzwürdigkeit einer Vermögensposition, ist der Verweis auf die strafrechtlichen Einziehungsvorschriften gemäß §§ 73 ff. StGB ein Argument, das sowohl Für und Wider die Schutzwürdigkeit ins Feld geführt wird. Warum sich die Verfasserin in die Gruppe derjenigen einreiht, die darin ein Indiz gegen die Schutzwürdigkeit erblicken, wird im Folgenden dargestellt. Dafür werden die Argumente vorgestellt und auf ihre Stichhaltigkeit hin untersucht.

a) Eigentum des Staates

Eingezogene Vermögenspositionen gehen mit Rechtskraft der Entscheidung auf den Staat über, vgl. § 75 Abs. 1 StGB. In dieser Rechtsfolge erblickte der 3. Strafsenat des Bundesgerichtshofs (erwidernd auf die Anfrage des 2. Strafsenats) ein Indiz für die Schutzwürdigkeit einzuziehender Vermögenspositionen: Daraus ergebe sich, dass die einzuziehenden Positionen vorher zum privaten Vermögen zu zählen waren.[321] Sonst

321 *BGH*, NStZ-RR 2017, 244, 245.

würde keine Notwendigkeit bestehen, das Gut in staatliches Vermögen zu transferieren.[322]

Diese Schlussfolgerung vermag nicht zu überzeugen. Eine (ursprüngliche) Zuordnung zum Privatvermögen rechtfertigt keine vermögensstrafrechtliche Schutzwürdigkeit, wenn dieses inkriminiert ist. Dass dem Grunde nach privates Vermögen strafrechtlichen Schutz genießt, ergibt sich unter anderem aus der Existenz des § 263 StGB.[323] In der in Rede stehenden Konstellation kommt allerdings die Einziehung als staatliche Maßnahme additiv hinzu. Ratio der Einziehung ist es, korrigierend Vermögensverschiebungen auszugleichen, die den Rechtsfrieden beeinträchtigen und inkriminierte Positionen in staatliches Vermögen entschädigungslos zu transferieren.[324]

Aus dem aus § 75 Abs. 1 StGB folgenden Eigentumsübergang lässt sich deshalb vielmehr ein Argument gegen die Schutzwürdigkeit dieser Positionen ableiten: Denn der Umstand, dass sie durch die Einziehung dem Staat zugeführt werden sollen, lasse eine Fiktion des Eigentumsübergangs bereits auf den Zeitpunkt des Austauschs zu, sodass sich ein „privater" Eigentumsübergang schon gar nicht vollziehen und folglich auch kein Vermögensschaden bejaht werden könne.[325] *Swoboda* beschreibt solche Vermögenspositionen als „faktisch schon Eigentum des Staates[326]" und spricht ihnen die rechtliche und wirtschaftliche Existenz ab.[327] Sie geht davon aus, dass solche Positionen keinen entsprechenden Bestand haben können.[328] Aus ihrer Formulierung ist zu schließen, dass *Swoboda* den Vermögenspositionen nicht grundsätzlich eine „Bestandsfähigkeit" abspricht, sondern nur insofern die Positionen der Einziehung unterliegen. Ihr ist zuzustimmen, denn Positionen müssen rechtlich existieren, damit sie der Einziehung unterliegen können.

Auch *Kindhäuser/Wallau* sind der Ansicht, dass man aus der Existenz der Einziehungsvorschriften schließen könne, dass bei Tätern und Täterinnen nur eine „lediglich formale[329]" Eigentumsposition bestünde. Der Einziehung

---

322 *BGH*, NStZ-RR 2017, 244, 245.

323 Siehe zum Schutzzweck des Betrugs Abschnitt B.I.1. dieser Untersuchung.

324 Diese Argumentation verwendet auch: *Bechtel*, wistra 2018, 154, 158; zur Ratio der Einziehung: *Podolsky/Brenner/Baier/Veith*, Vermögensabschöpfung im Straf- und Ordnungswidrigkeitenverfahren, 23 f; BT-Drs. 11/6623, 7.

325 *Buchholz*, JA 2018, 264, 272; *Buchholz* wiederum verweist auf: *Swoboda*, NStZ 2005, 476, 481.

326 *Swoboda*, NStZ 2005, 476, 481.

327 *Swoboda*, NStZ 2005, 476, 478; *N. Kindhäuser/Wallau*, NStZ 2003, 151, 153.

328 *Swoboda*, NStZ 2005, 476, 478.

329 *N. Kindhäuser/Wallau*, NStZ 2003, 151, 154.

unterliegende Vermögenspositionen könne die wirtschaftliche Potenz abgesprochen werden, da sie nicht dazu dienen können, das Vermögen wirtschaftlich zu steigern.[330] Sie seien nicht als Teil des Wirtschaftsverkehrs qualifizierbar.[331]

Diese Argumentation untermauernd, kann auf die Bewertung eines Betrugs zur Abwendung einer Einziehung verwiesen werden, der bereits weiter oben behandelt wurde.[332] In diesen Fällen liegt kein Betrug vor. Begründen lässt sich diese Annahme mit dem Zweck der Einziehung: Die staatliche Einziehungsmaßnahme dient lediglich präventiven und repressiven Zwecken. Eine wirtschaftliche Zwecksetzung ist ihr nicht immanent, sodass mangels wirtschaftlich relevanter Vermögensposition folglich auch nicht von einer betrugsrelevanten Position gesprochen werden kann.

Ergänzend kann auch ein Bezug zur vereinsrechtlichen Einziehung hergestellt werden. In diesem Fall könnte man zusätzlich argumentieren, dass es mit der vollzogenen Einziehung nach dem Vereinsgesetz keine Vermögensmasse des Vereins als ursprünglichen Vermögensinhaber mehr gibt (§ 11 Abs. 2 VereinsG), sodass in diesem Fall eine wirtschaftliche Verwertbarkeit oder Handelbarkeit des Vermögens ohnehin nicht mehr besteht.

Zimmermann zieht das Einziehungsargument in Zweifel: Er merkt an, dass die Einziehung keinem Automatismus gleichkomme, sondern einerseits zwischen obligatorischer und fakultativer Einziehung unterschieden werden und andererseits die eigentumsverändernde Wirkung der Einziehung nach § 75 Abs. 1 StGB erst mit Rechtskraft der Entscheidung eintrete.[333]

Diese Bedenken lassen sich entkräften. Für den Fall der obligatorischen Einziehung besteht kein Ermessensspielraum, sodass insofern von einem „Automatismus" gesprochen werden könnte. Im Fall der fakultativen Einziehung von Taterträgen in Gestalt von Surrogaten gemäß § 73 Abs. 3 StGB ist bei Absehen von der Einziehungsanordnung jedenfalls die Einziehung von Wertersatz nach § 73c StGB obligatorisch. Dass die Wirkung erst mit Rechtskraft der Entscheidung eintritt, liegt daran, dass die Einziehung erst durch das Gericht neben der Strafe angeordnet wird; das ist an sich weder ein starkes Argument für oder gegen die Schutzwürdigkeit.[334]

---

330 *N. Kindhäuser/Wallau*, NStZ 2003, 151, 153.

331 *N. Kindhäuser/Wallau*, NStZ 2003, 151, 154; *Buchholz*, JA 2018, 264, 272; *Bechtel*, JURA 2019, 63, 69.

332 Siehe dazu Abschnitt B.I.2. dieser Untersuchung.

333 *Zimmermann*, GA 2017, 544, 551 f.

334 Schönke/Schröder-*Eser/Schuster*, § 73a StGB Rn. 3; Lackner/Kühl/Heger-*Heger*, § 73 StGB Rn. 9.

Schließlich vermag dieses Gegenargument nicht durchzugreifen, wenn es – wie in dieser Untersuchung beabsichtigt – um eine Parallele zur vereinsrechtlichen Einziehung geht. Denn angeknüpft wird in diesem Fall an eine bereits in der Vergangenheit vollzogene Einziehungsanordnung. Welche Vermögenspositionen der Einziehung unterliegen, steht somit im Zeitpunkt der Beurteilung der Schutzwürdigkeit einer Vermögensposition fest; es muss nicht darauf abgestellt werden, ob gewisse Positionen der Einziehung unterliegen könnten und wann die eigentumsverändernde Wirkung eintritt.

b) Generalpräventive Zwecksetzung

Es lässt sich auch mit dem generalpräventiven Zweck der Einziehung gegen eine Schutzwürdigkeit argumentieren.[335]

Einziehungsvorschriften dienen der Abschöpfung kriminell erlangten Vermögens und berichtigen dadurch eine strafrechtswidrige Vermögenslage.[336] Sie werden als „kondiktionsähnliche Ausgleichmaßnahme“[337] bezeichnet und verkörpern den Grundsatz „Straftaten dürfen sich nicht lohnen.“[338] Dadurch kommt der generalpräventive Zweck dieser Maßnahmen zum Ausdruck: Indem die Einziehung vermögensordnend wirkt, soll das Vertrauen der Bevölkerung in die Rechtsordnung gestärkt werden.[339] Präventiv soll außerdem

---

335 *Zimmermann* ist der Ansicht, dass diese Wertung gegen die „Vermögensqualität von „Drogengeld“ und „Bestechungslohn““ spreche: *Zimmermann*, GA 2017, 544, 553; auch *Fischer* ist der Ansicht, den staatlichen Einziehungsvorschriften sei eine Wertung gegen die Schutzwürdigkeit zu entnehmen: *Fischer*, StGB, § 263 StGB Rn. 108; *Fischer* verweist auf *Mitsch*, der die Abschöpfung des Geldes als „rechtlich erwünschten Zustand“ bezeichnet: *Mitsch*, JuS 2003, 122, 124; *Fischer* verweist auch auf *N. Kindhäuser/Wallau*, NStZ 2003, 151, 152 ff.

336 *BGH*, NJW 1995, 2235; BT-Drs. 11/6623, 7; Lackner/Kühl/Heger-*Heger*, § 73 StGB Rn. 1; *Podolsky/Brenner/Baier/Veith*, Vermögensabschöpfung im Straf- und Ordnungswidrigkeitenverfahren, 23 ff.

337 Die Einziehung habe auch nach der Einführung des Bruttoprinzips den konditionsähnlichen Charakter behalten, konstatierte das Bundesverfassungsgericht: *BVerfGE* 110, 1, 21; der Zusammenhang zwischen den strafrechtlichen Einziehungs- und den zivilrechtlichen Bereicherungsvorschriften wird anschaulich hier dargestellt: *Podolsky/Brenner/Baier/Veith*, Vermögensabschöpfung im Straf- und Ordnungswidrigkeitenverfahren, 23, 25.

338 *BGHSt* 47, 369, 374; BT-Drs. 11/6623, 8.

339 Die Verfassungsbeschwerde betraf die Vereinbarkeit von § 73d StGB mit dem Grundgesetz. Das Bundesverfassungsgericht stellte fest, dass § 73d StGB nicht

verhindert werden, dass finanziell in zukünftige Straftaten investiert werden kann.[340]

Hoyer konkretisiert die Bewertung, die aufgrund einer Einziehung erfolgt und nahm dafür Bezug auf die eigentumsverändernde Wirkung: Wenn dem Staat ein Einziehungsrecht, das nichts anderes als ein gesetzliches Recht auf Eigentumsübergang sei, gewährt werde, komme darin die rechtliche Missbilligung bestehender – also der Einziehung unterliegender – Eigentumsverhältnisse zum Ausdruck.[341] *Bechtel* rekurriert auf die Intention, die mit dem Instrument der Einziehung verfolgt werde: Sie sei geschaffen worden, um „strafrechtswidrige Zustände zu beenden."[342] Aufgrund dieser präventiven Zwecksetzung, die den Einziehungsvorschriften immanent ist, erscheint eine gleichzeitige Schutzwürdigkeit der entsprechenden Vermögenspositionen nicht kohärent.

c) Kein Zirkelschluss

Der 3. Strafsenat führte in einem Urteil vom 7. August 2003 aus, dass die Einziehungsvorschriften nicht als Argument verwendet werden können, um eine Schutzunwürdigkeit zu begründen: Die Einziehung setze gerade eine Straftat voraus; für die Auslegung von Tatbestandsmerkmalen – deren Bejahung erst zum Vorliegen einer Straftat führe – könne die Einziehung demnach nicht herangezogen werden.[343] Wenn das Tatbestandsmerkmal aufgrund der Einziehung nicht erfüllt sei, sei auch die Einziehung mangels Straftat nicht gegeben.[344] *Buchholz* bezeichnet diesen Einwand des Bundesgerichtshofs als „unterstellte Zirkelschlüssigkeit."[345]

Dagegen lässt sich allerdings einwenden: Geht es (wie meistens in diesen Fällen) um Betäubungsmittel, können die §§ 73 ff. als Vortat an Tatbestände aus dem BtMG anknüpfen; auf das Vorliegen einer Vermögensstraftat i.S.d. § 263 StGB kommt es deshalb gar nicht mehr an.[346]

---

gegen den Schuldgrundsatz verstößt und mit dem Grundgesetz vereinbar sei, *BVerfGE* 110, 1, 20.

340 BT-Drs. 11/6623, 1, 4; BT-Drs. 18/9525, 45; *Podolsky/Brenner/Baier/Veith,* Vermögensabschöpfung im Straf- und Ordnungswidrigkeitenverfahren, 24 ff.

341 *Hoyer,* in: FS Fischer, 361, 366.

342 *Bechtel,* wistra 2018, 154, 158.

343 *BGHSt* 48, 322, 330.

344 *BGHSt* 48, 322, 330.

345 *Buchholz,* JA 2018, 264, 272.

346 *BGH,* NStZ 2016, 596, 598; *Zschockelt,* NStZ 1996, 222, 226; *Buchholz,* JA 2018, 264, 272.

Auch wenn man eine Parallele zur vereinsrechtlichen Einziehung zieht, kann das vermeintliche Zirkelschluss-Argument nicht greifen. Es wird in diesem Fall an eine bereits in der Vergangenheit vollzogene Einziehungsanordnung angeknüpft. Die Verbotsverfügung (inklusive Einziehungsanordnung) ist in der Vergangenheit verfügt worden und bestandskräftig geworden. Einziehung und Tatbestandserfüllung hängen somit nicht zirkelschlüssig voneinander ab, sondern liegen getrennt voneinander ab.

d) Zwischenfazit

Die genannten Argumente können überzeugen. Insbesondere sprechen der Zweck und die Wirkung der Einziehungsmaßnahme dagegen, Einziehungsgegenstände als schutzwürdiges Vermögen zu qualifizieren. Was staatlich missbilligt und zu generalpräventiven Zwecken zu Gunsten des Staates einzuziehen ist, kann nicht gleichzeitig kohärent strafrechtlichen Vermögensschutz beanspruchen.

e) Konsequenz für die vereinsrechtliche Einziehung

Die dargestellten Argumente lassen sich gleichermaßen für die vereinsrechtliche Einziehung bilden. Im vorliegenden Fall sind die Vermögenspositionen nicht nur materiell einziehbar, sondern wurden bereits eingezogen.

aa) Eigentum des Staates

Das VereinsG stellt ein unterverfassungsrechtliches Ausführungsgesetz zu Art. 9 Abs. 2 GG dar und ist ein strafrechtliches Nebengesetz, in dem die Einziehung des Vereinsvermögens zu Gunsten des Staates in § 11 Abs. 2 S. 1 VereinsG geregelt ist. Dieser gesetzlich vorgesehene staatliche Eigentumsübergang kann folglich auch bei der vereinsrechtlichen Einziehung als Argument herangezogen werden, um zu begründen, dass Vermögenspositionen, die eingezogen sind, nicht den Schutz des strafrechtlichen Betrugstatbestands verdienen.

bb) (General)präventive Zwecksetzung

Die vereinsrechtliche Einziehung dient – wie bereits dargestellt – unter anderem dem Zweck zu verhindern, dass verfassungsfeindliche Vereine sich in Zukunft (erneut) rechtsmissbräuchlich verhalten und entzieht ihnen deshalb die finanzielle Grundlage.[347] Dass damit primär ein spezial- und nicht generalpräventiver

347 BT-Drs. IV/430, 19 f.

Zweck angesprochen ist, steht der Übertragbarkeit des Arguments nicht entgegen. Denn die strafrechtliche Einziehung verkörpert auch spezialpräventive Zweckelemente, die ebenfalls für die Begründung der Schutzunwürdigkeit herangezogen werden können.[348]

cc) Zwischenfazit: Übertragbarkeit der Argumentation auf vereinsrechtliche Einziehung

Die beiden Argumente lassen sich auf die vereinsrechtliche Einziehung übertragen, weil ihre Aussagen auch auf diese zutreffen. Deshalb kann bereits aufgrund dieser Parallele gegen eine Schutzwürdigkeit argumentiert werden. Im Folgenden wird ein detaillierter Vergleich beider Einziehungsregime angestellt, um zu überprüfen, ob diese Schlussfolgerung eventuell eingeschränkt werden muss.

2. Analyse: Strafrechtliche Einziehung

In diesem Abschnitt wird die strafrechtliche Einziehung analysiert, um diese im Folgenden mit der vereinsrechtlichen Einziehung zu vergleichen. Entsprechend der Betrachtung der vereinsrechtlichen Einziehung werden hier die Voraussetzungen, Rechtsfolgen, Charakter und Zweck der strafrechtlichen Einziehung beleuchtet und darauf eingegangen, wie die wirtschaftliche Werthaltigkeit von Einziehungsgegenständen im Rahmen der strafrechtlichen Einziehungsvorschriften bestimmt wird.

Die Untersuchung beschränkt sich auf die Betrachtung der Einziehung von Taterträgen nach § 73 StGB. Einerseits nimmt die im vorangegangenen Abschnitt vorgestellte Argumentation nur pauschal Bezug auf „Einziehungsvorschriften nach §§ 73 ff. StGB“, sodass eine „lehrbuchartige“ Auseinandersetzung bis ins letzte Detail dieser Vorschriften hier ohnehin nicht zielführend erscheint. Andererseits kann auch auf den Ausgangsfall, der einen Betrug zu Lasten eines Mitglieds eines verbotenen Vereins zum Gegenstand hatte, abgestellt werden: Der verfügte Geldbetrag wäre ein durch die Tat erworbener Tatertrag, der nach § 73 Abs. 1 StGB einzuziehen wäre.[349] Schließlich wird die

348 Siehe dazu C.I.2.e)aa) dieser Untersuchung.

349 Wenn sich der Nachweis führen lässt, dass es sich bei dem Vermögen von 180.000€ um das aus der Tat Erlangte handelt, ist eine Einziehung nach § 73 Abs. 1 StGB anzuordnen. Ansonsten wäre eine Einziehung des Wertes des Tatertrags nach § 73c StGB anzuordnen, vgl. dazu: *Podolsky/Brenner/Baier/Veith*, Vermögensabschöpfung im Straf- und Ordnungswidrigkeitenverfahren, 31, 102.

strafrechtliche Einziehung hier nur erörtert, um sie in Beziehung zur vereinsrechtlichen Einziehung zu stellen, sodass nur die für den Vergleich relevanten Aspekte untersucht werden.

a) Überblick

Zunächst sei zum besseren Verständnis jedoch ein kurzer Überblick über die relevanten Einziehungsvorschriften gegeben. Die strafrechtlichen Einziehungsvorschriften sind in §§ 73–76b StGB normiert.[350] Die Systematik dieses Abschnitts differenziert nach Art des Einziehungsgegenstands: Während §§ 73–73e StGB die Einziehung von Taterträgen erfassen, ist die Einziehung von Tatprodukten, -mitteln und -objekten in §§ 74–74 f StGB geregelt. Die rechtliche Wirkung der Einziehungsanordnung findet sich in § 75 StGB: Mit Rechtskraft der Entscheidung geht das Eigentum an der Sache oder dem Recht auf den Staat über. § 76 StGB gewährt eine nachträgliche Anordnung der Einziehung von Wertersatz und § 76a StGB enthält Regelungen zur einfachen und erweiterten selbstständigen Einziehung. § 76b StGB beinhaltet Vorgaben zur Verjährung der Einziehung von Taterträgen und des Wertes von Taterträgen. Verfahrensrechtlich wird die strafrechtliche Einziehung von §§ 111b-q, 421–439 und 459g-o StPO flankiert.

b) Voraussetzungen der Einziehung

In diesem Abschnitt werden die Voraussetzungen der einfachen und der erweiterten Einziehung kurz erläutert.

aa) Die einfache Einziehung

§ 73 StGB bildet die Ausgangsvorschrift und regelt die Einziehung von Taterträgen (Abs. 1), Nutzungen (Abs. 2) und Surrogaten (Abs. 3). Voraussetzung für eine Einziehung ist das Vorliegen einer rechtswidrigen nicht unbedingt schuldhaft begangenen Anknüpfungstat (§ 11 Nr. 5 StGB[351]), durch oder für die

350 Die Einziehungsvorschriften wurden durch das Gesetz zur Reform der strafrechtlichen Vermögensabschöpfung vom 13.4.2017 (BGBl. I 2017, 872 ff.), das am 1.7.2017 in Kraft trat, neu geregelt. Die Entwicklung ist zum Beispiel hier nachzulesen: BT-Drs. 18/9525, 45 ff; einen Überblick enthält auch: MüKo-*Joecks/Meißner*, Vorb. zu § 73 StGB Rn. 21 ff.

351 Gemäß § 11 Nr. 5 StGB muss (nur) der Tatbestand eines Strafgesetzes verwirklicht sein.

etwas erlangt wurde.[352] Die entsprechende Tat muss Gegenstand der Anklageschrift sein, weil die Wirkung der Einziehung mit Rechtskraft des Urteils eintritt, § 75 StGB.[353] Ein Vermögensvorteil darf nur einmal eingezogen werden, sodass eine mehrmalige Abschöpfung ausgeschlossen ist.[354] Liegen die Voraussetzungen des § 73 Abs. 1 oder Abs. 2 StGB vor, muss das Gericht die Einziehung zwingend im Urteilstenor anordnen.[355] Ein gerichtliches Ermessen ist in diesen Fällen nicht vorgesehen. Folglich ist bei der obligatorischen Einziehung von Taterträgen eine Verständigung nach § 257c StPO auch nicht möglich.[356]

Die Einziehung von Surrogaten bei Tatbeteiligten oder Dritten ist jeweils als „Kann-Vorschrift" ausgestaltet, vgl. §§ 73 Abs. 3, 73b Abs. 3 StGB. Verzichtet das Gericht im Rahmen seines pflichtgemäßen Ermessens auf die Einziehung der Surrogate oder ist die Einziehung des Erlangten nicht möglich, hat es die Einziehung des Wertes von Taterträgen nach § 73c StGB anzuordnen.

bb) Die erweiterte Einziehung

Voraussetzung ist auch für die erweiterte Einziehung nach § 73a StGB eine rechtswidrige Tat i.S.v. § 11 Abs. 1 Nr. 5 StGB.[357] Als Einziehungsgegenstände von § 73a StGB kommen nur Sachen oder Rechte in Betracht, die für oder durch die rechtswidrige Tat erlangt worden sind.[358] Im Unterschied zu § 73 StGB muss bei § 73a StGB die rechtswidrige Tat nicht von der Anklage erfasst sein, sondern das Gericht muss von der deliktischen Herkunft überzeugt sein.[359] Liegen die Voraussetzungen von § 73a Abs. 1 StGB vor, ist die Anordnung der Einziehung zwingend. Vor einer mehrfachen Abschöpfung schützt § 73a Abs. 2 StGB.

---

352 Schönke/Schröder-*Eser/Schuster*, § 73 StGB Rn. 3; Lackner/Kühl/Heger-*Heger*, § 73 StGB Rn. 1.

353 *Podolsky/Brenner/Baier/Veith*, Vermögensabschöpfung im Straf- und Ordnungswidrigkeitenverfahren, 46 ff. Schönke/Schröder-*Eser/Schuster*, § 73 StGB Rn. 30

354 Schönke/Schröder-*Eser/Schuster*, § 73 StGB Rn. 31.

355 Schönke/Schröder-*Eser/Schuster*, § 73 StGB Rn. 26; MüKo-*Joecks/Meißner*, § 73 StGB Rn. 46.

356 *BGH*, NStZ 2018, 336; *Ullenboom*, Praxisleitfaden Vermögensabschöpfung, S. 33 ff.

357 MüKo-*Joecks/Meißner*, § 73a StGB Rn. 16; zur Verfassungsmäßigkeit der erweiterten Einziehung siehe: *BVerfGE* 110, 1.

358 *Fischer*, StGB, § 73a StGB Rn. 13.

359 Schönke/Schröder-*Eser/Schuster*, § 73a StGB Rn. 2; *Fischer*, StGB, § 73a StGB Rn. 5; MüKo-*Joecks/Meißner*, § 73a StGB Rn. 21.

c) Beschränkung der Einziehung

Im Anschluss an die Voraussetzungen der Einziehung werden die einzelnen Beschränkungsmöglichkeiten derselben dargestellt.

aa) Ausschluss der Einziehung

§ 73e StGB sieht einen Ausschluss der Einziehung vor. Der Einziehungsadressat soll vor doppelter Inanspruchnahme geschützt werden, sodass die Einziehung nach § 73c StGB ausgeschlossen ist, wenn der Anspruch der verletzten Person erloschen ist.[360] Dass die Schadensregulierung privatautonom erfolgt, wird dadurch bestärkt.[361]

bb) Absehen von der Einziehung

Das Gericht kann mit Zustimmung der Staatsanwaltschaft von der Einziehung gemäß § 421 Abs. 1 StPO absehen, wenn das Erlangte nur einen geringen Wert hat (Nr. 1), die Einziehung nach § 74 und § 74c StGB neben der Strafe oder Maßregel nicht ins Gewicht fällt (Nr. 2) oder das Verfahren, soweit es die Einziehung betrifft, einen unangemessenen Aufwand erfordern würde (Nr. 3). Aus diesem Katalog wird deutlich, dass ein Absehen insbesondere aus verfahrensökonomischen Gründen möglich ist.

cc) Unterbleiben der Vollstreckung

Im Vollstreckungsverfahren ist § 459g Abs. 5 StPO als Vollstreckungshindernis für den Fall der Wertersatzeinziehung nach § 459g Abs. 2 StPO anwendbar. Durch die Neufassung des Abs. 5 unterbleibt die Vollstreckung nur, wenn sie unverhältnismäßig ist; eine Berücksichtigung individueller Härte in Gestalt des Wegfalls der Bereicherung erfolgt aufgrund des Zwecks der Einziehung als effektives Instrument zur Abschöpfung rechtswidrig erlangten Vermögens zu Recht nicht mehr.[362]

---

360 *Podolsky/Brenner/Baier/Veith,* Vermögensabschöpfung im Straf- und Ordnungswidrigkeitenverfahren, 96 ff.

361 BT-Drs. 18/9525, 69; *Podolsky/Brenner/Baier/Veith,* Vermögensabschöpfung im Straf- und Ordnungswidrigkeitenverfahren, 96 ff.

362 BT-Drs. 19/27654, 111 f; zu den Fällen möglicher Unverhältnismäßigkeit siehe: Meyer-Goßner/Schmitt-*Köhler,* § 459 g StPO Rn. 13 a m.w.N.

dd) Zwischenfazit

Es fällt bereits jetzt auf, dass die strafrechtliche im Gegensatz zur vereinsrechtlichen Einziehung anders ausgestaltet ist. Das wird einerseits deutlich an der Voraussetzung einer Anknüpfungstat und andererseits den zahlreichen Möglichkeiten, die der Gesetzgeber vorgesehen hat, damit eine Einziehung schließlich ausgeschlossen, davon abgesehen wird oder ihre Vollstreckung unterbleibt.

d) Rechtsfolgen der Einziehung

Die Wirkung der Einziehung ist in § 75 StGB geregelt. Mit Rechtskraft der Einziehungsanordnung geht das Eigentum an der der Einziehung unterliegenden Sache oder Rechts auf den Staat über, § 75 Abs. 1 Nr. 1 StGB, wenn der betroffenen Person das Recht zusteht oder ihr die Sache gehört. § 75 Abs. 1 Nr. 2 StGB sieht die gleiche Wirkung für den Fall vor, dass der von der Einziehung betroffenen Person (aufgrund eines nichtigen Übereignungsgeschäfts) die Sache nicht gehört bzw. ihr das Recht nicht zusteht.[363] Daraus wird ersichtlich, dass die Rechtsinhaberschaft nicht relevant für die eigentumsverändernde Wirkung der Einziehung ist.[364]

Sind Eigentümer und Eigentümerinnen unbekannt, sieht § 75 Abs. 1 S. 2 StGB – die Konstellation betrifft vornehmlich Diebstahlsfälle – einen „kleinen Auffangrechtserwerb“[365] vor: Meldet sich die geschädigte Person nicht innerhalb von sechs Monaten nach der Mitteilung über die Rechtskraft der Einziehungsentscheidung, geht das Eigentum auf den Staat über. Gemäß § 75 Abs. 3 StGB wirkt die Anordnung beziehungsweise der Vorbehalt der Anordnung der Einziehung vor der Rechtskraft der Entscheidung wie ein Veräußerungsverbot i.S.d. § 136 BGB.[366]

---

363 *Podolsky/Brenner/Baier/Veith,* Vermögensabschöpfung im Straf- und Ordnungswidrigkeitenverfahren, 118 f; Lackner/Kühl/Heger-*Heger,* § 75 StGB Rn. 1a; mit § 75 Abs. 1 Nr. 2 StGB wird der Zweck verfolgt, den Eigentumsübergang auch bei unerlaubtem Handel mit Betäubungsmitteln zu gewährleisten. Aufgrund des nichtigen Übereignungsgeschäfts kann nach §§ 134, 138 BGB kein Eigentum an dem übergebenen Bargeld erlangt werden: BT-Drs. 18/9525, 71.

364 BT-Drs. 18/9525, 71.

365 BT-Drs. 18/9525, 71.

366 *Fischer,* StGB, § 75 StGB Rn. 11.

aa) Umfang der Einziehung

Die Einziehung bezieht sich nicht auf das gesamte Vermögen, sondern umfasst stets nur die der Einziehung unterliegenden einzelnen Vermögenspositionen.[367]

Täter und Täterinnen haben i.S.v. § 73 Abs. 1 StGB „etwas“ erlangt bei jeder wirtschaftlichen Position, die einen Vermögenszuwachs darstellt.[368] Als Einziehungsgegenstände gemäß § 73 StGB sind durch und für die Tat erlangte Vermögenswerte erfasst; während durch die Tat erlangte Vermögenswerte auf der Tatbestandsverwirklichung beruhen (Tatbeute), basieren für die Tat erlangte Vermögenswerte nicht auf der Tatbestandsverwirklichung selbst, sondern werden dafür erlangt (Tatlohn).[369] Eingezogen werden können unter anderem Sachen, Rechte, Nutzungen und ersparte Aufwendungen.[370]

Wie das erlangte Etwas abzuschöpfen ist, bemisst sich nach dem Bruttoprinzip.[371] Nach diesem Prinzip sind die während des Tatablaufs zugeflossenen Vermögenswerte in ihrer Gesamtheit abzuschöpfen.[372] Die entsprechende Prüfung erfolgt zweistufig.[373] Im ersten Schritt wird ein „gegenständlicher“, tatsächlicher Maßstab angelegt.[374] Ob etwas erlangt ist, hängt von der tatsächlichen

---

367 BT-Drs. 11/6623, 14.

368 Lackner/Kühl/Heger-*Heger*, § 73 StGB Rn. 3; eine Auswertung der Rechtsprechung und Literatur zum erlangten Etwas findet sich bei: *Gebauer,* Die Bestimmung des erlangten Etwas bei der Einziehung von Taterträgen nach §§ 73 ff. StGB, 40 ff.

369 Schönke/Schröder-*Eser/Schuster*, § 73 StGB Rn. 6; die Formulierung „durch die Tat“ weist auf den erforderlichen Kausalzusammenhang zwischen Erlangtem und der Tat hin, der nach bereicherungsrechtlichen Grundsätzen beurteilt wird: BT-Drs. 18/9525, 62; MüKo-*Joecks/Meißner*, § 73 StGB Rn. 36 ff.

370 *Fischer,* StGB, § 73 StGB Rn. 17 m.w.N; siehe zur verfassungsrechtlichen Einordnung des Bruttoprinzips: *Rönnau/Begemeier*, GA 2017, 1.

371 Die Einführung des Bruttoprinzips ändere nichts an der Einordnung der (erweiterten) Einziehung als kondiktionsähnliche Maßnahme. Ein strafähnlicher Charakter werde nach Ansicht des Bundesverfassungsgerichts dadurch nicht gebildet: *BVerfGE* 110, 1, 20 f; der Bundesgerichtshof judizierte, dass die Anwendung des Bruttoprinzips nicht gegen den Schuldgrundsatz verstoße, weil die Einziehung nicht der Vergeltung, sondern einem Präventionszweck diene. Zudem sei auch der Schutzbereich von Art. 14 Abs. 1 GG nicht tangiert, da bemakelte Positionen nicht unter den Schutzbereich zu fassen seien: *BGHSt* 47, 369, 375 ff.

372 *BGH*, NStZ 2011, 83, 85; BT-Drs. 18/9525, 61; Schönke/Schröder-*Eser/Schuster*, § 73 StGB Rn. 9.

373 BT-Drs. 18/9525, 62; zum Bezug des Bruttoprinzips zu erlangtem Etwas und Einziehungssumme siehe: *Gebauer,* Die Bestimmung des erlangten Etwas bei der Einziehung von Taterträgen nach §§ 73 ff. StGB, 73 f. m.w.N.

374 BT-Drs. 18/9525, 62.

Verfügungsgewalt ab; ein zivilrechtlicher Eigentumserwerb ist für diese Beurteilung nicht erforderlich.[375] In einem zweiten Schritt werden bei der Ermittlung des Erlangten wertende Gesichtspunkte berücksichtigt, die sich aus § 73d StGB ergeben. Das Bruttoprinzip wird dadurch beschränkt, dass Aufwendungen vom Wert des Erlangten abzuziehen sind. Diese Möglichkeit ist allerdings ausgeschlossen, wenn es sich dabei um Aufwendungen für die Tat(vorbereitung) handelt, vgl. § 73d Abs. 1 S. 2 Hs. 1 StGB. Hintergrund dessen ist wiederum, dass alles, was die von der Einziehung betroffene Person zur Tatbegehung aufgewandt hat, abgeschöpft werden und nicht in ihrem Vermögen verbleiben soll.[376]

bb) Erfasste Einziehungsbetroffene

(1) Tatbeteiligte Personen

Grundsätzlich richtet sich die Einziehung gegen Täter und Täterinnen oder Teilnehmer und Teilnehmerinnen der Tat.[377] Eingezogen werden kann allerdings nur bei Personen, die mindestens eine „faktische (wirtschaftliche) Mitverfügungsmacht“[378] innehaben; lediglich „transitorischer Besitz“ ist nicht ausreichend.[379]

(2) Dritte

Eine Einziehung von Taterträgen gegen eine andere Person („Dritte“) ist im Rahmen der einfachen Einziehung nach § 73 StGB und der erweiterten Einziehung nach § 73a StGB gemäß § 73b StGB möglich. Die andere Person i.S.d Vorschrift ist eine nicht an der Tat Beteiligte, die etwas aus der Tat erlangt hat; sie kann sowohl natürliche oder juristische Person als auch Personengesellschaft sein.[380]

---

375 *BGHSt* 47, 369, 372; *BGHSt* 51, 65, 68; *BGHSt* 53, 179, 180; *Eser/Schuster* verweisen zur Begründung zu Recht auf die Vorschrift des § 75 Abs. 1 S. 1 Nr. 2, Abs. 2 StGB: Schönke/Schröder-*Eser/Schuster*, § 73 StGB Rn. 17; zur Verfügungsgewalt bei mehreren Tatbeteiligten: MüKo-*Joecks/Meißner*, § 73 StGB Rn. 24.

376 *BGHSt* 52, 227, 248; BT-Drs. 18/9525, 67; Lackner/Kühl/Heger-*Heger*, § 73d StGB Rn. 4.

377 Schönke/Schröder-*Eser/Schuster*, § 73 StGB Rn. 20.

378 *BGH*, NStZ-RR 2014, 44.

379 *BGH*, NStZ-RR 2014, 44; NStZ-RR 2018, 278, 279; NStZ 2021, 37, 38.

380 *Podolsky/Brenner/Baier/Veith*, Vermögensabschöpfung im Straf- und Ordnungswidrigkeitenverfahren, 85 ff; *Fischer*, StGB, § 73b StGB Rn. 3.

Das Gericht kann die Einziehung bei Dritten anordnen, wenn diese Vermögen durch einen „Vertretungsfall“ (§ 73b Abs. 1 Nr. 1 StGB), einen „Verschiebungsfall“ (§ 73b Abs. 1 Nr. 2 StGB) oder einen „Nachlassfall“ (§ 73b Abs. 1 Nr. 3 StGB) erlangt hat.[381] Eine Einziehung von Wertersatz und Nutzungen ist in § 73b Abs. 2 StGB normiert. In § 73b Abs. 3 StGB ist die Einziehung von Surrogaten geregelt.

cc) Zwischenfazit

Die strafrechtliche Einziehung beschränkt sich auf die im Zusammenhang mit der Tat stehenden Einziehungsgegenstände und kann im Fall des § 73a StGB auch für Taten, die nicht von der Anklageschrift umfasst sind, angeordnet werden. Durch die Einführung des Bruttoprinzips hat der Gesetzgeber allerdings deutlich gemacht, dass umfassend abgeschöpft werden soll und die Tatbegehung sich nicht für Täter und Täterinnen – und auch nicht für Dritte, die an der Tat zwar gar nicht beteiligt waren, aber dennoch dadurch bereichert wurden – finanziell gelohnt haben darf. Die Rechtsfolgen der Tat können als Ausdruck der mit der Einziehung verfolgten Zwecksetzung verstanden werden, der im Folgenden dargestellt wird.

e) Zweck und Charakter der strafrechtlichen Einziehung

Die Darstellung von Zweck und Charakter der strafrechtlichen Einziehung ist für diese Untersuchung relevant, weil ihnen legislatorische und judikative Prämissen über die Einziehungsmaßnahme zu entnehmen sind und sie deshalb insbesondere als Anknüpfungspunkte für einen Vergleich zwischen straf- und vereinsrechtlicher Einziehung dienen.

aa) Zwecksetzung

Die Einziehungsvorschriften nach §§ 73, 73a StGB dienen der Abschöpfung rechtswidrig erlangten Vermögens und verfolgen dadurch sowohl spezial- als auch generalpräventive Zwecke.[382] Im Zusammenhang mit der Bewertung des

---

381 *Podolsky/Brenner/Baier/Veith*, Vermögensabschöpfung im Straf- und Ordnungswidrigkeitenverfahren, 85 ff; zur Differenzierung zwischen den einzelnen Fällen siehe auch: *Fischer*, StGB, § 73b StGB Rn. 3 ff; *BGHSt* 45, 235.

382 *BVerfGE* 110, 1, 18; *BVerfGE* 156, 354 kann als Fortführung (und Bestätigung) von *BVerfGE* 110, 1 verstanden werden. Dabei ging es um die rückwirkende Änderung der Einziehungsvorschriften; der Beschluss *BVerfGE* 156, 354 wird eingeordnet von: *Wegner*, Crime Really Does Not Pay!, VerfBlog vom 03.05.2022; *Güntert*, Gewinnabschöpfung als strafrechtliche Sanktion, 17 ff; BT-Drs. 18/9525, 65.

Bruttoprinzips führte der 1. Strafsenat des Bundesgerichtshof zum Präventionszweck aus, dass das finanzielle Risiko der Tatbegehung bei der von der Einziehung betroffenen Person zu bleiben habe und spielte damit auf den Grundsatz „Straftaten dürfen sich nicht lohnen" an.[383]

Generalpräventive Wirkung komme der Einziehung nach Ansicht des Gesetzgebers als „vermögensordnendes und normstabilisierendes"[384] Instrument zu. Sie diene somit einer (rechtsordnungs-)korrigierenden Funktion.[385] In diesem Zweck der Vermögensabschöpfung liegen insbesondere positiv generalpräventive Aspekte, weil das Vertrauen der Bevölkerung in die Rechtsordnung dadurch bestärkt wird. Negativ-generalpräventiv soll die Einziehung die Begehung gewinnorientierter Straftaten unterbinden und gerade keinen Anreiz zur Begehung finanziell attraktiver Straftaten bieten.[386]

Der dargestellte Zweck der Einziehung wird auch in der Argumentation über die Rechtsnatur der Einziehungsmaßnahme herangezogen.[387] Der Charakter der Einziehung wird im Folgenden erörtert.

bb) Charakter

Die einfache und erweiterte Einziehung von Taterträgen teilen die gleiche Rechtsnatur.[388] Ob die Rechtsnatur dieser Vermögenseinziehung als Strafe oder als nicht-pönale Maßnahme zu bewerten ist, wird von Rechtsprechung[389] und Literatur[390] unterschiedlich beurteilt.

Gegen die Einordnung als Strafe spricht allen voran der Zweck der strafrechtlichen Einziehung: Die Einziehung von Taterträgen beschränkt sich – wie die Überschrift der entsprechenden Normen erkennen lässt – auf die aus der

383 *BGHSt* 47, 369, 374; *BGHSt* 51, 65, 67; NStZ 2011, 83, 85; *BVerfGE* 156, 354; zum kriminalpolitischen Bedürfnis der Abschöpfung siehe: *Güntert*, Gewinnabschöpfung als strafrechtliche Sanktion, 13 ff; *Bittmann*, in: Handbuch der strafrechtlichen Vermögensabschöpfung, 3, Kap. 3 Rn. 49.

384 BT-Drs. 18/9525, 65.

385 *BVerfGE* 110, 1, 16 f; BT-Drs. 11/6623, 7.

386 *BVerfGE* 110, 1, 29; BT-Drs. 11/6623, 4; BT-Drs. 18/9525, 45.

387 *Bittmann* spricht davon, dass die verfassungsrechtliche Legitimation der Einziehung auch die Rechtsnatur bestimmt: *Bittmann*, in: Handbuch der strafrechtlichen Vermögensabschöpfung, 3, Kap. 3 Rn. 50.

388 *BVerfGE* 110, 1, 15; BT-Drs. 11/6623, 6 f.

389 Siehe dazu nur: *BVerfGE* 110, 1; *BVerfGE* 156, 354; *BGHSt* 47, 369.

390 Siehe dazu nur: Schönke/Schröder-*Eser/Schuster*, § 73 StGB Rn. 2a; *Fischer*, StGB, § 73 StGB Rn. 5 m.w.N.

Tat erlangten Erträge. Darüber hinaus soll durch die Einziehung kein Übel zugefügt werden, sodass begrifflich nicht von einer Strafe gesprochen werden kann.[391] *Bittmann* stellt dazu fest, dass die Vermögenseinziehung gerade auch keinen Vorwurf gegen den Einziehungsadressaten enthalte.[392] Diese Argumentation untermauernd, stellt *Güntert* auf den Zustand ab, der durch die Einziehung erzielt werde: Die Vermögenslage befinde sich wieder „Status quo ante“[393] der Tat.[394] Berücksichtigt man diese Wirkung, lässt sich der Einziehung nach §§ 73, 73a StGB kein strafender, sondern vielmehr ein „kondiktionsähnlicher“[395] Charakter attestieren.[396] Der Bundesgerichtshof ordnete die Einziehung als strafähnliche „Maßnahme eigener Art“[397] ein und begründete dies wie folgt: Voraussetzung für die Einziehung sei (lediglich) eine rechtswidrige, nicht aber eine schuldhafte Tat; damit verwies der 1. Strafsenat auf das „Nulla poena sind culpa“-Prinzip.[398] Zudem sei die Einziehung

---

391 *BVerfGE* 110, 1, 16; *Güntert,* Gewinnabschöpfung als strafrechtliche Sanktion, S. 16 ff; zu einer fehlenden Definition von Strafe siehe: *Gebauer,* Die Bestimmung des erlangten Etwas bei der Einziehung von Taterträgen nach §§ 73 ff. StGB, 59 ff; zu einer fehlenden verbindlichen Definition von Strafe siehe auch: *Bittmann*, in: Handbuch der strafrechtlichen Vermögensabschöpfung, 3, Kap. 3 Rn. 51.

392 *Bittmann*, in: Handbuch der strafrechtlichen Vermögensabschöpfung, 3, Kap. 3 Rn. 55.

393 *Güntert,* Gewinnabschöpfung als strafrechtliche Sanktion, 17 ff.

394 *Swoboda* bezeichnet die Einziehung als „Konfiskationsrecht des Staates“: *Swoboda*, NStZ 2005, 476, 478; *Podolsky/Brenner/Baier/Veith,* Vermögensabschöpfung im Straf- und Ordnungswidrigkeitenverfahren, 23 ff.

395 Diese Ansicht vertrat die Bundesregierung bereits beim Gesetzesentwurf zum „Erweiterten Verfall“: BT-Drs. 11/6623, 6.

396 Der Gesetzesentwurf der Bundesregierung zur Reform der strafrechtlichen Vermögensabschöpfung sprach vom „quasi-kondiktionellen Charakter“ der Vermögensabschöpfung: BT-Drs. 18/9525, 48, 55, 62; die Beschlussempfehlung des Ausschusses für Recht und Verbraucherschutz zu dem Gesetzesentwurf der Bundesregierung bescheinigte auch einen „quasi-bereicherungsrechtlichen“ Charakter und stellte auf die vermögensordnende Funktion der Vermögensabschöpfung ab: BT-Drs. 18/11640, 79, 82 ff; der Zusammenhang zwischen den strafrechtlichen Einziehungs- und den zivilrechtlichen Bereicherungsvorschriften wird anschaulich hier dargestellt: *Podolsky/Brenner/Baier/Veith,* Vermögensabschöpfung im Straf- und Ordnungswidrigkeitenverfahren, 25 ff.

397 *BGHSt* 47, 369, 373.

398 *BGHSt* 47, 369, 373, 375.

systematisch nicht im Titel „Strafe“, sondern im Titel „Einziehung“ im StGB zu finden.[399]

Das Bundesverfassungsgericht bestätigte diese Einordnung in einem Beschluss, in dem es um die Vereinbarkeit des Erweiterten Verfalls[400] mit dem Grundgesetz ging.[401] Der 2. Senat setzte sich insbesondere mit der „vermögensordnenden“[402] Aufgabe der Einziehung auseinander, schloss daraus auf die Rechtsnatur als „nicht-pönale Maßnahme“[403] und zog zur Begründung eine Parallele zum öffentlichen Gefahrenabwehrrecht: Dieses setze zwar auch retrospektiv als Reaktion auf eine vergangene Störung an, sei aber – gleichermaßen wie die Einziehung – ein präventiv-zukunftsausgerichtetes Instrument zur Korrektur von Störungen der Rechtsordnung.[404] Dabei handele es sich um „einem alle Rechtsgebiete übergreifenden Grundsatz, wonach eine mit der Rechtsordnung nicht übereinstimmende Vermögenslage auszugleichen ist.“[405] Auch die Einführung des Bruttoprinzips ändere an dem dargestellten Charakter der Vermögenseinziehung nichts.[406]

f) Wertbestimmung im Kontext der strafrechtlichen Einziehungsvorschriften

In diesem Abschnitt wird kurz zusammengefasst, welchen Maßstab die §§ 73, 73a StGB an die wirtschaftliche Werthaltigkeit des Einziehungsgegenstands anlegen.

---

399 *BGHSt* 47, 369, 373, 375; diese Argumentation griff das Bundesverfassungsgericht im Rahmen einer Zurückweisung einer Verfassungsbeschwerde auf, in der es um die Vereinbarkeit des § 73d StGB mit dem Grundgesetz ging: *BVerfGE* 110, 1, 15.

400 § 73a StGB ist durch die Reform der Vorschriften über die Vermögensabschöpfung an die Stelle von §73d StGB aF getreten.

401 *BVerfGE* 110, 1; diese Linie der Rechtsprechung wird in *BVerfGE* 156, 354 fortgeführt; dieser Beschluss (*BVerfGE* 156, 354) wird von *Rönnau/Begemeier* kritisch eingeordnet: Das Gericht habe pauschal den Regeln über die Vermögensabschöpfung den strafenden Charakter abgesprochen. Eine Berücksichtigung des außergewöhnlichen Sanktionsumfangs von § 76a Abs. 4 StGB habe nicht stattgefunden: *Rönnau/Begemeier*, NStZ 2021, 705.

402 *BVerfGE* 110, 1, 16.

403 *BVerfGE* 110, 1, 16.

404 *BVerfGE* 110, 1, 17 f.

405 *BVerfGE* 110, 1, 20; in der Entscheidung wird auf *Güntert* verwiesen, der „vermögensrechtliche Anordnungen“ nicht (nur) im Strafrecht, sondern primär in anderen Rechtsgebieten verortet: *Güntert*, Gewinnabschöpfung als strafrechtliche Sanktion, 11 ff.

406 *BVerfGE* 110, 1, 21.

Wie oben dargestellt[407], wird auf der ersten Stufe des Bruttoprinzips der Einziehungsgegenstand wirtschaftlich und unabhängig von zivilrechtlichen Eigentumsverhältnissen betrachtet.[408] Maßgebend ist folglich der wirtschaftliche Wert des Erlangten.

Die Antwort auf die Frage, wie der wirtschaftliche Wert bestimmt wird, findet sich in der Vorschriften §§ 73c, 73d StGB, die die Einziehung von Wertersatz und die Bestimmung des Wertes des Erlangten regeln. Maßgeblich ist danach der Verkehrswert des Einziehungsgegenstands.[409] Dass der Gesetzgeber in § 73c StGB den Fall mitgeregelt hat, dass die Einziehung des Originalgegenstands nicht möglich ist und stattdessen ein Ersatz für dessen Wert eingezogen wird, lässt erkennen, dass das Ziel der Einziehung in jedem Fall realisiert werden soll: Es soll alles abgeschöpft werden, was in Folge der Tat erlangt wurde.[410]

g) Zwischenfazit: Grenzen der strafrechtlichen Einziehung

Die Darstellung der strafrechtlichen Einziehungsvoraussetzungen und der entsprechenden Rechtsfolgen zeigt, dass der Gesetzgeber in den Grenzen, die das strafrechtliche Einziehungsrecht beschränken, jede durch die Tat erzeugte rechtswidrig erlangte Bereicherung abschöpfen möchte, um eine rechtmäßige Vermögensordnung wiederherzustellen. Der leitende Gedanke dabei ist, dass Straftaten sich in keinem Fall finanziell lohnen dürfen und die Einziehung dafür als präventives Instrument eingesetzt wird. Es wird bereits deutlich, dass die vereinsrechtliche und die strafrechtliche Einziehung einige Ähnlichkeiten, aber auch Unterschiede aufweisen. Ein Vergleich dieser beiden Maßnahmen wird im folgenden Abschnitt angestellt.

3. Vergleich von straf- und vereinsrechtlicher Einziehung

Die straf- und die vereinsrechtliche Einziehung werden in diesem Abschnitt miteinander verglichen, um aufzuzeigen, dass die vereinsrechtliche Einziehung in Bezug auf sachliche und persönliche Voraussetzungen und Folgen viel weiter geht als die strafrechtliche Einziehung. Daraus folgt, dass nicht nur

---

407 Siehe Abschnitt C.I.2.d)aa) dieser Untersuchung.

408 BT-Drs. 18/9525, 62.

409 *BGH*, NStZ-RR 2000, 57, 58; Lackner/Kühl/Heger-*Heger*, § 73c StGB Rn. 4; *Joecks/Meißner* stellen neben dem Verkehrswert noch eine Mindermeinung vor, die von einem subjektiven Wertbegriff ausgeht: MüKo-*Joecks/Meißner*, § 73d StGB Rn. 10 m.w.N.

410 Lackner/Kühl/Heger-*Heger*, § 73c StGB Rn. 1.

Vermögenspositionen, die der strafrechtlichen Einziehung unterliegen, als nicht schutzwürdig im Rahmen des Vermögens des Betrugstatbestands angesehen werden können. Diese Annahme muss sodann auch für Vermögenspositionen gelten, die der vereinsrechtlichen Einziehung unterliegen.

a) Gemeinsamkeiten

Zunächst werden die Gemeinsamkeiten der beiden Einziehungsvorschriften dargestellt. Dieser Schritt soll zeigen, dass den Regelungen gemeinsame Prämissen zugrunde liegen und es sich bei den beiden Einziehungsinstrumenten nicht um zwei vollkommen unterschiedliche gesetzgeberische Mittel handelt. Denn im Anschluss soll untersucht werden, ob die vereinsrechtliche Einziehung nicht nur Gemeinsamkeiten mit der strafrechtlichen Einziehung teilt, sondern weiter reicht als diese. Ein solches Fazit kann nur gezogen werden, wenn sowohl Gemeinsamkeiten als auch Unterschiede festgestellt werden können.

aa) Staat als neuer Rechtsträger

Das eingezogene Vermögen soll auf den Staat eigentumsverändernd übergehen. Diese Rechtsfolge ist sowohl in § 75 Abs. 1 S. 1 StGB als auch § 11 Abs. 1 S. 1 VereinsG normiert. Der Einziehungsgegenstand befindet sich nach erfolgter Abschöpfung beim gleichen staatlichen Rechtsträger. Dabei ist unbeachtlich, ob das Eigentum schließlich an den Landes-, den Bundes- oder den Justizfiskus übergeht.[411]

bb) Maßnahme ohne Strafcharakter

Beide Maßnahmen lassen sich in Bezug auf ihre Rechtsnatur nach überzeugender Ansicht negativ abgrenzen und stellen keine Strafe dar.

cc) Präventionszweck

Damit verknüpft ist auch die Klassifizierung der Einziehung als Präventionsmaßnahme. Auch wenn die Einziehung grundsätzlich an ein in der Vergangenheit liegendes Unrecht anknüpft, dient sie nicht der Vergeltung oder

---

411 Bei der vereinsrechtlichen Einziehung wird die Einziehung zugunsten des Landes angeordnet, wenn die Verbotsbehörde eine Landesbehörde ist, §§ 11 Abs. 1 S. 1, 3 Abs. 2 Nr. 1 VereinsG. Zugunsten des Bundes erfolgt die Einziehung, wenn es sich bei der Verbotsbehörde um das Bundesinnenministerium handelt, §§ 11 Abs. 1 S. 1, 3 Abs. 2 Nr. 2 VereinsG. Die strafrechtliche Einziehung erfolgt zugunsten des Justizfiskus, § 75 Abs. 1 StGB, § 60 StrafvollstrO.

Übelszufügung, sondern greift ein, um zukünftiges rechtswidriges Verhalten zu verhindern, indem sie die wirtschaftliche Grundlage entzieht.[412] Daneben verfolgen die beiden Einziehungsinstrumente auch noch wie aufgezeigt weitere Zwecke, die sich aus ihrer spezifischen vereins- bzw. strafrechtlichen Einkleidung ergeben.

dd) Wirtschaftlicher Maßstab

An die Werthaltigkeit einer Vermögenspositionen wird in beiden Einziehungsregimen ein wirtschaftlicher Maßstab angelegt. Ausdrücklich keine Berücksichtigung finden jeweils die zivilrechtlichen Eigentumsverhältnisse.

Neben dieser wirtschaftlichen Betrachtung findet bei beiden Regelungen auch die Gefährlichkeit und die potentielle Eignung des Einziehungsgegenstands für den Einsatz zu rechtswidrigen Zwecken Berücksichtigung, wie sich an § 11 Abs. 4 VereinsG und § 74b StGB zeigt.

ee) Zwischenfazit

Die beiden Maßnahmen teilen nicht nur denselben Begriff, sondern sind auch in grundlegenden Parametern gleich ausgestaltet. Diese Feststellung unterstützt die These, dass die vereinsrechtliche Einziehung ebenso in der Argumentation um die Schutzwürdigkeit von Vermögenspositionen Einzug finden soll. Denn wenn die strafrechtliche Einziehung in dieser Debatte im Rahmen des betrugsstrafrechtlichen Vermögens Berücksichtigung erfährt, kann das auch für die vereinsrechtliche Einziehung gelten.

b) Unterschiede

Die Untersuchung, worin maßgebliche Unterschiede zwischen den jeweiligen Einziehungen liegen, soll erhellen, inwieweit die These – Schutzunwürdigkeit aufgrund Einziehung – auf die vereinsrechtliche Einziehung angewandt werden kann. Wie sich zeigen wird, handelt es sich bei der strafrechtlichen Einziehung im Gegensatz zur vereinsrechtlichen Einziehung um eine staatliche Maßnahme mit weniger Intensität bezogen auf Voraussetzungen und Rechtsfolgen. Daraus folgt, dass die These uneingeschränkt auf die vereinsrechtliche Einziehung übertragen werden kann.

---

412 Auch *Groh* sieht zwischen der vereins- und strafrechtlichen Einziehung Ähnlichkeiten: *Groh*, VereinsG, § 11 VereinsG Rn. 1.

aa) Unterschiedliche Beschränkungsmöglichkeiten der Einziehung

Betrachtet man die Möglichkeiten, die der Gesetzgeber für ein – untechnisch gesprochen – Absehen von der Einziehung vorsieht, lässt sich ein grundlegender Unterschied feststellen.

Die strafrechtliche Einziehung kann nicht durchgeführt werden, wenn verfahrensökonomische Gründe dagegen sprechen oder sich die Einziehung als unverhältnismäßig herausstellt. Demgegenüber sind bei der vereinsrechtlichen Einziehung lediglich zwei fakultative Möglichkeiten des Absehens normiert. Nach § 11 Abs. 4 VereinsG kann von der Einziehung abgesehen werden, wenn dadurch der Zweck der Einziehung nicht vereitelt wird; mit anderen Worten ist dies der Fall, wenn keine Gefahr besteht, dass das Vereinsvermögen für verfassungswidrige Zwecke eingesetzt wird. § 13 Abs. 2 VereinsG beinhaltet daneben eine Härtefallklausel, die nur greift, wenn dem Betroffenen ein erhebliches Interesse am Behaltendürfen des Einziehungsgegenstands bescheinigt werden kann und das öffentliche Einziehungsinteresse dahinter zurücktritt.

Der Vergleich der Verzichtsoptionen führt zu folgender Feststellung: Das VereinsG sieht engere Möglichkeiten des Absehens von der Einziehung vor als es bei der strafrechtlichen Einziehung der Fall ist. Gerade die Härtefallklausel in § 13 Abs. 2 VereinsG normiert sehr hohe Anforderungen, sodass diese tatsächlich nur im Ausnahmefall greifen wird. Im Ergebnis wird das dazu führen, dass vereinsrechtliche Einziehungen – liegen die Voraussetzungen vor – in der Regel auch durchgeführt werden. Strafrechtliche Einziehungen können im Gegensatz dazu bereits nicht erfolgen, wenn der Verfahrensaufwand dafür zu hoch ist. Diese unterschiedlich ausgestalteten Möglichkeiten des Absehens von der Einziehung legen den Schluss nahe, dass es dem Gesetzgeber ein besonderes Anliegen war, das Vermögen (verfassungs-)rechtswidriger Vereine auch tatsächlich einzuziehen und dieses Anliegen, soweit man es den gesetzlichen Vorschriften entnehmen kann, bei der vereinsrechtlichen Einziehung stärker ausgeprägt war als bei der strafrechtlichen Einziehung.

bb) Unterschiedliche Voraussetzungen: VereinsG geht über StGB-Verstoß hinaus

Damit das Gericht oder die Verbotsbehörde eine Einziehung anordnen kann, müssen jeweils unterschiedliche Voraussetzungen vorliegen. Während im Strafverfahren eine rechtswidrige (Anknüpfungs-)Straftat Voraussetzung ist, knüpft die vereinsrechtliche Einziehung an ein Vereinsverbot an. Der entsprechende Verbotstatbestand nennt gleich drei Verbotsgründe, die ins Straf- und

Verfassungsrecht führen und daneben den Gedanken der Völkerverständigung explizit ansprechen. Daraus folgt, dass ein Verein nicht nur verboten und damit Vereinsvermögen eingezogen werden kann, wenn strafrechtliche Verstöße im Raum stehen, sondern auch die Beeinträchtigung einer zweiten Rechtsordnung, dem Verfassungsrecht, Grundlage einer Verbotsentscheidung sein kann. Der vereinsrechtlichen Einziehung kommt folglich ein weiterer Anwendungsbereich zu als der im Strafrecht verhafteten strafrechtlichen Einziehung. Dagegen lässt sich einwenden, dass in bestimmten Fallvarianten die strafrechtliche Einziehung auch im Ordnungswidrigkeitenrecht anzuwenden ist, vgl. § 30 Abs. 5 OWiG; diese Möglichkeit ist aus Gründen der Verhältnismäßigkeit bei der vereinsrechtlichen Einziehung verwehrt.[413] Wie sich bereits aus diesem Ausschluss ergibt, ist ein Verstoß gegen Ordnungswidrigkeitenrecht allerdings nicht gleichwertig mit den drei im Verbotstatbestand aufgeführten Verbotsgründen, sodass daraus kein Argument für einen (ebenfalls) weiten Anwendungsbereich der strafrechtlichen Einziehung gebildet werden kann.

Dass sich die vereinsrechtliche Einziehung akzessorisch zur Verbotsverfügung verhält und Teil eines Verbotsverfahrens der Exekutive ist und an dieses – nicht zuletzt wegen der grundlegenden Bedeutung des Art. 9 GG – hohe Anforderungen zu stellen sind, ist nicht von der Hand zu weisen. Allerdings lässt das nicht den pauschalen Schluss zu, dass eine vereinsrechtliche Einziehung höhere Anforderungen erfüllen muss, damit sie erfolgen kann. Denn auch die strafrechtliche Einziehung erfolgt nicht im luftleeren Raum, sondern es müssen die Voraussetzungen für ein strafgerichtliches Hauptverfahren vorliegen, damit eine Einziehung nach §§ 73 ff. StGB angeordnet werden kann. Ohne auf die Besonderheiten dieser beiden Verfahrensarten einzugehen, lässt sich feststellen, dass beide Einziehungsvorschriften jeweils in ein bestimmtes Verfahren eingebettet sind, das ihrerseits an bestimmte Voraussetzungen geknüpft ist.

cc) Unterschiedlicher Bezugspunkt der Abschöpfung: VereinsG schöpft umfassend und nicht tatbezogen ab

Ein weiterer Unterschied wird erkennbar, wenn man den Umfang der Abschöpfung betrachtet. Strafrechtlich können trotz der mit dem Bruttoprinzip angestrebten weitergehenden Abschöpfung nur einzelne Vermögenspositionen eingezogen werden. Getreu des inhärenten Zwecks „Straftaten dürfen sich nicht lohnen" wird dieses kondiktionsähnliche Abschöpfungsinstrument

413 *Groh*, VereinsG, § 11 VereinsG Rn. 8.

durch die Anknüpfungstat begrenzt und kann nur in diesen Grenzen – man könnte es als „Diese (Anknüpfungs-)Straftat darf sich nicht lohnen" bezeichnen – seine Wirkung entfalten. Da die vereinsrechtliche Einziehung akzessorisch an das Vereinsverbot anschließt, gibt es eine solche Begrenzung in diesem Rahmen nicht. Das gesamte Vereinsvermögen und darüber hinaus sogar Forderungen Dritter, die in einem Zusammenhang mit verfassungswidrigen Bestrebungen des Vereins stehen, unterliegen der Einziehung. Die Quelle des Vermögens, also ob dieses aus oder für eine Straftat erlangt wurde, spielt dabei keine Rolle.

Ein weiterer Unterschied lässt sich feststellen, wenn man die gesetzlich normierte Einschränkung des Bruttoprinzips in § 73d Abs. 1 StGB betrachtet: Von dem im ersten Schritt gegenständlich betrachteten Abschöpfungsumfang dürfen Aufwendungen abgezogen werden, wenn diese nicht für die Tat(vorbereitung) aufgewandt wurden und deshalb nicht zu beanstanden sind. Eine solche vorzunehmende Abzugsmöglichkeit findet man im VereinsG nicht.

Aus diesem Vergleich wird ersichtlich, dass die vereinsrechtliche deutlich weiter geht als die strafrechtliche Einziehung. Das ursprünglich Vermögen inhabende Rechtssubjekt ist nach erfolgter vereinsrechtlicher Einziehung vermögenslos, weil das Vereinsvermögen in seiner Gesamtheit abgeschöpft wird. Nach erfolgter strafrechtlicher Einziehung ist die von der Einziehung betroffene Person hingegen nur „ärmer" in Bezug auf die Einziehungsgegenstände, die im Zusammenhang mit der Tat standen.

dd) Unterschiedliche Konsequenz für Rechtssubjekt: VereinsG normiert das Erlöschen

Erhellend ist auch ein Blick auf die Einziehungsbetroffenen. Bei der strafrechtlichen Einziehung limitiert wiederum die Tat die Reichweite persönlicher Betroffenheit: Bei Tatbeteiligten und Anderen, die etwas aus der Tat erlangt haben, kann abgeschöpft werden. Die vereinsrechtliche Einziehungsanordnung ist nicht auf einzelne Vereinsmitglieder beschränkt, sondern erstreckt sich auf den Verein und umfasst auch Teil- und Ersatzorganisationen. Daneben sind noch dritte Personen als Forderungsinhaber betroffen. Während strafrechtlich (wenn nicht ein Fall des § 73b StGB vorliegt, der auch juristische Personen und Personengesellschaften erfasst) in der Regel Individuen adressiert werden, ist Adressat der vereinsrechtlichen Einziehung eine Vereinigung, die ihrerseits aus einer Mehrheit von natürlichen oder juristischen Personen besteht (§ 2 Abs. 1 VereinsG). Der persönliche Anwendungsbereich ist folglich im Vereinsrecht weiter ausgestaltet.

Zudem enthält die vereinsrechtliche Einziehung eine zusätzliche Aussage über den Verein als Vermögensinhaber, indem sein Erlöschen in § 11 Abs. 2 S. 3 VereinsG normiert wird. Die rein faktische Lage nach erfolgter Abschöpfung ist also im Straf- und Vereinsrecht eine unterschiedliche: Die vereinsrechtliche Einziehung hat zur Folge, dass sowohl der Verein als Vermögensinhaber als auch Vermögen nicht mehr im Wirtschaftsverkehr existieren. Bei der strafrechtlichen Einziehung werden lediglich das Erlangte beim Einziehungsbetroffenen abgeschöpft, sodass dieses seine Fungibilität und ebenfalls wirtschaftliche Existenz verliert.

Nicht nur der (umfassende) Umfang der vereinsrechtlichen Einziehung, sondern insbesondere die Folge des Erlöschens sind beides Merkmale, die klar erkennen lassen, dass die vereinsrechtliche Einziehung viel weiter geht als die strafrechtliche Einziehung. Das liegt natürlich auch im Wesen der jeweiligen Einziehung begründet und kann damit erklärt werden, dass einmal ein Verein und einmal eine natürliche Person Adressatin der Einziehung ist.

ee) Zwischenfazit: Vereinsrechtliche Einziehung geht über die strafrechtliche Einziehung hinaus

Die Darstellung hat gezeigt, dass die vereinsrechtliche Einziehung in zentralen Punkten – den Voraussetzungen, Rechtsfolgen und der Aussage über den Vermögensinhaber – über die strafrechtliche Einziehung wesentlich hinausgeht. Die strafrechtliche Einziehung ließe sich aufgrund dieses Ergebnisses als ein „Minus" oder zumindest als deutlich schwächer ausgestaltete Einziehungsvariante bezeichnen.

c) Zwischenfazit für den Vergleich: Argumentation kann uneingeschränkt übertragen werden

Die Feststellungen, die im Rahmen des Vergleichs beider Einziehungsinstrumente erarbeitet wurden, lassen sich fruchtbar machen für die These dieser Arbeit. Die beiden Einziehungsregime teilen gemeinsame Prämissen, weichen aber auch in wesentlichen Punkten voneinander ab. Der Unterschied liegt abstrakt betrachtet insbesondere darin, dass die vereinsrechtliche Einziehung weiter und umfassender ausgestaltet ist als die strafrechtliche Einziehung. Dieses Ergebnis spricht dafür, dass man die Argumentation, die die strafrechtliche Einziehung betrifft, auch auf die vereinsrechtliche Einziehung ohne Einschränkung übertragen kann. Daraus folgt, dass Vereinsvermögen, das der Einziehung unterlag, nicht als schutzwürdiges Vermögen im Rahmen des Betrugstatbestands deklariert werden kann.

4. Fazit zur strafrechtlichen Flankierung des Wertungswiderspruchs

Der vorangegangene Abschnitt hat den erkannten Wertungswiderspruch strafrechtlich eingeordnet, indem ein Bezug in Form eines Vergleichs zur strafrechtlichen Einziehung herausgearbeitet wurde. Es hat sich gezeigt, dass die vereinsrechtliche deutlich weiter reicht als die strafrechtliche Einziehung. Des Weiteren wurde deutlich, dass Argumente, die gegen eine Schutzwürdigkeit strafrechtlich eingezogener Vermögenspositionen sprechen, auch für die vereinsrechtliche Einziehung gebildet werden können.

Der Wertungswiderspruch kann folglich strafrechtlich insofern flankiert werden, als das diese strafrechtliche Perspektive die These dieser Arbeit unterstützt: Wenn Vermögenspositionen als schutzunwürdig gelten, die der strafrechtlichen Einziehung unterliegen, gilt das umso mehr für Vermögen, das der vereinsrechtlichen Einziehung unterlag. Denn diese reicht in persönlicher und sachlicher Hinsicht weit über die strafrechtliche Einziehung hinaus. Die strafrechtliche Einordnung kann deshalb als zusätzliches Argument herangezogen werden, das gegen eine Schutzwürdigkeit vereinsrechtlich eingezogener Vermögenspositionen spricht.

II. Zivilrechtliche Flankierung des Wertungswiderspruchs

Dass sich die Bewertung, ob strafrechtliches Vermögen schutzwürdig ist oder nicht, am Zivilrecht orientiert, ist bekannt.[414] Die juristisch-ökonomische Vermögenslehre rekurriert in erster Linie auf die zivilrechtlichen Generalklauseln §§ 134, 138 BGB, die als Folge eines Verstoßes gegen ein gesetzliches Verbot oder die guten Sitten die Nichtigkeit des Rechtsgeschäfts nach sich ziehen und auch zur Ablehnung des Strafrechtsschutzes unter § 263 StGB führen können.[415] Die Betrachtung der zivilrechtlichen Lage soll auch hier Berücksichtigung erfahren und die These dieser Untersuchung flankieren.

---

414 Siehe dazu nur die Änderung der Rechtsprechung aufgrund des am 1. Januar 2002 in Kraft getretene ProstG: *BGH*, NStZ 2013, 710; *BGHSt* 61, 149; *Zimmermann*, NStZ 2012, 211; *Ziethen*, NStZ 2003, 184, 185 ff; eine gute Übersicht, in der Fallgruppen anhand des Verfügungsobjekts gebildet werden, findet sich bei: *Li*, NZWiSt 2019, 405.

415 *Zieschang*, in: FS Hirsch, 831, 844; zur Reichweite des zivilrechtlichen Schutzes und dem strafrechtlichen Vermögensbegriff siehe: *Spickhoff*, JZ 2002, 970, 976; Schönke/Schröder-*Perron*, § 263 StGB Rn. 93; MüKo-*Hefendehl*, § 263 StGB Rn. 492; Kindhäuser-*Kindhäuser/Hoven*, § 263 StGB Rn. 30.

In diesem Abschnitt wird die Konstellation, die dem Wertungswiderspruch zugrunde liegt, deshalb zivilrechtlich betrachtet. Dafür wird untersucht, welche Ansprüche der verletzten Person A gegen die täuschende Person B zivilrechtlich zustehen würden. Diese zivilrechtliche Betrachtung dient dazu, aufzuzeigen, dass A als Angehöriger einer verbotenen Vereinigung in der zugrunde liegenden Sachverhaltskonstellation keine zivilrechtlichen Ansprüche auf Erfüllung oder Rückzahlung des Geldes zustehen.

Der Ausgangsfall sei zum besseren Verständnis des folgenden Abschnitts kurz ins Gedächtnis gerufen. A als Mitglied eines verbotenen Vereins trat an B mit der Bitte heran, einen Terroranschlag zu verüben. Im Gegenzug dafür erhalte B eine bestimmte Summe Geld, die A der B in der Folgezeit auch übergab. B wollte das Geld allerdings ausschließlich für sich verbrauchen und hatte nie vor den Plan von A in die Tat umzusetzen. Deshalb wurde kein Terroranschlag verübt.

1. Keine Primäransprüche

Der verletzten Person A steht kein Anspruch auf Erfüllung der Vereinbarung zu. Zwischen den Parteien wurde ein Vertrag geschlossen, der durch den Gegenstand „Durchführung eines Terroranschlags“ sowohl kauf-, werk- und dienstvertragliche Elemente enthält. Die Nichtigkeit des zugrunde liegenden Verpflichtungsgeschäfts folgt aus §§ 134, 138 BGB.[416]

a) Verstoß gegen gesetzliches Verbot

Ein Rechtsgeschäft ist gemäß § 134 BGB nichtig, wenn es gegen ein gesetzliches Verbot verstößt und sich aus dem Gesetz nichts anderes ergibt. Für die Bestimmung, ob ein Verbotsgesetz vorliegt, ist der Sinn und Zweck der Norm maßgeblich; daraus muss auch folgen, dass das entsprechende Rechtsgeschäft verboten ist und die Nichtigkeit desselben bezweckt ist.[417]

Als Verbotsgesetz könnte hier das Vereinsverbot und die Vermögenseinziehung nach §§ 3, 11 VereinsG dienen. Denkbar wäre auch an die der Einziehung

---

416 Diese zivilrechtlichen Generalklauseln eignen sich, die in der Verfassung fixierte Wertordnung aufzugreifen. In der Lüth-Entscheidung judizierte das Bundesverfassungsgericht, dass die „Ausstrahlungswirkung“ der Grundrechte auf das bürgerliche Recht bei der Auslegung der Generalklauseln realisiert werde, aber nicht auf diese beschränkt sei: *BVerfGE* 7, 198, 206 f.

417 Jauernig-*Mansel*, § 134 BGB Rn. 14; MüKo-*Armbrüster*, § 134 BGB Rn. 58; Grüneberg-*Ellenberger*, § 134 BGB Rn. 6 f.

vorausgehende Beschlagnahme anzuknüpfen, der selbst die Wirkung eines absoluten Veräußerungsverbots i.S.d. § 134 BGB zukommt.[418] Die entsprechenden vereinsrechtlichen Vorschriften verfolgen den Zweck, zu verhindern, dass der Verein weiter existiert und sein Vermögen zu verfassungswidrigen Zwecken einsetzt.[419] Dieser Zweck wird auch durch das Verbot von Ersatzorganisationen in § 8 VereinsG und den vereinsrechtlichen Straftatbestand in § 20 VereinsG untermauert. Nach der Ratio der Norm(en) lässt sich schließen, dass die Planung und Durchführung von terroristischen Aktivitäten, die unzweifelhaft verfassungswidrige Zwecke verfolgen, verboten ist und auch die Nichtigkeit von sowohl Verpflichtungs- als auch Verfügungsgeschäft bezweckt sein muss.

Folglich ist die Vereinbarung zwischen der täuschenden Person B und der getäuschten Person A nichtig. Ein Erfüllungsanspruch der verletzten Person A liegt deshalb nicht vor.

b) Verstoß gegen die guten Sitten

Überdies verstößt die Vereinbarung auch gegen die guten Sitten und ist gemäß § 138 Abs. 1 BGB nichtig. Dass die Durchführung eines Terroranschlags gegen das gesellschaftliche Anstandsgefühl aller „gerecht und billig Denkenden“[420] verstößt, muss nicht diskutiert werden. Die Wirksamkeit eines Rechtsgeschäfts, das der Förderung verfassungswidriger Zwecke gewidmet ist, kann nicht hingenommen werden. Die Bewertung der Sittenwidrigkeit und die daraus folgende Nichtigkeit erstrecken sich sowohl auf das Verpflichtungs- als auch das Verfügungsgeschäft.

2. Keine Sekundäransprüche

Der verletzten Person A stehen zudem weder Schadensersatz- noch Herausgabeansprüche zu. Diese scheitern einerseits an § 242 BGB und andererseits an § 817 S. 2 BGB.

a) Kein Anspruch aus § 823 Abs. 2 BGB i.V.m. § 263 StGB

Zunächst lässt sich bereits daran zweifeln, ob die Voraussetzungen des deliktischen Schadensersatzanspruchs aus § 823 Abs. 2 BGB erfüllt sind. Denn § 263

418 Siehe dazu Abschnitt B.II.1.a) dieser Untersuchung.

419 Siehe dazu Abschnitt B.II.4. dieser Untersuchung.

420 Jauernig-*Mansel*, § 138 BGB Rn. 6 m.w.N; MüKo-*Armbrüster*, § 138 BGB Rn. 26 m.w.N; Grüneberg-*Ellenberger*, § 138 BGB Rn. 2 m.w.N.

StGB kann nicht als Schutzgesetz dienen, wenn der Tatbestand nicht vorliegt.[421] Mit guten Argumenten lässt sich ein Vermögensschaden ablehnen, weil der (vereinsrechtlichen) Einziehung unterliegendes Vermögen nicht als schutzwürdig angesehen werden kann.[422]

Zudem steht der Einwand des § 242 BGB entgegen. Aus der bei § 138 BGB festgestellten Sittenwidrigkeit kann der Schluss auf einen Verstoß gegen Treu und Glauben nach § 242 BGB gezogen werden, der sich als unzulässige Rechtsausübung darstellt und an unredliches früheres Verhalten anknüpft.[423]

b) Kein Anspruch aus § 826 BGB

Unabhängig von den Voraussetzungen des Schadensersatzanspruchs aus § 826 BGB steht der Durchsetzung wieder der Einwand des § 242 BGB entgegen. Der verletzten Person A stehen folglich keine deliktischen Schadensersatzansprüche zu.

c) Kein Anspruch aus § 812 Abs. 1 BGB

Die Voraussetzungen des kondiktionsrechtlichen Herausgabeanspruchs aus § 812 Abs. 1 S. 1 Alt. 1 BGB liegen zwar dem Grunde nach vor, die verletzte Person darf aber aufgrund des Ausschlusses gemäß § 817 S. 2 BGB nicht kondizieren. Die Rückforderung ist nach § 817 S. 2 BGB ausgeschlossen, wenn der leistenden Person ein Verstoß gegen die guten Sitten oder ein gesetzliches Verbot vorgeworfen werden kann. Der leistenden Person A als Angehörige eines verbotenen Vereins, die durch das Geschäft einen Terroranschlag finanzieren wollte, kann ein solcher Vorwurf gemacht werden.

Eine teleologische Reduktion des § 817 S. 2 BGB ist hier nicht geboten, weil in Anbetracht staatlicher Abschöpfungsinstrumente das Geleistete nicht beim Empfänger verbleiben würde.[424]

§ 817 S. 2 BGB kann nach überzeugender Ansicht auch kein Strafcharakter attestiert werden, weil eine Relation zwischen Schuld und Strafe fehlt und ein strafender Charakter mit der Intention der Norm nicht in Einklang gebracht werden kann.[425] Würde man hingegen einen Strafcharakter annehmen, könnte

---

421 Siehe dazu nur: *Swoboda*, NStZ 2005, 476, 478.

422 Siehe dazu Abschnitt C.I.1.e)cc) dieser Untersuchung.

423 Jauernig-*Mansel*, § 242 BGB Rn. 13, 44; siehe zum Verhältnis zwischen § 823 Abs. 2 BGB i.V.m. § 263 StGB und § 138 BGB auch: *Zieschang*, in: FS Hirsch, 831, 833 f.

424 MüKo-*Schwab*, § 817 BGB Rn. 22.

425 Siehe dazu nur: MüKo-*Schwab*, § 817 BGB Rn. 10 m.w.N.

man daraus möglicherweise ein Argument für eine Strafbarkeit nach § 263 StGB ableiten: Denn wenn das Zivilrecht zu einem Ergebnis aufgrund des Strafcharakters einer zivilrechtlichen Norm gelangt, könnte diese Wertung auch auf das Strafrecht durchschlagen und für eine Bestrafung nach § 263 StGB sprechen. Dies ist aber mangels Strafcharakter der Kondiktionssperre nicht der Fall. Im Ergebnis steht einem bereicherungsrechtlichen Anspruch folglich § 817 S. 2 BGB entgegen.

d) Kein Anspruch aus § 985 BGB

Die verletzte Person A kann schließlich auch keinen Anspruch aus § 985 BGB geltend machen. Zwar ist die verletzte Person A – wenn man davon ausgeht, dass ein originärer Eigentumserwerb nach §§ 947 ff. BGB noch nicht stattgefunden hat – aufgrund der Nichtigkeit des Verfügungsgeschäfts noch Eigentümerin und die täuschende Person B ist als Besitzerin ohne Besitzrecht zu qualifizieren. Allerdings ist auch dieser Vindikationsanspruch gemäß § 242 BGB ausgeschlossen. Durch die Herausgabe des Geldes würde der verbotene Verein wieder finanzielle Mittel erlangen, wobei Verbot und Einziehung gerade durch die Verbotsverfügung angeordnet wurden. Denkbar wären auch – natürlich abhängig von der jeweiligen Konstellation – der Vorwurf strafrechtlicher Verstöße gegen § 20 VereinsG, §§ 85 ff. StGB. Das stellt einen Fall der unzulässigen Rechtsausübung dar, weil der Anspruch auf die Herbeiführung eines verbotenen Ergebnisses gerichtet ist.[426]

3. Fazit: Keine zivilrechtlichen Ansprüche

Es hat sich gezeigt, dass die verletzte Person A, die Mitglied einer verbotenen Vereinigung ist, zivilrechtlich schutzlos gestellt ist und deshalb das zu terroristischen Zwecken hingegebene Geld nicht zurück erlangen kann. Dieses Ergebnis lässt sich als normative Komponente im juristisch-ökonomischen Vermögensbegriff berücksichtigen und schließt die Schutzwürdigkeit der entsprechenden Vermögensposition aus.

---

426 Der Bundesgerichtshof qualifizierte den bloßen Besitz des Kaufgeldes im Rahmen eines Betäubungsmittelgeschäfts nicht als Herstellung eines strafbaren Zustands: *BGHSt* 48, 322, 330; *Swoboda* steht dieser Einordnung zumindest offen gegenüber: *Swoboda*, NStZ 2005, 476, 480; in dem dieser Untersuchung zugrunde liegenden Fall wird allerdings gerade durch die Rückgabe des Geldes ein strafrechtlich relevanter Zustand erreicht, sodass ein Ausschluss nach § 242 BGB in Betracht kommt.

4. Weitere zivilrechtliche Folgen

Interessant ist auch ein kurzer Blick über die mangelnden Primär- und Sekundäransprüche hinaus zu weiteren zivilrechtlichen Folgen, die an ein Vereinsverbot geknüpft sind, um zu verdeutlichen, welches Gewicht dem Vereinsverbot in zivilrechtlichen Beziehungen zukommt.

a) Keine Anwendung zivilrechtlicher Abwicklungsregulatorik

Wenn es sich bei dem Verein gleichzeitig um eine im BGB anerkannte Gesellschaftsform handelt und der Gesellschaftszweck gegen §§ 134, 138 BGB verstößt, kann das dennoch nicht zur Folge haben, das – wie im Regelfall – die Lehre von der fehlerhaften Gesellschaft greift.[427] Denn wie bereits aufgezeigt, treten die dem Vereinsrecht eigenen Abwicklungsmechanismen an die Stelle der entsprechenden im BGB niedergelegten Regelungen, um zu verhindern, dass der Liquidationserlös beim Verein verbleibt und der Verein weiter zum Zweck der Abwicklung existiert.[428]

b) Eintragung in öffentliche Register

Sind Vereine verboten, sollen jegliche (Erwerbs-)Beziehungen unterbunden und potentielle Vertragsparteien geschützt werden. Diese Intention offenbart sich in § 7 VereinsG, der je nach Stand des Verbotsverfahrens Eintragungen in öffentliche Register vorsieht. Im Bundesanzeiger und in den Mitteilungsblättern der Länder ist das Verbot zu veröffentlichen, wenn es unanfechtbar geworden ist.

Die Verbotsbehörde hat zudem zu zwei Zeitpunkten unterschiedliche Eintragungen in öffentliche Register – zu nennen sind hier je nachdem, wo der Verein eingetragen ist, das Vereins-, Handels- und Genossenschaftsregister – zum

---

427 *Schäfer* stellt dar, dass die Lehre der fehlerhaften Gesellschaft grundsätzlich eingreift, wenn entweder einzelne Klauseln oder der Gesellschaftszweck selbst gegen §§ 134, 138 BGB verstößt. Das muss hier allerdings aufgrund der Besonderheit des Eingreifens vereinsrechtlicher Vorschriften anders beurteilt werden: MüKo-*Schäfer*, § 705 BGB Rn. 344 f.

428 Siehe dazu Abschnitt B.II.3.a)cc) dieser Untersuchung; sieht die Verbotsbehörde von der Einziehung ab, erfolgt die Liquidation zivilrechtlich. Das ist allerdings nur in Fällen möglich, in denen keine Gefahr besteht, dass die Liquidation zu verfassungswidrigen Zwecken missbraucht wird. Die Verbotsbehörde kann zudem Liquidatoren und Liquidatorinnen bestellen, § 11 Abs. 4 S. 2 VereinsG. Der Liquidationserlös unterliegt der Einziehung.

Schutz des Rechtsverkehrs zu veranlassen: Bei Vollziehbarkeit der Verbotsverfügung sind die Beschlagnahme des Vereinsvermögens und ihre Aufhebung sowie die Bestellung und Abberufung von Verwaltern und Verwalterinnen einzutragen.[429] Ist das Verbot unanfechtbar geworden, kommen die Auflösung und das Erlöschen des Vereins hinzu, vgl. § 7 Abs. 2 VereinsG. Die Eintragungen haben nur deklaratorischen Charakter.[430]

Verbot und Einziehung aus dem VereinsG strahlen auch auf das Grundbuch aus. Zur Verhinderung des gutgläubigen Erwerbs wird mit Eintritt der Vollziehbarkeit die Beschlagnahme ins Grundbuch eingetragen, vgl. § 2 VereinsG-DVO. Nach § 18 VereinsG-DVO kann eine Berichtigung des Grundbuchs oder eine Eintragung eines Widerspruchs nach wirksam gewordener Einziehung nach §§ 11, 12 VereinsG erfolgen. Ebenfalls unterliegt das Schiffs- und Schiffsbauregister entsprechenden Eintragungen und Änderungen.

c) Auswirkung auf zivilrechtliche Beziehungen

Sind Verbotsverfügung und Einziehungsanordnung unanfechtbar geworden, ordnet § 11 Abs. 2 S. 3 VereinsG das Erlöschen des verbotenen Vereins an. Dieses Auslöschen der Existenz als Rechtspersönlichkeit hat Konsequenzen für die zivilrechtlichen Beziehungen, die der Verein bis dahin unterhalten hat: Rechte und Pflichten der Mitglieder erlöschen und Arbeitsverhältnisse enden.[431]

5. Fazit zur zivilrechtlichen Flankierung des Wertungswiderspruchs

Die zivilrechtliche Untersuchung hat den in Abschnitt B.III. dargestellten Wertungswiderspruch insofern flankiert, als daraus erkennbar wird, dass das Vermögen eines Mitglieds eines verbotenen Vereins auch keinen Schutz durch die Zivilrechtsordnung erfährt und der privatrechtliche Rechtsverkehr sogar vor Interaktion mit dem Verein geschützt werden soll. Ersteres lässt sich

---

429 BT-Drs. IV/430, 17; Erbs/Kohlhaas-*Wache*, § 7 VereinsG Rn. 2.

430 BT-Drs. IV/430, 17; *Groh*, VereinsG, § 7 VereinsG Rn. 2.

431 *Schnorr*, Öffentliches Vereinsrecht, § 3 VereinsG Rn. 38 ff; Reichert-*Schiffbauer*, Kap. 3 Rn. 245; anderer Ansicht ist *Albrecht*, der auf den Zeitpunkt der Zustellung der Verbotsverfügung abstellt. Dagegen und für den Zeitpunkt der Unanfechtbarkeit spricht, dass aus dem Normtext des § 11 Abs. 2 S. 3 VereinsG hervorgeht, dass erst mit Unanfechtbarkeit von Verbotsverfügung und Einziehungsanordnung der Verein erlischt. An das Erlöschen kann überzeugend auch das Ende der zivilrechtlichen Beziehungen geknüpft werden: Albrecht/Roggenkamp-*Albrecht*, § 3 VereinsG Rn. 116.

im Rahmen des juristisch-ökonomischen Vermögensbegriffs berücksichtigen: Denn werden strafrechtlich Vermögenpositionen geschützt, denen zivilrechtlich der Schutz gerade versagt wird, liegt darin ein Widerspruch.[432] Das gefundene Ergebnis bestärkt folglich aus zivilrechtlicher Perspektive die These dieser Arbeit.

III. Verfassungsrechtliche Flankierung des Wertungswiderspruchs

Schließlich wird die Konstellation verfassungsrechtlich betrachtet und auf Grundlage des Verhältnisses von Straf- und Verfassungsrecht werden Argumente herausgearbeitet, die für eine Berücksichtigung des Wertungswiderspruchs im konkreten Fall sprechen. Ausgehend von der grundrechtlichen Verankerung des VereinsG und des Leitbegriffs[433] des Strafverfassungsrechts werden dafür einerseits die verfassungsrechtlich geprägten Grenzen des Strafrechts betrachtet und herausgearbeitet, ob diese Strafbegrenzungsprinzipien auch für den hier vertretenen Ansatz streiten. Andererseits werden verfassungsrechtliche Maßstäbe für das Strafrecht dargestellt und analysiert, inwiefern diesen eine Aussage im Umgang mit dem Wertungswiderspruch entnommen werden kann.

1. Grundrechtliche Verankerung des VereinsG

Die verfassungsrechtliche Betrachtung schließt sich nicht nur an die straf- und zivilrechtliche Analyse als drittes Rechtsgebiet logisch an, sondern bietet sich auch aufgrund der verfassungsrechtlichen Verankerung des VereinsG an. Das öffentliche VereinsG dient dem Zweck, das grundrechtlich normierte Vereinsverbot durch verfahrensrechtliche Vorschriften zu flankieren und steht damit in unmittelbarem Zusammenhang mit der grundrechtlich verbürgten Vereinigungsfreiheit.[434] Art. 9 Abs. 2 GG gibt die Verbotstatbestände vor, die von § 3 VereinsG wiederholt werden und an die § 11 VereinsG in Gestalt der Einziehung des Vereinsvermögens akzessorisch anknüpft. Das in § 3 VereinsG

---

432 Differenzierend zu den zivilrechtlichen Wertungen: *Engländer*, JR 2003, 163; die Wertung des § 242 BGB verknüpft *Swoboda* mit strafrechtlichen Leitgedanken und erachtet es nicht für notwendig, an nur einem Vermögensbegriff festzuhalten: *Swoboda*, NStZ 2005, 476; Schönke/Schröder-*Perron*, § 263 StGB Rn. 93.

433 So betitelt von: *Burchard*, in: Die Verfassung moderner Strafrechtspflege, 25, 28.

434 BT-Drs. IV/430, 8; Reichert-*Schiffbauer*, Kap. 3 Rn. 4, 8.

niedergelegte Verbot und das damit verknüpfte Verfahren wird als „einziger Verbotsweg[435]" zur Durch- bzw. Ausführung von Art. 9 Abs. 2 GG bezeichnet.[436] Es erscheint deshalb geboten, den Wertungswiderspruch auch aus verfassungsrechtlicher Perspektive zu betrachten.

2. Strafverfassungsrecht

Für eine verfassungsrechtliche Betrachtung des analysierten Wertungswiderspruchs spricht auch der Schlüsselbegriff[437] des Strafverfassungsrechts. Wie in der Zusammensetzung des Begriffs „Strafverfassungsrecht" bereits erkennbar wird, geht es um das Verfassungsrecht, das für das Strafrecht – in allen Stadien von der Normsetzung bis zur Durchsetzung – eine relevante Rolle spielt.[438] Deshalb ist diese Denkrichtung auch für die vorliegende Untersuchung relevant; denn in dieser Untersuchung soll das strafrechtliche Tatbestandsmerkmal des Vermögens konturiert werden, indem auf unterverfassungsrechtlich normierte Wertungen aus dem VereinsG zurückgegriffen wird, das seinerseits als Ausfluss des Grundrechts aus Art. 9 GG beschrieben werden kann. Der Begriff[439] wird nur insoweit erörtert, als darin Aussagen über das Verhältnis

---

435 BT-Drs. IV/430, 13.

436 Erbs/Kohlhaas-*Wache*, § 3 VereinsG Rn. 1.

437 So betitelt von: *Burchard*, in: Die Verfassung moderner Strafrechtspflege, 25, 28.

438 Dass Wertentscheidungen, an denen sich das Strafrecht bzw. die Strafgesetzgebung ausrichtet – auch im Zusammenhang mit einem strafrechtlichen Rechtsgutsbegriff – in der Verfassung niedergelegt sind, stellt Rudolphi dar: *Rudolphi*, in: FS Honig, 151, 158, 161, 164 f; *Burchard*, in: Die Verfassung moderner Strafrechtspflege, 25, 29 f.

439 Ohne den Begriff zu betiteln, spricht auch *Kaspar* von einer „verfassungsrechtlichen Perspektive", die an das materielle Strafrecht angelegt werden kann: *Kaspar*, Verhältnismäßigkeit und Grundrechtsschutz im Präventionsstrafrecht, 29 ff; nach *Roxin* sei die „strafrechtsgestaltende Macht des Grundgesetzes kaum zu überschätzen": *Roxin*, JöR 2011, 1, 28; auch in der Rechtsprechung wird auf die verfassungsrechtliche Prüfung des materiellen Strafrechts eingegangen: Dass an Strafvorschriften verfassungsrechtliche Maßstäbe, wie insbesondere der Verhältnismäßigkeitsgrundsatz, angelegt werden müssten und das Grundgesetz eine besondere Relevanz für das Strafrecht – als staatlichen Grundrechtseingriff – entfalte, stellte das Gericht unter anderem in der Cannabis-Entscheidung dar: *BVerfGE* 90, 145, 172; in der Inzest-Entscheidung konstatierte das Bundesverfassungsgericht, dass Strafgesetze im Einklang mit der Verfassung und grundsätzlichen Wertentscheidungen des Grundgesetzes stehen müssten: *BVerfGE* 120, 224, 241.

von Straf- und Verfassungsrecht – und nicht über das zum Strafprozessrecht – getroffen werden.[440]

a) Forschungsgegenstand

Jahn versteht unter diesem Begriff „die Summe derjenigen Rechtssätze, die die Anforderungen an ein rechtsstaatliches materielles Strafrecht und Strafverfahrensrecht unter der Geltung einer höherrangigen Verfassung – in unserem Fall des Bonner Grundgesetzes – beschreiben."[441] *Burchard* beschreibt es wie folgt: „beim Strafverfassungsrecht [handelt es sich] um jenen Teil des Verfassungsrechts [...], der das Strafrecht zum Gegenstand hat und dieses rechtsgrundsätzlich regelt."[442] Der Begriff des Strafrechts sei in dem begrifflichen Kontext des Strafverfassungsrechts nicht eng zu verstehen, sondern umfasse vielmehr das einfache Recht mit strafrechtlichem Bezug.[443] Ausgangspunkt dieser neuen Begrifflichkeit (bzw. Betitelung) ist eine (straf)verfassungsrechtliche Perspektive.[444] Wie soll strafverfassungsrechtlich Strafrecht gedacht werden? In das Strafrecht integriert werden soll das „Verfassungskonforme", das „Verfassungswidrige" soll isoliert werden.[445] Damit einher gehe eine gewisse Offenheit für Spielräume und gewaltenteilungstheoretisch zugewiesene Einschätzungsprärogativen, die nicht dogmatisch eng zu nur einer „richtigen" Lösung führen, sondern unterschiedlichen Lösungen im Rahmen der Verfassungskonformität

---

440 Zum Verhältnis zwischen Grundgesetz und Strafverfahrensrecht eingehend *Jahn*: *Jahn*, in: Die Verfassung moderner Strafrechtspflege, 63, 66 ff.

441 Die Entwicklung des Strafverfassungsrechts ist bei *Jahn* nachzulesen: *Jahn*, in: Die Verfassung moderner Strafrechtspflege, 63, 65, 74 ff.

442 Eine Darstellung der Arbeiten, die sich mit dem Verhältnis von materiellem Strafrecht und Verfassungsrecht befasst haben, findet sich bei *Kaspar*, Verhältnismäßigkeit und Grundrechtsschutz im Präventionsstrafrecht, 32 ff; *Burchard*, in: Die Verfassung moderner Strafrechtspflege, 25, 28 f; zum Verständnis des Ultima Ratio-Prinzips nach dem Strafverfassungsrecht auch: *Jahn/Brodowski*, JZ 2016, 969, 970.

443 *Burchard*, in: Die Verfassung moderner Strafrechtspflege, 25, 30.

444 Siehe dazu nur: *Jahn*, in: Die Verfassung moderner Strafrechtspflege, 63; *Burchard*, in: Die Verfassung moderner Strafrechtspflege, 25; wie das Ultima-Ratio-Prinzip strafverfassungsrechtlich zu verstehen ist, stellen *Brodowski* und *Jahn* dar: *Jahn/Brodowski*, JZ 2016, 969.

445 *Burchard*, in: Die Verfassung moderner Strafrechtspflege, 25, 49.

Raum bieten.[446] *Burchard* verwendet dafür den vielversprechenden Begriff der „Entwicklungsoffenheit.“[447]

Auf die Frage, warum es des Begriffs des Strafverfassungsrechts und eines verstärkten strafverfassungsrechtlichen Denkens bedarf, hat *Burchard* drei Antworten: Erstens führe die Offenheit für strafverfassungsrechtliche Korridore zu Flexibilität und Anschlussfähigkeit in der Strafrechtswissenschaft und trüge dazu bei, dass verschiedene Kontexte besser abgebildet werden können.[448] Zweitens sei es gerade der durch dieses „Korridordenken“ angeregte Diskurs, der weg von „Absolutheitsargumenten“ hin zu einer argumentativ starken und offenen Wissenschaft strebt, die sich auch in der Praxis behaupten kann.[449] Und zuletzt sei schließlich der Blick von „außen“, also der Blick durch die (straf-) verfassungsrechtliche Brille erforderlich und auch erstrebenswert, um die tradierte Strafrechtswissenschaft und -praxis in einem Sinne zu „verbessern“, dass dem Einzug von Verfassungswidrigem Grenzen gesetzt werden.[450]

Gegen die Etablierung von Strafverfassungsrecht wird das (Gegen)Argument der „Kolonialisierung“ des Strafrechts ins Feld geführt.[451] *Arzt* ist der Ansicht, dass insbesondere das Prozessrecht zu einer „Kolonie des Verfassungsrechts“[452] verkommen sei. Nach *Naucke* löse das Grundgesetz keine dem Strafrecht immanenten Probleme, sondern setze lediglich „Fixpunkte“ in der Diskussion.[453] *Greco* sieht im Verfassungsrecht „nicht das verheißene Land“[454] für das Strafrecht.

Hinter diesen Überlegungen verbirgt sich die gewisse Befürchtung der verfassungsrechtlichen (Strafrechts-)Grenzüberschreitung. Dem ist entgegenzuhalten, dass allein durch den Begriff – um im Bild zu bleiben – keine neuen

---

446 *Burchard*, in: Die Verfassung moderner Strafrechtspflege, 25, 50 f; dazu auch: *Burchard*, in: Strafbegründung und Strafeinschränkung als Argumentationsmuster, 23, 38 f.

447 *Burchard*, in: Die Verfassung moderner Strafrechtspflege, 25, 52.

448 *Burchard*, in: Die Verfassung moderner Strafrechtspflege, 25, 53.

449 *Burchard*, in: Die Verfassung moderner Strafrechtspflege, 25, 54 f.

450 Aus dieser Außenperspektive versteht *Burchard* das Strafverfassungsrecht als die Verkörperung von „checks and balances“: *Burchard*, in: Die Verfassung moderner Strafrechtspflege, 25, 57 f.

451 Auf dieses Argument wird auch eingegangen bei: *Kaspar*, Verhältnismäßigkeit und Grundrechtsschutz im Präventionsstrafrecht, 38 ff; *Jahn*, in: Die Verfassung moderner Strafrechtspflege, 63, 85 f.

452 *Arzt*, in: GS Kaufmann, 839, 847 ff.

453 *Naucke*, Strafrecht, § 2 Rn. 99.

454 *Greco*, in: Strafrecht und Verfassung, 13, 35 f.

Grenzen vermessen oder gezogen werden. Vielmehr wird dem „Phänomen“, dass das Strafrecht verfassungsrechtlich determiniert und beeinflusst ist, ein Name gegeben.[455]

Jahn spricht in diesem Zusammenhang treffend von der Frage nach der „Reichweite der Grundrechtsbindung des Strafrechts.“[456] *Donini* wirbt dafür, das Verhältnis von Verfassungs- und Strafrecht nicht nur als limitierenden Faktor in eine Richtung wahrzunehmen, sondern die „Verfassung als Modell“ zu verstehen.[457] Das Strafrecht kann vor diesem Hintergrund als „angewandtes Verfassungsrecht“ beschrieben werden.[458]

b) Zwischenfazit

Die Forschungsrichtung des Strafverfassungsrechts unterstützt dem Grunde nach auch die in dieser Untersuchung eingeschlagene Richtung: Der Einfluss des Verfassungsrechts, der sich unterverfassungsrechtlich im VereinsG manifestiert hat, soll im Rahmen der Auslegung eines strafrechtlichen Tatbestandsmerkmals berücksichtigt werden. Der hinter diesem Schlüsselbegriff stehende Zweck spricht dafür, gleichzeitig in straf- und verfassungsrechtlichen Dimensionen zu denken und den im Strafrecht zu verortenden Wertungswiderspruch im Folgenden auch aus verfassungsrechtlicher Perspektive zu flankieren.

3. Verfassungsrechtliche Grenzen des Strafrechts

Die verfassungsrechtliche Einbettung erfordert zunächst einen Blick auf das Verhältnis von Straf- und Verfassungsrecht. In diesem Abschnitt werden deshalb verfassungsrechtlich begründete Strafbegrenzungsprinzipien erläutert und in Bezug zur normativen Einschränkbarkeit eines strafrechtlichen Tatbestandsmerkmals gesetzt, soweit diese für die Untersuchung relevant sind. Es wird sich herausstellen, dass die verfassungsrechtlich geprägten Grenzen als Argumente herangezogen werden können, die die Forschungsfrage stützen.

455 *Kaspar,* Verhältnismäßigkeit und Grundrechtsschutz im Präventionsstrafrecht, 38 ff; *Jahn*, in: Die Verfassung moderner Strafrechtspflege, 63, 85.

456 *Jahn*, in: Die Verfassung moderner Strafrechtspflege, 63, 85.

457 *Donini*, in: Die Verfassung moderner Strafrechtspflege, 87, 93.

458 *Donini*, in: Die Verfassung moderner Strafrechtspflege, 87, 94 f.

a) Strafrecht als ultima ratio

Strafrechtliche Normen dürfen nach dem Ultima-Ratio-Prinzip[459] nur dann eingreifen, wenn andere weniger einschneidende Mittel keine Wirkung entfalten.[460] Zentral dabei ist die Frage, ob und welche Verhaltensnormen Einzug in das Kriminalstrafrecht erhalten.[461] Aus diesen einleitenden Sätzen wird erkennbar, dass das Ultima-Ratio-Prinzip dem Kriminalstrafrecht als Grenze dient.[462] Das Bundesverfassungsgericht ordnete die Strafnorm als „ultima ratio im Instrumentarium des Gesetzgebers"[463] ein und mahnte zu einem „behutsam[en] und zurückhaltend[en] Gebrauch."[464] Als Alternativen können mildere strafrechtliche Sanktionen, Zivil-, Verwaltungs- oder Ordnungswidrigkeitenrecht in Betracht kommen.[465] Wiederum das Bundesverfassungsgericht brachte das Ultima-Ratio-Prinzip mehrfach in Verbindung mit dem Kriterium der

---

459 *Appel* bezeichnet das Ultima-Ratio-Prinzip als „im äußersten Fall das äußerste Mittel": *Appel*, Verfassung und Strafe, 405 ff; „Ultima-Ratio" lässt sich übersetzen mit „letztes Mittel": *Trendelenburg*, Ultima ratio?, 31 ff; das Ultima-Ratio-Prinzip ist ein Strafbegrenzungsprinzip, das so wohl vornehmlich im deutschen Strafrecht zu Hause ist: *Jareborg*, in: FS Eser, 1341, 1344.

460 *BVerfGE* 88, 203, 258; *U. Kindhäuser*, in: Modernes Strafrecht und ultima-ratio-Prinzip, 29; *Kaspar*, Verhältnismäßigkeit und Grundrechtsschutz im Präventionsstrafrecht, 243 ff; *Burchard*, in: Strafbegründung und Strafeinschränkung als Argumentationsmuster, 23, 28.

461 *Jahn/Brodowski*, ZStW 2017, 363, 367, der Beitrag befasst sich mit dem strafverfassungsrechtlichen Verständnis des Ultima-Ratio-Prinzips; einen Kommentar zu diesem Beitrag von *Jahn/Brodowski* verfasste *Prittwitz*: *Prittwitz*, ZStW 2017, 390; ein früherer Beitrag zur Konstruktion eines strafverfassungsrechtlichen Ultima-Ratio-Prinzips von *Jahn/Brodowski* findet sich hier: *Jahn/Brodowski*, JZ 2016, 969.

462 *Jahn/Brodowski*, JZ 2016, 969, 970.

463 Kontext dieser Einordnung war die erste Entscheidung des Bundesverfassungsgerichts zum Schwangerschaftsabbruch: *BVerfGE* 39, 1, 47; in welchen Entscheidungen das Bundesverfassungsgericht das Ultima-Ratio-Prinzip aufgegriffen hat, stellt *Gärditz* dar: *Gärditz*, JZ 2016, 641, 642 ff.

464 *BVerfGE* 39, 1, 47.

465 *Frisch*, NStZ 2016, 16, 17, 23; als verbreitete Kritik am Ultima-Ratio-Prinzip ist anzuführen, dass Strafe nicht stets im Vergleich zu alternativen Maßnahmen (zum Beispiel Überwachung) als das härteste Mittel aufgefasst werden müsse. Es kann durchaus auch als milderes Mittel empfunden werden: *Tiedemann*, Verfassungsrecht und Strafrecht, 52 ff; *Appel*, Verfassung und Strafe, 407 ff; *Kühl*, in: FS Tiedemann, 29, 42; zur Schwierigkeit der Beurteilung der Effektivität einzelner Maßnahmen: *Gärditz*, JZ 2016, 641, 645 f. m.w.N.

Sozialschädlichkeit.[466] Dadurch wurde die „soziale Bedeutung der Kriminalisierung“[467] betont. Das Ultima-Ratio-Prinzip entfaltet sowohl auf judikativer als auch auf legislatorischer Ebene Wirkung und kann deshalb auch Relevanz für die Forschungsfrage entfalten, die sich auf der Ebene der Gesetzesauslegung bewegt.[468]

Die Strafnorm § 263 StGB ist Teil des Kriminalstrafrechts, sodass das Ultima-Ratio-Prinzip grundsätzlich Anwendung findet. Angewandt auf den in dieser Untersuchung zu analysierenden Wertungswiderspruch kann man folgende Schlussfolgerung ziehen: Eine Strafbarkeit gemäß § 263 StGB bei vorheriger Einziehung des Vereinsvermögens stellt eine Diskrepanz zum geltenden Ultima-Ratio-Prinzip dar. In Anbetracht des Umstands, dass das Strafrecht als schärfstes Schwert[469] des Staates bezeichnet wird, erscheint es mehr als zweifelhaft, dass man Vermögen schützt und dessen Minderung strafrechtlich sanktioniert, das einem verbotenen Verein zugeordnet werden kann, dessen Vermögen vereinsrechtlich eingezogen wurde.

Strafrecht muss als letztes Mittel nicht dazu dienen, Vermögenspositionen zu schützen, die Vereinen zuzuordnen sind, die Strafgesetzen zuwiderlaufen, sich gegen die verfassungsmäßige Ordnung oder den Gedanken der Völkerverständigung richten und deshalb nach Durchführung eines entsprechenden Verbotsverfahrens nach dem VereinsG, das selbst ausführt, was durch die grundrechtliche Vereinigungsfreiheit normiert ist – der Verbotstatbestand des § 3 VereinsG wiederholt deshalb lediglich die Verbotstatbestände aus Art. 9 Abs. 2 GG – als verboten gelten. Das wird umso deutlicher, wenn man bedenkt, dass verbotene Vereine weder eigenes Vermögen vorweisen geschweige denn eine eigene rechtliche Existenz innehaben können.

b) Grundsatz der Verhältnismäßigkeit

Ein weiteres Regulativ ist der Verhältnismäßigkeitsgrundsatz, der – dem Bundesverfassungsgericht nach „aus dem Rechtsstaatsprinzip, im Grunde bereits

---

466 *BVerfGE* 88, 203, 258; *BVerfGE* 120, 224, 240; *Gärditz* ist der Ansicht, dass durch die Verknüpfung mit der Sozialschädlichkeit das Ultima-Ratio-Prinzip vielmehr Grund und nicht Grenze des Kriminalstrafrechts sei: *Gärditz*, JZ 2016, 641, 644.

467 *Gärditz*, JZ 2016, 641, 644.

468 *Kaspar*, Verhältnismäßigkeit und Grundrechtsschutz im Präventionsstrafrecht, 244 ff.

469 *Prittwitz*, in: Vom unmöglichen Zustand des Strafrechts, 387; *Appel*, Verfassung und Strafe, 406 ff; *Trendelenburg*, Ultima ratio?, 29 ff.

aus dem Wesen der Grundrechte selbst“[470], abgeleitet wird – auch Maßstab und Begrenzung für das materielle Strafrecht darstellt.[471] Der Verhältnismäßigkeitsgrundsatz ist kein Grundsatz, der exklusiv dem Strafrecht „vorbehalten“, sondern grundsätzlich auf jedes Handeln des Staates anwendbar ist.[472] Das Bundesverfassungsgericht sprach dem Verhältnismäßigkeitsgrundsatz allerdings eine „gesteigerte Bedeutung“ für das Strafrecht zu, weil dieses das einschneidendste Mittel staatlichen Handelns darstellt.[473] Strafrecht stellt einen Eingriff des Staates in schützenswerte grundrechtlich verbürgte Rechtspositionen dar und muss sich deshalb am Verhältnismäßigkeitsgrundsatz messen lassen.[474]

Die Verhältnismäßigkeitsprüfung beinhaltet neben dem legitimen Zweck die Kriterien der Geeignetheit, Erforderlichkeit und Angemessenheit.[475] Die Bewertung, ob ein Zweck als legitim angesehen werden kann, unterliegt einem weiten Maßstab und ist durch die Verfassungswidrigkeit des Zwecks begrenzt.[476] Bei der Geeignetheitsprüfung wird geprüft, ob das gewählte Mittel die Wahrscheinlichkeit des Zweckeintritts im weitesten Sinne fördert.[477] In der Prüfung der Erforderlichkeit wird untersucht, ob das Ziel durch mildere, weniger einschneidende Maßnahmen erreicht werden kann.[478] Im Rahmen der Angemessenheit, die auch als Verhältnismäßigkeit im engeren Sinne bezeichnet wird,

---

470 *BVerfGE* 19, 342, 349.

471 *Prittwitz*, in: Vom unmöglichen Zustand des Strafrechts, 387, 398; *Weigend*, in: FS Hirsch, 917, 931; *Brähler*, in: Wehrhafte Demokratie, 251, 269 ff; *Trendelenburg*, Ultima ratio?, S. 65 ff.

472 *Trendelenburg*, Ultima ratio?, 59 ff.

473 *BVerfGE* 88, 203, 258; *BVerfGE* 90, 145, 172; *BVerfGE* 110, 226, 262.

474 *BVerfGE* 19, 342, 348; zum engen und weiten Grundrechtsverständnis ausführlich: *Stächelin*, Strafgesetzgebung im Verfassungsstaat, 102 ff; *Trendelenburg* bezeichnet das Verhältnismäßigkeitsprinzip anschaulich als „verfassungsrechtliche[n] Fluchtpunkt der Strafrechtsbegrenzung“: *Trendelenburg*, Ultima ratio?, 25 ff.

475 *Trendelenburg*, Ultima ratio?, 59 ff; die Angemessenheit wird auch als Verhältnismäßigkeit im engeren Sinne oder Übermaßverbot bezeichnet: *BVerfGE* 90, 145, 173.

476 *Appel*, Verfassung und Strafe, 175 ff. m.w.N; *Kaspar*, Verhältnismäßigkeit und Grundrechtsschutz im Präventionsstrafrecht, 95 ff; zum aus dem Rechtsstaatsprinzip abgeleiteten Verhältnismäßigkeitsgrundsatz und dem Teilgebot des legitimen Zwecks auch: Jarass/Pieroth-*Jarass*, Art. 20 GG Rn. 112, 116 m.w.N.

477 Das Bundesverfassungsgericht legte bei der Geeignetheitsprüfung eine sehr weite Perspektive an: *BVerfGE* 47, 109, 117 m.w.N; *BVerfGE* 110, 226, 262; *Stächelin*, Strafgesetzgebung im Verfassungsstaat, 123 ff.

478 Siehe nur: *BVerfGE* 38, 281, 302.

sind Gemeinwohlbelange gegen die Art und Schwere des Eingriffs in Rechtsgüter der betroffenen Person abzuwägen.[479] Sowohl Legislative als auch Judikative sind an diesen Grundsatz gebunden.[480]

Die Forschungsfrage bewegt sich auf der Ebene der Gesetzesanwendung. Die zugrunde liegende Fallkonstruktion wird im Folgenden einer Verhältnismäßigkeitsprüfung unterzogen.[481] Dafür ist zu untersuchen, ob eine Strafbarkeit nach § 263 StGB in dieser Konstellation verhältnismäßig wäre, d.h. ob es verhältnismäßig ist, dass sich eine Person eines Betruges strafbar macht, wenn sie durch Täuschung das Vermögen eines anderen mindert und dieses Vermögen einem verbotenen Verein zugeordnet werden kann, dessen Vermögen eingezogen wurde.

Während man aufgrund des weiten Prüfungsmaßstabs einen legitimen Zweck und die Geeignetheit noch bejahen kann, bestehen Bedenken bezüglich des dritten und vierten Prüfungspunkts.[482] Wie bereits erörtert und bekannt, schützt der Betrugstatbestand das Vermögen.[483] Die Sanktionsnorm § 263 StGB ist auch geeignet, diesen Vermögensschutz strafrechtlich zu flankieren, weil der Verstoß mit Geld- oder Freiheitsstrafe geahndet werden kann.

Es kann allerdings daran gezweifelt werden, ob die Erfassung des in Rede stehenden Sachverhalts von § 263 StGB erforderlich ist. Der Punkt der Erforderlichkeit erinnert inhaltlich an das bereits behandelte Ultima-Ratio-Prinzip.[484] Als mildere Maßnahme kommt beispielsweise die Strafnorm des § 20 VereinsG in Betracht, die das Vereinsverbot flankiert, und einen Strafrahmen von einem Jahr Freiheitsstrafe nicht überschreitet; denkbar sind je nach Konstellation auch andere Tatbestände im StGB.

Die Erfassung des bekannten Sachverhalts unter § 263 StGB könnte allerdings nicht vereinbar mit dem vierten Prüfungspunkt, der Angemessenheit oder Verhältnismäßigkeit im engeren Sinne, sein. Abzuwägen ist der

---

479 *BVerfGE* 92, 277, 326 ff; *BVerfGE* 120, 224, 239.

480 *BVerfGE* 92, 277, 326; *Sax*, in: Rechtspflege und Grundrechtsschutz, 909, 933; *Appel*, Verfassung und Strafe, 172 ff; *Weigend*, in: FS Hirsch, 917, 918.

481 Zur Verhältnismäßigkeitsprüfung bei der strafrechtlichen Auslegung siehe: *Kudlich*, JZ 2003, 127, 130 ff.

482 *Kaspar*, Verhältnismäßigkeit und Grundrechtsschutz im Präventionsstrafrecht, 175 ff.

483 Siehe dazu Abschnitt B.I.1. dieser Untersuchung.

484 *Gärditz* und *Hüls* erblicken im Ultima-Ratio-Prinzip eine strafrechtstypische Ausprägung der Erforderlichkeitsprüfung im Rahmen der Verhältnismäßigkeit: *Gärditz*, JZ 2016, 641, 644; *Hüls*, Grenzen des Wirtschaftsstrafrechts?, 56 ff.

Grundrechtseingriff in Grundrechte des Täters oder der Täterin mit dem angestrebten Zweck. Dem legitimen Zweck – dem Schutz von Vermögen – kann hier allerdings in der Waagschale nur geringes Gewicht beigemessen werden, wenn man den analysierten Wertungswiderspruch zu Grunde legt: Denn mangels fungiblen Vermögens fehlt es bereits an der Schutzwürdigkeit desselben. Handelt es sich beim Verfügungsgut des § 263 StGB um schutzunwürdige Vermögenspositionen, kann schon kein Interesse an der Erfassung, geschweige denn an der Sanktionierung bestehen. Die Abwägung fällt folglich zu Ungunsten des (an sich) legitimen Zwecks aus, der sich in vorliegender Konstellation aufgrund mangelnder Schutzwürdigkeit als nicht stichhaltig erweist. Denn wenn – wie sich im Fortgang der Untersuchung zeigen wird – ein bestimmter Fall aus dem Anwendungsbereich einer Norm fällt, kann die Erfassung desselben unter einer bestimmten Strafnorm nicht als verhältnismäßige Reaktion erachtet werden. Deshalb lässt sich auch dem Gedanken des Grundsatzes der Verhältnismäßigkeit entnehmen, dass der Anwendung des § 263 StGB im konkreten Fall Grenzen zu setzen sind. Wie diese konkret ausgestaltet werden, ist Bestandteil von Abschnitt D. dieser Untersuchung.

c) Fragmentarischer Charakter und Subsidiarität des Strafrechts

Sowohl der Grundsatz der Fragmentarik[485] – dahinter steht die Idee, dass das Strafrecht nicht alle vermeintlich strafwürdigen Beeinträchtigungen von Rechtsgütern erfasst, sondern ausdrücklich Lücken hingenommen werden und dadurch das Bild eines „begrenzten, freiheitsschützenden Strafrecht[s]"[486] erzeugt wird – als auch der Grundsatz der Subsidiarität[487] des Strafrechts, nach

485 Der Ausdruck des fragmentarischen Charakters kann auf *Binding* zurückgeführt werden: Als Erklärung für die Fragmentarietät führt er an, dass der Strafgesetzgeber mit Strafgesetzen auf das reagiert, was ihm das alltägliche Leben „vor die Fübse spült": *Binding*, Lehrbuch des gemeinen deutschen Strafrechts II, 20 ff; historische Aspekte werden hier beleuchtet: *T. Vormbaum*, ZStW 2012, 660, 670 f; wie sich das Verständnis des Begriffs von Kritik des status quo bis zu einem erstrebenswerten Appell änderte, wird hier dargestellt: *Kaspar*, Verhältnismäßigkeit und Grundrechtsschutz im Präventionsstrafrecht, 251 ff; *Hüls*, Grenzen des Wirtschaftsstrafrechts?, 52 ff. m.w.N.

486 *Hüls*, Grenzen des Wirtschaftsstrafrechts?, 52 ff. mit Verweis auf *Kaspar*, Verhältnismäßigkeit und Grundrechtsschutz im Präventionsstrafrecht, S. 253.

487 *Isensee* spricht von einer negativen (Funktionssperre) und einer positiven (Hilfe) Seite des Subsidiaritätsprinzips: *Isensee*, Subsidiaritätsprinzip und Verfassungsrecht, 30 ff; kurz formuliert könnte man das Subsidiaritätsprinzip auch wie folgt beschreiben: So viel Staat wie nötig, „so wenig Staat wie möglich", *Prittwitz*,

dem Strafrecht nur subsidiär, also nur dort zur Anwendung kommt, wo es „zur Aufrechterhaltung der Sozialordnung unbedingt erforderlich ist“[488], stehen für eine Begrenzung des Strafrechts. Allerdings adressieren diese nur die Legislative bei der Schaffung von Strafrecht und können deshalb in der hier verfolgten Argumentationslinie nicht herangezogen werden.[489]

d) Zwischenfazit

Es liegt in der Natur der Sache von Strafbegrenzungsprinzipien, dass sie einen Appell verkörpern und eine Richtung vorgeben für die Auslegung von Strafgesetzen, ihnen aber keine direkte Aussage zu konkreten Tatbeständen entnommen werden kann. Die Betrachtung der hiesigen Fallkonstellation aus der Perspektive dieser verfassungsrechtlich fundierten strafrechtlichen Grenzen hat allerdings verdeutlicht, dass aufgrund des Ultima-Ratio-Prinzips und des Verhältnismäßigkeitsgrundsatzes Zweifel und berechtigte Bedenken dahingehend bestehen, ob dieser Fall vermögensstrafrechtlich zu erfassen ist. Diese verfassungsrechtliche Flankierung unterstützt folglich die These dieser Arbeit dem Grunde nach und soll im nächsten Abschnitt weiter verfolgt werden, indem verfassungsrechtliche Grundsätze, die in das Strafrecht ausstrahlen, skizziert werden.

4. Verfassungsrechtliche Maßstäbe für das Strafrecht

Im Folgenden werden die verfassungsrechtlichen Maßstäbe skizziert, die für das materielle Strafrecht von Relevanz sind. Der Vorrang der Verfassung im „Gerüst“ der Normenhierarchie ist im Grundgesetz ausdrücklich angeordnet, vgl. Art. 1 Abs. 3 und Art. 20 Abs. 3 GG, und wird dadurch auf die oberste Stufe im nationalen Normgefüge gestellt.[490] Aus diesem Vorrang ergibt sich, dass das materielle Strafrecht im Einklang mit der Verfassung stehen muss und als

---

in: Vom unmöglichen Zustand des Strafrechts, 387, 395; das Subsidiaritätsprinzip lässt sich aus dem verfassungsrechtlichen Verhältnismäßigkeitsgrundsatz ableiten: *Roxin/Greco*, Strafrecht Allgemeiner Teil I, § 2 Rn. 98.

488 *Appel*, Verfassung und Strafe, 414 ff; *Hüls*, Grenzen des Wirtschaftsstrafrechts?, 53 ff; *Kaufmann*, in: FS Henkel, 89, 93.

489 *Prittwitz*, in: Vom unmöglichen Zustand des Strafrechts, 387, 393; *Kaspar*, Verhältnismäßigkeit und Grundrechtsschutz im Präventionsstrafrecht, 252 ff.

490 *BVerfGE* 61, 1, 10; *Wahl*, JuS 2001, 1041, 1042; eingehend zum Stufenbau der Rechtsordnung: *Lepsius*, JuS 2018, 950.

einfachgesetzliche Ausgestaltung derselben verstanden werden kann.[491] Dieses hierarchische Verständnis beider Rechtsordnungen klingt einleuchtend, allerdings wird daraus nicht prima facie ersichtlich, wie und ob die einschränkende Auslegung eines strafrechtlichen Tatbestandsmerkmals auch mit verfassungsrechtlichen Argumenten untermauert werden kann.

Deshalb ist zu untersuchen, welche konkreten Forderungen dem Verfassungsrecht für das Strafrecht zu entnehmen sind. In diesem Abschnitt wird demzufolge zu prüfen sein, ob die Grundrechte als Orientierung bei der Auslegung des strafrechtlichen Tatbestandsmerkmal im konkreten Fall dienen können und welche Konsequenz aus dem bereits rechtsmethodologisch erarbeiteten und hier verfassungsrechtlich zu analysierenden Postulat der Einheit der Rechtsordnung folgen wird.

a) Grundrechte

Der Einfluss der Grundrechte auf das Strafrecht wird im Folgenden skizziert, denn sie dienen als Grund und Grenze des Strafrechts und stellen damit eine wichtige verfassungsrechtliche Vorgabe dar.[492] Diese Bedeutung lässt sich mit den Auswirkungen von Strafrecht – das Bundesverfassungsgericht bezeichnete es als „die schärfste Sanktion, über die die staatliche Gemeinschaft verfügt"[493] – auf Bürger und Bürgerinnen erklären: Einerseits stellt jedes strafrechtliche Verbot und jede verhängte Strafe einen rechtfertigungsbedürftigen Eingriff in Grundrechte dar.[494] Auf der anderen Seite werden durch die strafrechtliche Ahndung von Grundrechtsverletzungen die grundrechtlich verbürgten Freiheiten protegiert.[495]

---

491 *Sax*, in: Rechtspflege und Grundrechtsschutz, 909, 910; *Rautenberg*, Rechtsstaatswidriges Feindstrafrecht oder notwendige Maßnahmen zur Terrorismusbekämpfung?, 164 ff.

492 *Böckenförde*, Der Staat 1990, 1, 8; *Gärditz* erläutert, dass es keine expliziten Aussagen dazu gibt, dass das Grundgesetz Grund und Grenze von staatlichen Strafens sei: *Gärditz*, Der Staat 2010, 331, 338 ff; *Rautenberg*, Rechtsstaatswidriges Feindstrafrecht oder notwendige Maßnahmen zur Terrorismusbekämpfung?, 161 f.

493 *BVerfGE* 6, 389, 433; *BVerfGE* 90, 145, 172.

494 *BVerfGE* 39, 1, 70; nach Ansicht *Appels* wird der abwehrrechtlichen Grundrechtsdimension im Strafrecht wenig Beachtung geschenkt: *Appel*, Verfassung und Strafe, S. 41 ff; *Kaspar*, Verhältnismäßigkeit und Grundrechtsschutz im Präventionsstrafrecht, 55 ff.

495 *Rautenberg*, Rechtsstaatswidriges Feindstrafrecht oder notwendige Maßnahmen zur Terrorismusbekämpfung?, 161 ff; zurückhaltend formuliert bei: *Müller-Dietz*, in: GS Zipf, 123, 126.

Seine Berechtigung erhält die folgende Darstellung aufgrund der grundrechtlichen Verankerung des VereinsG in Art. 9 GG: Das VereinsG stellt nichts anderes als ein Durchführungsgesetz zu Art. 9 Abs. 2 GG dar. Zu eruieren ist in diesem Abschnitt, wie die im VereinsG verkörperte grundrechtliche Wertung Einzug in die Auslegung einer Strafnorm erhalten kann.

aa) Grundrechte als Wertordnung

Zu untersuchen ist, ob die Qualifizierung der Grundrechte als Wertordnung im konkreten Fall als Argumentationslinie herangezogen werden kann, damit die im VereinsG zum Ausdruck kommenden grundrechtlichen Wertungen im Rahmen der Auslegung des strafrechtlichen Tatbestandsmerkmals des Vermögens berücksichtigt werden. Dazu sei zunächst kurz erläutert, wie dieser Begriff verstanden wird.

Bekannteste Entscheidung des Bundesverfassungsgerichts, die die Grundrechte in den Stand einer objektiven Wertordnung hebt, ist das Lüth-Urteil aus dem Jahr 1951.[496] Aus dem Status der objektiven Wertordnung ergebe sich, dass sich der Aussagegehalt eines Grundrechts nicht in der Gestalt eines subjektiven Abwehrrechts erschöpfe, sondern vielmehr abstrakt eine Wertschöpfung und -institutionalisierung des geschützten Rechtsguts in der Verfassung verkörpere.[497] Diese Wertordnung strahle in die Exekutive, Judikative und Legislative aus und sei dort Quelle von „Richtlinien und Impulse[n].“[498] An ihr müsse bestehendes und neu zu schaffendes Recht ausgerichtet werden.[499] Es handele sich nach dem Verständnis des Bundesverfassungsgerichts bei den Grundrechten nicht nur um eine Wertordnung, sondern um eine „Wertrangordnung“[500], an der sich die Auslegung des Rechts unterhalb der Verfassung zu orientieren habe.[501]

Während den Grundrechten in der Lüth-Entscheidung explizit eine „Ausstrahlungskraft“[502] ins bürgerliche Recht bescheinigt wird, finden sich zu

496 *BVerfGE* 7, 198; vgl. weitere Entscheidungen dazu: *BVerfGE* 21, 362, 372; *BVerfGE* 35, 79, 114; *BVerfGE* 49, 89, 142; zur Kritik am Begriff der Wertordnung siehe: *Goerlich,* Wertordnung und Grundgesetz, 135 ff.

497 *BVerfGE* 7, 198, 205.

498 *BVerfGE* 7, 198, 205.

499 *BVerfGE* 7, 198, 205.

500 *BVerfGE* 7, 198, 215.

501 *BVerfGE* 7, 198, 205.

502 *BVerfGE* 7, 198, 207; nach *Looschelders* kommt den Grundrechten zudem im Privatrecht sowohl eine Begrenzungs- als auch eine Leitfunktion bei der Auslegung

dieser Auswirkung im Strafrecht – mangels Anlass, da der Verfahrensgegenstand zivilrechtlicher Natur war – keine Ausführungen. Zudem ist auch der Einfluss des Staates im Privatrecht ein anderer als im Strafrecht: Während man zwischen Privaten die Grundrechtswirkung über die Ausstrahlungswirkung fingiert (sogenannte mittelbare Drittwirkung), gelten im Strafrecht die Grundrechte selbstverständlich unmittelbar, sie binden den Staat bei Eingriffen gegen Private.[503] In der Entscheidung wird außerdem deutlich, dass Grundentscheidungen der Verfassung in allen Bereichen des Rechts Geltung zukommen soll.[504] Da das Strafrecht als Teilbereich des Rechts zu qualifizieren ist, sind folglich verfassungsrechtliche Grundentscheidungen in diesem Bereich zu berücksichtigen.

In einer späteren Entscheidung – in der Entscheidung „Schwangerschaftsabbruch I“[505] aus dem Jahr 1975 – setzte sich der 1. Senat des Bundesverfassungsgerichts mit dem Verhältnis zwischen Strafgesetzen und den Grundrechten als objektive Wertordnung auseinander, indem der Senat die Vereinbarkeit des Strafrechtsreformgesetzes mit der grundrechtlichen Wertordnung prüfte.[506] Die im Lüth-Urteil aufgestellte Aussage zu den Grundrechten als objektive Wertordnung, die für alle Bereiche des Rechts gilt, wurde auch in dieser Entscheidung aufgegriffen und bekräftigt.[507]

Es ist festzuhalten, dass der Wertordnung der Grundrechte Ausstrahlungswirkung zukommt, diese allerdings in Bezug auf Strafgesetze recht theoretisch bleibt; ihr sind keine konkreten Kriterien zu entnehmen, wie grundrechtliche Wertungen bei der Auslegung von Strafgesetzen konkret zu berücksichtigen sind.[508]

Aus der objektiv-rechtlichen Funktion der Grundrechte lässt sich allerdings das Streben nach einer mit den Grundrechten konformen Auslegung von

---

zu: *Looschelders*, in: Einwirkungen der Grundrechte auf das Zivilrecht, Öffentliche Recht und Strafrecht, 93, 95.

503 Siehe dazu nur: *Hermes*, NJW 1990, 1764; zu Kriterien unmittelbarer Grundrechtsbindung von Privaten siehe: *Seyderhelm*, Grundrechtsbindung Privater, 182 ff.

504 *BVerfGE* 7, 198, 205.

505 *BVerfGE* 39, 1; die Entscheidung „Schwangerschaftsabbruch II” erging 18 Jahre später: *BVerfGE* 88, 203.

506 *BVerfGE* 39, 1, 65.

507 *BVerfGE* 39, 1, 41.

508 *Appel* ist der Ansicht, dass oft undifferenziert auf die Wertordnung des Grundgesetzes verwiesen wird: *Appel*, Verfassung und Strafe, 47 ff; *Appel* verweist u.a. auf: *Rudolphi*, in: FS Honig, 151, 158 ff; *Vogel*, StV 1996, 110, 111 f.

Strafgesetzen folgern, die unter anderem in Gestalt der verfassungskonformen Auslegung bekannt ist.[509] Die verfassungskonforme Auslegung wird im Folgenden erläutert.

bb) Verfassungskonforme Auslegung

In diesem Abschnitt soll untersucht werden, ob eine verfassungskonforme[510] Auslegung des Tatbestandsmerkmals „Vermögens" zu einer Berücksichtigung normativer Wertungen aus Art. 9 GG führen könnte und damit auch indirekt die entsprechenden Wertungen aus dem VereinsG Einzug in die Auslegung finden könnten. Dazu wird zunächst dargestellt, wie eine verfassungskonforme Auslegung erfolgen kann, um anschließend zu prüfen, ob diese Auslegungsvariante einen Beitrag zur Lösung der Forschungsfrage leisten kann.

Bei der verfassungskonformen Auslegung handelt es sich um eine strafrechtsbegrenzende Auslegung, die die Auslegung von Normen betrifft, die unter der Verfassung stehen.[511] Grundrechte und Wertentscheidungen, die der Verfassung zugrunde liegen, sind dabei zu berücksichtigen.[512] Diese Auslegung trägt dem Interesse an der Normerhaltung Rechnung; ist eine verfassungskonforme Auslegung nicht möglich, ist das Verfahren auszusetzen und gemäß Art. 100 Abs. 1 GG die Entscheidung des Bundesverfassungsgerichts einzuholen.[513] Auslegungsgrenze bilden Wortlaut und gesetzgeberischer Wille,

---

509 *Kaspar,* Verhältnismäßigkeit und Grundrechtsschutz im Präventionsstrafrecht, S. 57 ff; *Kingreen/Poscher,* Grundrechte. Staatsrecht II, § 1 Rn. 9.

510 Begründet wird die verfassungskonforme Auslegung mit dem Grundsatz der Normenhierarchie, dem Grundsatz der Einheit der Rechtsordnung, dem Rechtsstaatsprinzip und den Grundrechten, die als wertbildendes System und „verfassungsrechtliche Grundentscheidungen für alle Bereiche des Rechts gelten": *BVerfGE* 7, 198, 205; *Park,* Die verfassungskonforme Auslegung als richterliche Verfassungskonkretisierung, 52 ff; *Lembke,* Einheit aus Erkenntnis?, 32 ff; *Kloepfer,* Verfassungsrecht I, § 1 Rn. 174; *Reimer,* Juristische Methodenlehre, Rn. 398.

511 *Kloepfer,* Verfassungsrecht I, § 1 Rn. 172; *Kaspar,* Verhältnismäßigkeit und Grundrechtsschutz im Präventionsstrafrecht, 58 ff; für Beispiele verweist *Kaspar* auf die Arbeit von *Kuhlen,* in der Entscheidungen des Bundesverfassungsgerichts und des Bundesgerichtshofs, die sich mit der verfassungskonformen Auslegung befassen, dargestellt werden: *Kuhlen,* Die verfassungskonforme Auslegung von Strafgesetzen, 17 ff.

512 MüKo-*Schmitz,* § 1 StGB Rn. 97; *Schmitz* verweist auf: *Jescheck/Weigend,* Lehrbuch des Strafrechts AT, § 17 IV 1.

513 *BVerfGE* 86, 288, 320; *Lembke,* Einheit aus Erkenntnis?, 35 ff; *Kaspar,* Verhältnismäßigkeit und Grundrechtsschutz im Präventionsstrafrecht, 526 ff.

um zu verhindern, dass durch die Auslegung ein inhaltliches Aliud konstruiert wird.[514] Darin läge ein Verstoß gegen den Grundsatz der Gewaltenteilung, wenn die Judikative sich durch ausufernde Auslegung die Neuschaffung von Recht anmaßt, die der Legislative vorbehalten ist.[515]

Führt man sich die Situation vor Augen, in der eine verfassungskonforme Auslegung durchgeführt wird, lässt sich daran zweifeln, ob die verfassungskonforme Auslegung zur Lösung der Forschungsfrage beitragen kann: Im Rahmen mehrerer Auslegungsmöglichkeiten einer Norm lässt sich eine Auslegung feststellen, die mit Grundrechten vereinbar wäre – die sogenannte verfassungskonforme Auslegung – und weitere Interpretationsmöglichkeiten, die verfassungswidrig wären.[516] In der vorliegenden Untersuchung geht es um die Berücksichtigung normativer Wertungen im Rahmen des betrugsstrafrechtlichen Vermögensbegriffs. Diese Frage tangiert allerdings nicht die Verfassungsmäßig- bzw. -widrigkeit der Strafnorm des § 263 StGB selbst, sondern kann in der Diskussion um den überzeugenden Vermögensbegriff und die damit zusammenhängende Reichweite des strafrechtlichen Vermögensschutzes verortet werden. Folglich liegt in der verfassungskonformen Auslegung kein Argument bzw. kein Lösungsweg für das in dieser Arbeit untersuchte Problem.

cc) Verfassungsorientierte Auslegung

Zu untersuchen ist, ob die verfassungsorientierte Auslegung, die im Gegensatz zur verfassungskonformen Auslegung im Spektrum verfassungsmäßiger Auslegungsmöglichkeiten anzusiedeln ist und deshalb hier als eine passende Auslegungsmethode dienen könnte, bei der Berücksichtigung normativer, grundrechtlicher Wertungen einen Lösungsweg anbieten kann.[517] Diese

514 *BVerfGE* 2, 380, 405 f; *BVerfGE* 86, 288, 320; *BVerfGE* 128, 326, 400; *Kloepfer*, Verfassungsrecht I, § 1 Rn. 175; *Simon*, Gesetzesauslegung im Strafrecht, 422 ff; *T. Möllers*, in: FS Vedder, 721, 732.

515 *BVerfGE* 2, 380, 406; ein Beispiel für eine solche „Grenzüberschreitung“ findet sich hier: *BayVerfGH*, NJW 1983, 1600; *Kuhlen*, Die verfassungskonforme Auslegung von Strafgesetzen, 11 ff.

516 *Kuhlen*, Die verfassungskonforme Auslegung von Strafgesetzen, 1 ff; *Kaspar*, Verhältnismäßigkeit und Grundrechtsschutz im Präventionsstrafrecht, 526 ff.

517 *Kuhlen*, Die verfassungskonforme Auslegung von Strafgesetzen, 2 ff; *Kaspar*, Verhältnismäßigkeit und Grundrechtsschutz im Präventionsstrafrecht, 530 f; *T. Möllers*, in: FS Vedder, 721, 727; *Blume*, Strafbefreiende Wirkung der “neuen” Arbeitskampffreiheit?, 95 ff; MüKo-*Joecks/Erb*, Einl. StGB Rn. 27.

Auslegungsmethode knüpft an die im Lüth-Urteil angesprochene „Ausstrahlungswirkung“[518] der Grundrechte in das einfache Recht an.

Kritisiert wird an diesem Begriff unter anderem, dass er keinen wirklichen Mehrwert generiere: Einerseits sei es eine Selbstverständlichkeit, dass sich die Auslegung an der Verfassung ausrichte und andererseits reiche lediglich eine Orientierung nicht aus, die Normen müssen auch tatsächlich verfassungskonform ausgelegt werden.[519] Diese Kritik vermag nicht zu überzeugen, denn im klassischen Auslegungskanon ist eine Orientierung an Grundrechten nicht ausdrücklich vorgesehen, sodass die verfassungsorientierte Auslegung als eigene Auslegungsmethode – man könnte sie auch als Fall der systematischen Auslegung einordnen – ihre Berechtigung hat.[520]

Betrachtet man Judikate des Bundesverfassungsgerichts, die die Verfassung bei der Auslegung von Strafnormen beachten, wird deutlich, wie das erfolgt: Die in Rede stehende Strafnorm wird so ausgelegt, dass die grundrechtliche Gewährleistung, die sich im Schutzbereich des Grundrechts manifestiert, Berücksichtigung erfährt.[521] Daran wird auch erkennbar, warum die verfassungsorientierte Auslegung im vorliegenden Fall nicht weiterhelfen kann, auch wenn sie auf den ersten Blick als passend erschien. Denn es geht nicht darum, dem grundrechtlichen Gewährleistungsgehalt der Vereinigungsfreiheit in Art. 9 Abs. 1 GG zu optimaler Geltung im Rahmen der Auslegung des Tatbestandsmerkmals des Vermögens zu verhelfen. Vielmehr soll in dieser

---

518 *BVerfGE* 7, 198, 207.

519 Nach *Kuhlen* sind die Grenzen zwischen diesen beiden Auslegungsmethoden „fließend“: *Kuhlen*, Die verfassungskonforme Auslegung von Strafgesetzen, 3 ff; *Lembke*, Einheit aus Erkenntnis?, 34, 249; *Blume* kritisiert, dass die verfassungsorientierte Auslegung keine eigenständige Lösung anbieten könne: *Blume*, Strafbefreiende Wirkung der "neuen" Arbeitskampffreiheit?, 95 ff; MüKo-*Schmitz*, § 1 StGB Rn. 100.

520 Für eine verfassungsorientierte Auslegung spricht sich *Kudlich* aus; das Ergebnis sei nicht automatisch die einzige wählbare Auslegungsvariante und sei zudem mit den übrigen Auslegungsmethoden in einen Diskurs zu bringen: *Kudlich*, JZ 2003, 127, 130; *Kaspar*, Verhältnismäßigkeit und Grundrechtsschutz im Präventionsstrafrecht, 530 ff.

521 *Joecks/Erb* verweisen auf die drei folgenden Judikate: MüKo-*Joecks/Erb*, Einl. StGB Rn. 27; in diesem Beschluss wird § 129 StGB im Lichte des Art. 21 GG ausgelegt: *BVerfGE* 17, 155; in der Sitzblockaden-I-Entscheidung wird § 240 StGB mit Berücksichtigung auf die Bedeutung des Art. 8 GG ausgelegt: *BVerfGE* 73, 206; in der Cannabis-Entscheidung wurden Strafvorschriften aus dem Betäubungsmittelrecht an Art. 2 Abs. 1 und Art. 2 Abs. 2 S. 2 GG gemessen: *BVerfGE* 90, 145.

Untersuchung, die Wertung des Art. 9 Abs. 2 GG – unterverfassungsrechtlich geregelt in § 3 VereinsG – im Rahmen der Auslegung berücksichtigt werden. Art. 9 Abs. 2 GG beschreibt allerdings keinen grundrechtlichen Schutzbereich, sondern dient ihrerseits als Rechtfertigung für einen Eingriff gerade in die garantierte Vereinigungsfreiheit.[522] Dass durch die verfassungsorientierte Auslegung eine solche Konstruktion bei der Auslegung von Strafgesetzen berücksichtigt wird, ist nicht ersichtlich. Deshalb kann sie zur Lösung der Forschungsfrage keinen Beitrag leisten.

dd) Bedeutung der Grundrechte im strafrechtlichen Deliktsaufbau

Es ist darüber hinaus denkbar, dass der Wertung des Art. 9 GG mittelbar oder unmittelbar im strafrechtlichen Deliktsaufbau Rechnung getragen wird. Grundrechte werden in den verschiedenen Ebenen des dreigliedrigen Verbrechensaufbaus angewandt und entfalten mittelbar und unmittelbar als Strafbefreiungsgründe ihre Wirkung.[523] Im Folgenden wird die Wirkung der Grundrechte überblicksartig dargestellt und subsumiert, ob der jeweiligen Wirkungsebene eine Relevanz für die Forschungsfrage entnommen werden kann.

(1) Wirkung auf Tatbestandsebene

Grundrechte können auf Tatbestandsebene entweder durch eine explizite Normierung eines Grundrechts in der Strafnorm[524] oder durch verfassungskonforme

522 Art. 9 Abs. 2 GG dient als Schranke der Vereinigungsfreiheit: *BVerfGE* 149, 160; *Kingreen/Poscher*, Grundrechte. Staatsrecht II, § 18 Rn. 1007 ff; der Regelung des Abs. 2 ist ein Gesetzesvorbehalt zu entnehmen: Jarass/Pieroth-*Jarass*, Art. 9 GG Rn. 17 m.w.N.

523 Siehe zum dreigliedrigen Verbrechensaufbau: Lackner/Kühl/Heger-*Heger*, vor § 13 StGB Rn. 17; als Kritik an der Wirkung von Grundrechten im Verbrechensaufbau wird unter anderem die Unbestimmtheit der Grundrechte und die Pflicht zur Vorlage nach Art. 100 Abs. 1 GG genannt, siehe nur: *Böse*, ZStW 2001, 40, 42; *Kaspar*, Verhältnismäßigkeit und Grundrechtsschutz im Präventionsstrafrecht, 553 ff; ob eine Norm jedoch für verfassungswidrig gehalten wird und daraus eine Vorlage nach Art. 100 Abs. 1 GG folgt, ist etwas anderes als eine strafrechtliche Einzelfallbetrachtung, die sich an Grundrechten orientiert, siehe dazu nur: *Valerius*, JuS 2007, 1105, 1108; *Brand/Winter*, JuS 2021, 113, 116.

524 Zu nennen sind hier zum Beispiel folgende Normen, die eigene Ausschlussklauseln enthalten: §§ 86 Abs. 4, 91 Abs. 2, 109 f Abs. 1 S. 2 und 201a Abs. 4 StGB. Diese Aufzählung orientiert sich an: *Waltke*, Kunst und öffentlicher Frieden, 82 f; *Schäfer/Anstötz* sprechen von einer „Sozialadäquanzklausel": MüKo-*Schäfer/Anstötz*, § 91 StGB Rn. 25.

bzw. -orientierte Auslegung[525] einzelner Tatbestandsmerkmale wirken. Vorliegend enthält weder § 263 StGB eine solche grundrechtliche Ausschlussklausel noch können hier die oben dargestellten Auslegungsmethoden weiterhelfen.[526]

(2) Wirkung auf Rechtswidrigkeitsebene

Am bekanntesten lässt sich die Auswirkung der Grundrechte auf Ebene der Rechtswidrigkeit bezeichnen.[527] Mittelbar erhalten sie Einzug über den Rechtfertigungsgrund in § 193 StGB über die Fallgruppe „Wahrnehmung berechtigter Interessen", in der die Rechte des Betroffenen mit der Meinungsfreiheit gemäß Art. 5 Abs. 1 S. 1 GG abgewogen werden.[528] Dass Grundrechte grundsätzlich unmittelbar als Rechtfertigungsgrund in Betracht kommen können, hat das Bundesverfassungsgericht bereits in den Sitzblockaden-Entscheidungen angedacht.[529]

---

525 Beispielhaft sei hier die Gesundbeter-Entscheidung des Bundesverfassungsgerichts genannt, in der die „Ausstrahlungswirkung" des Art. 4 Abs. 1 GG auf die Auslegung und Anwendung eines Straftatbestands (hier das Verhältnis zu § 323c StGB) festgestellt wurde, die zu einem „Zurückweichen des Strafrechts" führte: *BVerfGE* 32, 98, 109; *Böse* ordnet den Zusammenhang zwischen Art. 4 Abs. 1 GG und § 323c StGB anders ein: *Böse*, ZStW 2001, 40, 71.

526 Siehe dazu Abschnitt C.III.4.a)bb) C.III.4.a)cc) dieser Untersuchung.

527 Einen Überblick über Grundrechte auf Ebene der Rechtswidrigkeit geben: *Reichert-Hammer,* Politische Fernziele und Unrecht, 120 ff; *Schmidt* erachtet die Ebene der Rechtswidrigkeit als angemessene Wirkungsstufe grundrechtlicher Wirkungen im Verbrechensaufbau; denn die vom Gesetzgeber in einen Tatbestand gegossene strafrechtliche Aussage über das tatbestandliche Unrecht bleibe davon unberührt: *H. Schmidt,* Grundrechte als verfassungsunmittelbare Strafbefreiungsgründe, 137 ff; *Kaspar,* Verhältnismäßigkeit und Grundrechtsschutz im Präventionsstrafrecht, 541 ff; *Kühl,* Strafrecht AT, § 9 G. III. Rn. 112 ff; *Brand/Winter,* JuS 2021, 113.

528 Siehe dazu exemplarisch den Schmid-Spiegel-Beschluss des Bundesverfassungsgerichts: *BVerfGE* 12, 113; Anwendungsbereich von § 193 StGB sind allerdings nur die §§ 185 ff. StGB, wobei eine Ausweitung auf weitere Delikte außerhalb der Beleidigungstatbestände umstritten ist: *Tiedemann,* Verfassungsrecht und Strafrecht, 37 ff; Schönke/Schröder-*Eisele/Schittenhelm*, § 193 StGB Rn. 3; MüKo-*Regge/Pegel*, § 193 StGB Rn. 3.

529 In der Sitzblockaden-I-Entscheidung ging es um die Vereinbarkeit der Interpretation des Gewaltbegriffs mit Art. 103 Abs. 2 GG, die letztendlich aufgrund von Stimmengleichheit (§ 15 Abs. 4 S. 3 BVerfGG) bejaht wurde bzw. ein Verstoß nicht festgestellt werden konnte; das Gericht lehnte zwar Art. 8 GG als Rechtfertigungsgrund für Sitzblockaden schließlich ab, bezeichnete diesen aber als „denkbar", worin eine grundsätzliche Zusage für unmittelbare Rechtsfertigungsgründe im

Dass die Wertung des Art. 9 GG auf Rechtswidrigkeitsebene im Rahmen der Prüfung des § 263 StGB berücksichtigt wird, scheitert aus mehreren Gründen: Der Anwendungsbereich von § 193 StGB erstreckt sich lediglich auf die Beleidigungsdelikte, die hier nicht tangiert sind. Darüber hinaus ist der gewichtigere Grund, dass eine Rechtfertigung via Grundrechte gar nicht in Betracht kommen kann. Denn das Grundrecht des Art. 9 GG steht hier, wenn überhaupt, der verletzten Person als Mitglied einer Vereinigung zu und nicht Täter und Täterinnen, die selbst keinen Bezug zu Art. 9 GG aufweisen.

(3) Wirkung auf Schuldebene

Die Anwendung von Grundrechten auf Schuldebene wird aus mehreren Gründen – einerseits mangels Anwendungsbereich[530], andererseits mangels Assoziierung mit dem subjektiven Schuldvorwurf[531] – abgelehnt.[532] Darüber hinaus ist eine Wirkung auf Schuldebene hier nicht denkbar, weil das Grundrecht des Art. 9 GG nicht, wie gerade erörtert, auf Seite von Tätern und Täterinnen, sondern auf der Seite der verletzten Person Schutz entfaltet.

ee) Zwischenfazit

Die Betrachtung der Bedeutung der Grundrechte für eine materielle Strafnorm kann nur bedingt bei der Forschungsfrage weiterhelfen. Die konkreten Wirkungsebenen der Grundrechte passen nicht auf die zugrunde liegende Konstruktion des Wertungswiderspruchs und können deshalb nicht als Hilfestellung für das Problem dienen. Lediglich der doch recht allgemein und abstrakt

---

Strafrecht zu sehen ist: *BVerfGE* 73, 206, 250; in der Sitzblockaden-II-Entscheidung gelangte das Bundesverfassungsgericht zur Unvereinbarkeit einer weiten Auslegung des Gewaltbegriffs mit Art. 103 Abs. 2 GG: *BVerfGE* 92, 1, 16; schließlich sprach das Gericht in der Sitzblockaden-III-Entscheidung davon, dass Art. 8 GG „gerade *keinen* Rechtfertigungsgrund für strafbares Verhalten" schaffe; das schließt allerdings die grundsätzliche Tauglichkeit als Rechtfertigungsgrund nicht aus: *BVerfGE* 104, 92, 113.

530 Da Grundrechte bereits auf Rechtfertigungsebene wirken, komme man gar nicht zur Prüfung der individuellen Vorwerfbarkeit: *Blume,* Strafbefreiende Wirkung der "neuen" Arbeitskampffreiheit?, 115 ff.

531 *H. Schmidt,* Grundrechte als verfassungsunmittelbare Strafbefreiungsgründe, 142 ff.

532 In einem Fall, in dem es um die Verweigerung des zivilen Ersatzdienstes durch einen Angehörigen der Zeugen Jehovas ging, entschied das Bundesverfassungsgericht, dass die Gewissensfreiheit aus Art. 4 Abs. 3 GG nicht die strafrechtliche Schuld ausschließe: *BVerfGE* 23, 127.

formulierten „Ausstrahlungskraft“ der Grundrechte auf das Strafrecht kann die – wiederum sehr allgemein gehaltene – Zusage dem Grunde nach für den hier verfolgten Ansatz entnommen werden, dass grundrechtliche Wertungen kraft Natur der Sache im Strafrecht Berücksichtigung erfahren müssen.

b) Prinzip der Einheit der Rechtsordnung

Die Einheit der Rechtsordnung[533] war bereits aus rechtsmethodologischer Perspektive Gegenstand dieser Untersuchung.[534] Dieses Prinzip lässt sich allerdings auch und insbesondere verfassungsrechtlich herleiten und ist damit nicht nur Forschungsgegenstand der Methodenlehre, sondern auch der Rechtsprechung selbst.[535]

Im Folgenden wird einerseits der verfassungsrechtliche Unterbau der Einheit der Rechtsordnung dargestellt und andererseits am Maßstab dieser Prinzipien untersucht, inwieweit ein Wertungswiderspruch einen Verstoß gegen die Einheit der Rechtordnung darstellen könnte. Ergibt sich, dass der bereits offen gelegte Wertungswiderspruch in Konflikt mit verfassungsrechtlichen Grundprinzipien steht, liegt darin ein verfassungsrechtliches Argument für die Auflösung des Widerspruchs.

---

533 Wie bereits in Abschnitt B.III.2.a) dieser Untersuchung festgestellt, ist *Jahn* zuzustimmen, dass es dem Begriff an inhaltlicher Konturierung mangele: *Jahn*, Strafrecht des Staatsnotstandes, 389 ff; *Jahn* verweist u.a. auf *K. Schmidt*, in: Vielfalt des Rechts – Einheit der Rechtsordnung?, 9 und auf *Felix*, Einheit der Rechtsordnung, S. 5 m.w.N; *Engisch* stellt diese Unbestimmtheit gleich zu Anfang seiner Antrittsvorlesung fest: *Engisch*, Die Einheit der Rechtsordnung, 1 f; in diesem Kontext fällt auch auf, dass unterschiedliche Begrifflichkeiten verwendet werden. *Sodan* spricht beispielsweise von der „Widerspruchsfreiheit der Rechtsordnung“: *Sodan*, JZ 1999, 864; bei *Canaris* ist die Rede von der „Folgerichtigkeit“: *Canaris*, Systemdenken und Systembegriff in der Jurisprudenz, 16 ff; zur Kritik an diesem Begriff siehe nur: *Hanebeck*, 439 f; *Felix*, Einheit der Rechtsordnung, 404 f; *Wagner*, Die Akzessorietät des Wirtschaftsstrafrechts, 28 ff. m.w.N.

534 Siehe Abschnitt B.III.2.a) dieser Untersuchung.

535 *Sodan* nimmt in seinem Beitrag sowohl eine wissenschaftstheoretische als auch eine verfassungsrechtliche Analyse des Postulats der Einheit der Rechtsordnung vor: *Sodan*, JZ 1999, 864; zur Bedeutung des Begriffs „Einheit der Rechtsordnung“ in Rechtstheorie, Zivil- und Staatsrechtswissenschaft im 19. und 20. Jahrhundert siehe: *Baldus*, Die Einheit der Rechtsordnung.

aa) Verfassungsrechtliche Dimension

Die Einheit der Rechtsordnung lässt sich nicht nur aus einem einzelnen Verfassungsprinzip ableiten, sondern kann einerseits durch tragende Prinzipien aus Art. 20 GG und andererseits unter Bezugnahme des aus Art. 3 Abs. 1 GG folgenden Gleichheitssatzes begründet werden.[536] Diese werden im Folgenden skizziert.

(1) Demokratieprinzip

Wird das Demokratieprinzip – abgeleitet aus Art. 20 Abs. 2 S. 1 GG: „Alle Staatsgewalt geht vom Volke aus" – als verfassungsrechtliche Herleitung bemüht, verbirgt sich dahinter der Gedanke, dass das Volk einen einheitlichen Willen bilde und sich dieser einheitlich in staatlicher Gewalt realisiere.[537] Die Einheit des Willens der Bevölkerung wird folglich via den Staat in die Rechtsordnung transportiert, die sich dadurch auch einheitlich präsentiert.

(2) Rechtsstaatsprinzip

An diesen einheitlichen Willen des Volkes knüpft *Sodan* auch die Begründung durch das Rechtsstaatsprinzip (Art. 20 Abs. 2 und Abs. 3 GG) an, das in Gestalt einer widerspruchslosen Rechtssetzung seinen Niederschlag findet.[538] Diesen Zusammenhang betonte auch das Bundesverfassungsgericht in mehreren Entscheidungen.[539]

Aus dem Aspekt der Rechtssicherheit, der aus dem Rechtsstaatsprinzip zu folgern sei, kann der Schluss auf eine widerspruchsfreie Rechtsordnung gezogen werden, die die von der Regelung adressierte Person erst in die Lage

---

536 Die Reihenfolge der Prinzipien ist der Aufzählung bei *Wagner* entnommen: *Wagner,* Die Akzessorietät des Wirtschaftsstrafrechts, 31 ff.

537 *Wagner,* Die Akzessorietät des Wirtschaftsstrafrechts, 31 ff; *Wagner* verweist auf *Sodan*, der Rechtseinheit in horizontaler (dazu zählen die Gewaltenteilung, aber auch Kollisionsregeln) und vertikaler (zu nennen sind hier das Bundesstaats-, Rechtsstaats- und Gewaltenteilungsprinzip) Hinsicht darstellt: *Sodan*, JZ 1999, 864, 868 f; *Felix,* Einheit der Rechtsordnung, 235 ff. m.w.N; *Hanebeck* bezeichnet die Vorstellung einer staatlichen Handlungseinheit als „Friktion" und sieht darin deshalb keine Grundlage für eine Herleitung der Einheit der Rechtsordnung: *Hanebeck*, Der Staat 2002, 429, 442.

538 *Sodan*, JZ 1999, 864, 869 f.

539 *BVerfGE* 98, 106, 118 f; *BVerfGE* 98, 83, 97; eine Einordnung der Entscheidungen, auch in Bezug zu Norm- und Wertungswidersprüchen, nimmt *Höpfner* vor: *Höpfner,* Die systemkonforme Auslegung, 50 ff.

versetzen kann, das eigene Verhalten daran auszurichten.[540] *Günther* leitet daraus die Annahme ab, dass Grundaussagen der einzelnen Rechtsordnungen aufeinander abgestimmt zu sein haben.[541]

(3) Bundesstaatsprinzip

Neben dem Rechtsstaatsprinzip nannte das Bundesverfassungsgericht auch das Bundesstaatsprinzip – der Senat verwies auf die „bundesstaatliche Kompetenzordnung“[542] – dass „alle rechtsetzenden Organe [verpflichte], ihre Regelungen jeweils so aufeinander abzustimmen, daß den Normadressaten nicht gegenläufige Vorschriften erreichen, die Rechtsordnung also nicht aufgrund unterschiedlicher Anordnungen widersprüchlich wird.“[543] Als Normen, die ein einheitliches Recht im Bundesstaat flankieren, seien Art. 20 Abs. 1 GG, 28 Abs. 1, 31, 72 Abs. 2 und 142 GG genannt.[544]

(4) Gleichheitssatz

Schließlich wird das Prinzip der Einheit der Rechtsordnung auch aus dem in Art. 3 Abs. 1 GG normierten Gleichheitssatz abgeleitet.[545] Welche Prämisse

540 *Günther,* Strafrechtswidrigkeit und Strafunrechtsausschluss, 95 ff; *Sodan* führt aus, dass einem Rechtsstaat ein widerspruchsfreies Recht immanent sein und daraus Rechtsvertrauen erwachse: *Sodan,* JZ 1999, 864, 865; aus der Rechtssicherheit folgt nach *Canaris* auch der „Systemgedanke“ – der auch ableitbar aus der „Idee des Rechts“ sei – und eine Ordnung innerhalb des Systems des Rechts gewährleistet: *Canaris,* Systemdenken und Systembegriff in der Jurisprudenz, 17 f; *Wagner,* Die Akzessorietät des Wirtschaftsstrafrechts, 31 ff.

541 *Günther,* Strafrechtswidrigkeit und Strafunrechtsausschluss, 95 ff.

542 *BVerfGE* 98, 83, 97.

543 *BVerfGE* 98, 83, 97; näher zum Bundesstaatsprinzip: *Voßkuhle/Kaufhold,* JuS 2010, 873, 875.

544 *Wagner,* Die Akzessorietät des Wirtschaftsstrafrechts, S. 32 ff; *Wagner* verweist auf *Sodan*: *Sodan,* JZ 1999, 864, 870.

545 *Günther* beschreibt den Gleichheitssatz als Geltungsgrund für die Einheit der Rechtsordnung: *Günther,* Strafrechtswidrigkeit und Strafunrechtsausschluss, 92 ff; *Renzikowski* entnimmt dem Gleichheitssatz für das Strafrecht die Wertung, dass gleich strafwürdiges Unrecht strafrechtlich geahndet wird. Das Prinzip der Einheit der Rechtsordnung führt er auf die „Rechtsidee selbst“ zurück und folgert er zugleich aus dem Gleichheitssatz: *Renzikowski,* GA 1992, 159, 160, 171; *Canaris* ist der Ansicht, die Einheit der Rechtsordnung entspringe der „Rechtsidee selbst“ und sei aus dem Gleichheitssatz gewachsen: *Canaris,* Systemdenken und Systembegriff in der Jurisprudenz, 16 ff; *Wagner,* Die Akzessorietät des Wirtschaftsstrafrechts, 32 ff; *Höpfner,* Die systemkonforme Auslegung, 40 ff.

diesem zu entnehmen ist und wann eine Verletzung desselben vorliegt, sei im Folgenden erläutert.

Im Südweststaat-Urteil judizierte das Bundesverfassungsgericht, dass der Gleichheitssatz es verbiete, „wesentlich Gleiches ungleich“[546] zu behandeln; eine Verletzung liege vor, wenn „sich ein vernünftiger, sich aus der Natur der Sache ergebender oder sonstwie sachlich einleuchtender Grund für die gesetzliche Differenzierung oder Gleichbehandlung nicht finden läßt.“[547] Das Bundesverfassungsgericht stellte auch einen Zusammenhang mit dem Gedanken der Systemwidrigkeit her und führte dazu aus, dass der „Systemwidrigkeit einer Einzelvorschrift“[548] lediglich indizielle Wirkung für die Willkürlichkeit zukommt. Nach der „neuen Formel“[549] liege ein Verstoß gegen den Gleichheitssatz vor, „wenn eine Gruppe von Normadressaten im Vergleich zu anderen Normadressaten anders behandelt wird, obwohl zwischen beiden Gruppen keine Unterschiede von solcher Art und solchem Gewicht bestehen, daß sie die ungleiche Behandlung rechtfertigen könnten.“[550]

Nach *Canaris* kommt der Gleichheitssatz im Prinzip der Einheit der Rechtsordnung zur Geltung; er führt allerdings einschränkend aus – indem er den Gleichheitssatz auf das Prinzip anwendet – dass die staatliche Behandlung von Sachverhalten aufgrund rechtsgebietsspezifischer Unterschiede unterschiedlich ausfalle, darin allerdings keine willkürliche Ungleichbehandlung zu sehen sei, sondern dies nur Ausdruck unterschiedlicher Teilrechtsordnungen sei, die gewissermaßen mit eigenem Handwerkszeug operierten und eigene Zwecke verwirklichten.[551] Insofern in der unterschiedlichen Behandlung bzw. Erfassung keine Verletzung des verfassungsrechtlichen Gleichheitssatzes liegt und damit eine Rechtfertigung möglich ist, ist *Canaris* zuzustimmen, denn natürlich können Ungleichbehandlungen aus den Spezifika der jeweiligen Rechtsordnung entspringen.

Felix ist der Ansicht, dass die rechtliche Einordnung eines Sachverhalts durch verschiedene Teilrechtsordnungen nicht in den Anwendungsbereich

546 *BVerfGE* 1, 14, 52; „Art. 3 Abs. 1 GG verbietet insbesondere, wesentlich Gleiches willkürlich ungleich oder wesentlich Ungleiches willkürlich gleich zu behandeln“: *BVerfGE* 23, 98, 107 m.w.N.

547 *BVerfGE* 1, 14, 52; zur historischen Entwicklung des Prüfungsmaßstabs siehe: *Sacksofsky*, in: Handbuch des Verfassungsrechts, 1229, § 19 Rn. 47 f.

548 *BVerfGE* 9, 20, 28.

549 Siehe dazu nur: *Sacksofsky*, in: Handbuch des Verfassungsrechts, 1229, § 19 Rn. 48.

550 *BVerfGE* 55, 72, 88.

551 *Günther*, Strafrechtswidrigkeit und Strafunrechtsausschluss, 92 ff.

von Art. 3 Abs. 1 GG falle.[552] Das Gleichbehandlungsgebot erstrecke sich auf verschiedene Personen und Sachverhalte und nicht nur lediglich auf einen Sachverhalt.[553]

Diese Auffassung von *Felix* steht einer Untersuchung des Wertungswiderspruchs am Maßstab des Gleichheitssatzes – die noch zu prüfen sein wird – nicht entgegen.[554] Denn es geht nicht um eine unterschiedliche Behandlung eines identischen Sachverhalts, sondern „gleichartiger"[555] Sachverhalte: Einerseits steht die unanfechtbare Verbotsverfügung und Einziehungsanordnung im Raum, die sich auf einen Verein und entsprechendes Vereinsvermögen erstreckt und andererseits geht es um die Beurteilung einer durch Täuschung erwirkten Vermögensminderung, die Vermögen tangiert, das nach der Verbotsverfügung generiert wurde. Um es mit den Worten *Renzikowskis* zu sagen „Ein Wertungswiderspruch ist eine sachlich unbegründete Verschiedenbehandlung gleichartiger Sachverhalte und widerspricht damit dem elementaren Gleichheitsgedanken der Gleichbehandlung des Gleichartigen."[556]

(5) Zwischenfazit: Verfassungsrechtliche Konturierung möglich

Eine verfassungsrechtliche Herleitung des Prinzips der Einheit der Rechtsordnung kann auf Grundlage von vier tragenden Verfassungsprinzipien erfolgen.[557] Ob diese nicht nur abstrakt betrachtet, sondern ihnen auch konkret eine Aussage zur hiesigen Konstellation des Wertungswiderspruchs entnommen werden kann, wird im nächsten Schritt untersucht.

---

552 *Felix* setzt sich mit der unterschiedlichen rechtlichen Beurteilung der Rechtmäßigkeit auseinander, *Felix,* Einheit der Rechtsordnung, 272 ff.

553 *Felix,* Einheit der Rechtsordnung, 272 ff. m.w.N.

554 *Felix* legt selbst nahe, dass in jedem Einzelfall geprüft werden müsse, ob ein Wertungswiderspruch eine Verletzung des Art. 3 Abs. 1 GG darstelle: *Felix,* Einheit der Rechtsordnung, 290 ff; in diese Richtung auch: *Höpfner,* Die systemkonforme Auslegung, 50 ff; *Canaris* spricht sich dafür aus, Wertungswidersprüche am Maßstab des Art. 3 Abs. 1 GG zu messen: *Canaris,* Systemdenken und Systembegriff in der Jurisprudenz, 125 ff.

555 *Renzikowski*, GA 1992, 159, 170.

556 *Renzikowski*, GA 1992, 159, 170 m.w.N; in diese Richtung auch *Larenz*, der der Ansicht ist, dass Wertungswidersprüche in Konflikt stünden mit der „Gleichbehandlung des Gleichartigen": *Larenz,* Methodenlehre der Rechtswissenschaft, 335 ff.

557 Das Bundesverfassungsgericht qualifizierte auch Art. 3 Abs. 1 GG „als selbstverständliche[n] ungeschriebene[n] Verfassungsgrundsatz": *BVerfGE* 6, 84, 91.

bb) Bedeutung für den Wertungswiderspruch

Der Widerspruchslosigkeit bzw. der Einheit des Rechts ist zu entnehmen, dass es keine Normwidersprüche geben soll.[558] Das folgt aus den dargestellten Prinzipien. In Bezug zur Konstellation eines Wertungswiderspruchs lässt sich nur aus dem Rechtsstaatsprinzip und dem Gleichheitssatz eine Orientierung für den Umgang mit dieser ableiten. Zu untersuchen ist deshalb, ob der konkrete Wertungswiderspruch die genannten Prinzipien tangiert.

(1) Verletzung des Rechtsstaatsprinzips

Ein Wertungswiderspruch lässt sich als eine systematische Inkohärenz im Norm(anwendungs)gefüge beschreiben. Denn aus dem Prinzip des Rechtsstaats lässt sich die Forderung nach Rechtssicherheit ableiten, die nicht erfüllt wird, wenn die mit der Norm adressierte Person mit einem Wertungswiderspruch konfrontiert wird.[559]

(2) Verletzung des Gleichheitssatzes

Zu untersuchen ist, ob der Gleichheitssatz durch das Vorliegen eines Wertungswiderspruchs verletzt sein könnte.[560] Es empfiehlt sich eine zweistufige Prüfung des Gleichheitssatzes, die sich an der Rechtfertigung der Ungleichbehandlung orientiert.[561] An den Gleichheitssatz sind sowohl Legislative als auch Judikative gebunden.[562] Vorliegend ist der Wertungswiderspruch auf der Ebene der Rechtsanwendung zu verorten; die Prüfung am Maßstab des Gleichheitssatzes ist folglich möglich. Dass die Verbotsverfügung von einer Behörde und die Berücksichtigung des Wertungswiderspruchs durch Gerichte erfolgt, steht der Anwendung des Gleichheitssatzes nicht entgegen. Es handelt sich um einen

---

558 Siehe nur: *Sodan*, JZ 1999, 864, 865; *Höpfner*, Die systemkonforme Auslegung, 50 ff.

559 In diese Richtung auch: *Renzikowski*, GA 1992, 159, 171.

560 Liegt keine Verletzung von Art. 3 Abs. 1 GG vor, kann bzw. muss der Wertungswiderspruch aus verfassungsrechtlicher Sicht hingenommen werden: *Wagner*, Die Akzessorietät des Wirtschaftsstrafrechts, 53 ff. m.w.N; *Engisch*, Die Einheit der Rechtsordnung, 62 f; in diese Richtung auch: *Höpfner*, Die systemkonforme Auslegung, 50 ff.

561 *Sacksofsky*, in: Handbuch des Verfassungsrechts, 1229, § 19 Rn. 40 f. m.w.N.

562 Die Bindung von Gesetzgebung, vollziehender Gewalt und Rechtsprechung folgt schon aus Art. 1 Abs. 3 GG, *Sacksofsky*, in: Handbuch des Verfassungsrechts, 1229, § 19 Rn. 63, 67; Jarass/Pieroth-*Jarass*, Art. 3 GG Rn. 3 m.w.N.

Verantwortungsbereich, da es nur auf der Ebene der Rechtsanwendung darum geht, einen Wertungswiderspruch zu berücksichtigen.[563]

Zu untersuchen ist, ob ein Verstoß gegen den Gleichheitssatz vorliegt, indem gerade kein Unterschied in der Strafbarkeit nach § 263 StGB zwischen Tätern und Täterinnen, die ein Mitglied eines verbotenen Vereins betrügen und solchen, die Personen betrügen, die einem verbotenen Verein nicht zugerechnet werden können, gemacht wird. Aufgrund des Dogmas „Die Rechtsordnung kennt im Bereich der Vermögensdelikte allgemein kein wegen seiner Herkunft, Entstehung oder Verwendung schlechthin schutzunwürdiges Vermögen"[564] machen sich Täter und Täterinnen nach § 263 StGB strafbar.

Wie in dieser Untersuchung festgestellt, liegt im erstgenannten Fall ein Wertungswiderspruch vor, aus dem folgt, dass das betrugsgegenständliche Vermögen nicht schutzwürdig ist und deshalb keinen strafrechtlichen Schutz genießt. Die Auflösung des Wertungswiderspruchs führt dazu, dass eine Strafbarkeit nach § 263 StGB im ersten Fall ausgeschlossen wäre und dadurch eine Ungleichbehandlung vorliegt.

Die gebotene unterschiedliche strafrechtliche Beurteilung lässt sich durch einen sachlichen Grund rechtfertigen.[565] Denn es geht nicht etwa darum, an eine verwerfliche Gesinnung oder die Tatsache anzuknüpfen, dass es sich bei dem verbotenen Verein um eine bekannte Terrororganisation handelt; vielmehr ist die Bewertung von Vermögenspositionen auf die unanfechtbare Vereinsverbotsverfügung und Einziehungsanordnung zurückzuführen, die einen objektiven sachlichen Grund darstellen. Aus ihnen folgt die Auslöschung des Vereins als Rechtssubjekt und die Einziehung des entsprechenden Vereinsvermögens zu Gunsten des Staates.

Bei der Anwendung des juristisch-ökonomischen Vermögensbegriffs ist es anerkannt, Vermögenspositionen, die von der Rechtsordnung missbilligt werden, den betrugsstrafrechtlichen Vermögensschutz zu verwehren; normative Wertungen werden dadurch bei der Prüfung der Schutzwürdigkeit von Vermögen zu berücksichtigt.[566] Dass das in Rede stehende Vermögen von der

---

563 Voraussetzung ist das Vorliegen eines gleichen Kompetenz- oder Verantwortungsbereichs: Jarass/Pieroth-*Jarass*, Art. 3 GG Rn. 13.

564 Siehe nur: *BGH*, NStZ-RR 2018, 221, 223.

565 *Sacksofsky*, in: Handbuch des Verfassungsrechts, 1229, § 19 Rn. 40.

566 Der 2. Strafsenat des Bundesgerichtshofs hatte sich im angestrengten Anfrageverfahren dafür ausgesprochen, die Nötigung zur Übertragung von unerlaubtem Besitz an Betäubungsmitteln nicht unter das schutzwürdige Vermögen zu fassen: *BGH*, NStZ 2016, 596; zum normativen Einfluss auf den Vermögensbegriff siehe: *Fischer*, in: Dogmatik und Praxis des strafrechtlichen Vermögensschadens,

Rechtsordnung missbilligt wird, wurde bereits in Abschnitt C.I. und C.II. ausführlich dargestellt: Aus einem Vergleich mit der strafrechtlichen Einziehung hat sich ergeben, dass überzeugende Argumente gegen die Schutzwürdigkeit solcher Vermögenspositionen ins Feld geführt werden können. Die Untersuchung zivilrechtlicher Ansprüche hat gezeigt, dass die verletzte Person im vorliegenden Fall keine Ansprüche geltend machen könnte.

Darüber hinaus wäre sogar das Ergebnis der Berücksichtigung normativer Wertungen aus dem VereinsG kongruent mit der durch das VereinsG verfolgten Intention. Der Zweck des VereinsG würde einer Berücksichtigung folglich nicht entgegenstehen. Das VereinsG normiert das Verbot von Vereinen und die Einziehung von Vereinsvermögen, um zu verhindern, dass verfassungsfeindliche Akteure wirtschaftliche Mittel innehaben, die sie zu verfassungswidrigen Zwecken einsetzen.[567] Investiert ein solcher Verein, der trotz Verbot Vermögen generiert, dieses Vermögen in verfassungswidrige Zwecke und kann die Wertung des VereinsG im Rahmen des betrugsstrafrechtlichen Vermögensschutzes berücksichtigt werden, liegt keine schutzwürdige Vermögensposition mehr vor. Dem Zweck des VereinsG würde dadurch Rechnung getragen werden.

Aus der Betrachtung des Gleichheitssatzes ergibt sich, dass eine unterschiedliche strafrechtliche Bewertung geboten ist. Eine Verletzung des Gleichheitssatzes liegt vor, wenn der Wertungswiderspruch auf Normanwendungsebene nicht berücksichtigt und aufgelöst wird.

cc) Zwischenfazit: Verletzung des Prinzips der Einheit der Rechtsordnung

Es konnte gezeigt werden, dass das Prinzip der Einheit der Rechtsordnung durch den (analysierten) Wertungswiderspruch verletzt ist.[568] Durch die Darstellung der konkreten Verletzung – basierend auf der verfassungsrechtlichen Herleitung aus dem Rechtsstaatsprinzip und dem Gleichheitssatz – ist es gelungen, den rechtsmethodologisch schwer zu konturierenden Begriff verfassungsrechtlich zu fundieren und eine konkrete Verletzung darzulegen. Daraus folgt die verfassungsrechtliche Notwendigkeit, mit diesem Wertungswiderspruch umzugehen.[569]

51; zur Thematik der nebenstrafrechtlichen Besitzverbote und ihrer Berücksichtigung bei Eigentums- und Vermögensdelikten siehe ausführlich: *Lichtenthäler*, Besitzverbot und Eigentumsschutz; MüKo-*Hefendehl*, § 263 StGB Rn. 492 m.w.N.

567 Siehe dazu Abschnitt B.II.4. dieser Untersuchung.

568 Siehe nur: *Renzikowski*, GA 1992, 159, 171.

569 Nach *Renzikowski* ist der Rechtsanwender gehalten, das Recht frei von Widersprüchen zu interpretieren: *Renzikowski*, GA 1992, 159, 177. *Felix* beschreibt die

Abschließend zur Einheit der Rechtsordnung lässt sich mit den Worten *Günthers* sagen: „Sie [Die Einheit der Rechtsordnung] verbietet, *daß* Wertungswidersprüche entstehen. Aber sie beantwortet nicht, *ob* das der Fall ist."[570] Dass ein Wertungswiderspruch vorliegt, wurde in Abschnitt B.III. dieser Untersuchung herausgearbeitet. Dass darin ein Verstoß gegen verfassungsrechtliche Prinzipien liegt, ist das Ergebnis dieses Abschnitts. Wie mit diesem umzugehen ist, wird in Abschnitt D. zu prüfen sein.

c) Zwischenfazit

Der Einfluss des Verfassungsrechts auf das Strafrecht manifestiert sich einerseits durch die Grundrechte selbst und kann andererseits durch das Postulat der Einheit der Rechtsordnung beschrieben werden. Während Ersteren keine konkrete Vorgabe – außer selbstverständlich der recht abstrakt gehaltenen Idee der Ausstrahlungswirkung der Grundrechte – für die Forschungsfrage entnommen werden kann, ist durch Letzteres erkennbar geworden, dass der vorliegende Wertungswiderspruch verfassungsrechtliche Prinzipien verletzt und deshalb aufzulösen ist.

5. Fazit zur verfassungsrechtlichen Flankierung des Wertungswiderspruchs

Die verfassungsrechtliche Flankierung des Wertungswiderspruchs in diesem Abschnitt hat gezeigt, dass unmittelbar und mittelbar aus der Verfassung folgende Argumente für die Berücksichtigung des in Abschnitt B.III. eingeordneten Wertungswiderspruchs sprechen. Vor dem Hintergrund der im Verhältnismäßigkeitsgrundsatz und im Ultima-Ratio-Prinzip verkörperten Strafbegrenzungsprinzipien bestehen berechtigte Zweifel, ob die vorliegende Konstellation vermögensstrafrechtlich überhaupt zu erfassen ist. Darüber hinaus lässt sich aus der verfassungsrechtlichen Herleitung des Prinzips der Einheit der Rechtsordnung eine Verletzung desselben durch den Wertungswiderspruch

---

Argumentationsfigur „Einheit der Rechtsordnung" als „Forderung nach Widerspruchsfreiheit der Gesamtrechtsordnung": *Felix*, Einheit der Rechtsordnung, 143 ff; allerdings legt *Felix* am Ende ihrer Arbeit den Verzicht auf diese Argumentationsfigur nahe. Mit Verweis auf bestehende Verfassungssätze bezeichnet sie den Begriff als überflüssig, S. 404 f.

570 *Günther* beschreibt die Einheit der Rechtsordnung treffend als „offenes, regulatives Rechtsprinzip": *Günther*, Strafrechtswidrigkeit und Strafunrechtsausschluss, 96 ff. m.w.N.

darlegen. Daraus folgt, dass dieser Wertungswiderspruch nicht einfach hingenommen werden kann, sondern mit ihm umzugehen ist, weil er gegen verfassungsrechtlich fundierte Prinzipien verstößt.

IV. Fazit: Argumente folgen aus Gesamtrechtsordnung

Es lässt sich feststellen, dass sich der Blick über den strafrechtlichen Horizont gelohnt hat und die Berücksichtigung des Wertungswiderspruchs nicht nur in der Straf-, sondern auch in der Zivil- und Verfassungsrechtsordnung positive Resonanz erfährt. Es ist gelungen, die im Zusammenhang mit der strafrechtlichen Einziehung entwickelte Argumentationslinie auch für die vereinsrechtliche Einziehung fruchtbar zu machen und aufzuzeigen, dass der verletzten Person auch der zivilrechtliche Schutzmantel verwehrt wäre. Schließlich liegt auch eine Verletzung des verfassungsrechtlichen Prinzips der Einheit der Rechtsordnung vor, wenn der Wertungswiderspruch keine Berücksichtigung erfährt.

Zusammenfassend sprechen folglich eine Reihe von Argumenten, die aus unterschiedlichen Rechtsordnungen gebildet wurden, für eine Berücksichtigung des Wertungswiderspruchs, der sich aus widersprüchlichen Wertungen zwischen § 3 Abs. 1, 11 Abs. 1, 2 VereinsG und § 263 Abs. 1 StGB ergibt. Welche konkreten Voraussetzungen vorliegen müssen, damit ein solcher Wertungswiderspruch vorliegt, wird im folgenden Abschnitt zu prüfen sein.

D. Eigener Lösungsansatz

In diesem Kapitel wird zunächst dargestellt, wie der analysierte Wertungswiderspruch rechtsmethodologisch aufzulösen ist. Anschließend werden drei einzelne Kriterien, die vorliegen müssen, damit ein Wertungswiderspruch entsteht, definiert und mit Leben gefüllt. Abschließend wird das Ergebnis einer umfassenden Überprüfung unterzogen: Es wird geprüft, ob der eigens entwickelte Lösungsansatz mit der Auslegung des strafrechtlichen Vermögensbegriffs vereinbar ist und verfassungsrechtliche Vorgaben eingehalten werden.

I. Instrumente für die Auflösung des Wertungswiderspruchs

Dass der Wertungswiderspruch aufzulösen ist, ergibt sich aus dem vorangegangenen Abschnitt. Wie das erfolgen kann, ist Gegenstand des Folgenden. Die Auflösung eines Wertungswiderspruchs kann sowohl durch die Legislative als auch die Judikative erfolgen.[571] Im vorliegenden Fall handelt es sich um einen Wertungswiderspruch, der sich bei Anwendung von Normen offenbart, sodass auch die Lösung auf dieser Ebene zu verorten ist. Als Instrumente der Auflösung des Wertungswiderspruchs können deshalb die Analogie, die teleologische Reduktion, eine Lösung über die Rechtsfolgen oder über die Auslegung der Norm in Betracht kommen.[572] Im Folgenden wird aufgezeigt, wie die verschiedenen Lösungswege aussehen könnten und welche Lösungsvariante sich für den skizzierten Wertungswiderspruch anbietet.

1. Analogie

Die Analogie beschreibt eine Normauslegung, die zum Tragen kommt, wenn bei vergleichbarer Interessenlage eine planwidrige Regelungslücke festgestellt werden kann und deshalb ein Lückenschluss durch analoge Auslegung geboten ist.[573] Im Strafrecht folgt aus dem in Art. 103 Abs. 2 GG und § 1 StGB normierten

---

571 *Renzikowski*, GA 1992, 159, 172.

572 *Günther,* Strafrechtswidrigkeit und Strafunrechtsausschluss, 98 ff; *Renzikowski*, GA 1992, 159, 176 f; *Canaris,* Systemdenken und Systembegriff in der Jurisprudenz, 116 f.

573 *Larenz/Canaris,* Methodenlehre der Rechtswissenschaft, 202 ff; Schönke/Schröder-*Hecker,* § 1 StGB Rn. 25; zum Verhältnis zwischen Auslegung und Analogie ausführlich: *Perron*, in: Das Gesetzlichkeitsprinzip im Strafrecht, 211; zur Abgrenzung zwischen unzulässiger Analogie und zulässiger Auslegung siehe

Gesetzlichkeitsprinzip, dass nur eine Analogie zugunsten von Tätern und Täterinnen zulässig wäre.[574]

Das strafrechtliche Analogieverbot wäre vorliegend zwar nicht verletzt, weil die Auflösung des Wertungswiderspruchs keine Strafbegründung oder -verschärfung zur Folge hätte, sondern damit eine Straflosigkeit einhergeht.[575] Allerdings liegen die Voraussetzungen für eine Analogie nicht vor. Denn es geht nicht darum, eine planwidrige Lücke zu schließen, indem man beispielsweise Normen aus dem VereinsG entsprechend auf vermögensstrafrechtliche Tatbestände anwendet. Vielmehr ist im Verhältnis von §§ 3 Abs. 1, 11 Abs. 1, 2 VereinsG und § 263 Abs. 1 StGB die Wertung hinsichtlich der Schutzwürdigkeit von Vermögen zu berücksichtigen und deshalb ein Wertungswiderspruch aufzulösen. Diese Berücksichtigung lässt sich als eine normative Einschränkung des Tatbestandsmerkmals des Vermögens beschreiben und führt dazu, dass bestimmte Fälle aus dem Anwendungsbereich der Norm fallen. Eine den Anwendungsbereich der Norm erweiternde Analogie liegt folglich gerade nicht vor.

2. Teleologische Reduktion

Sogenannten verdeckten planwidrigen Regelungslücken wird mit der teleologischen Reduktion der Norm begegnet.[576] Darunter versteht man eine restriktive Auslegung der Norm, die solche Fälle aus dem Anwendungsbereich herausnimmt, die zwar aufgrund des Wortlauts der Norm unter diese subsumiert werden könnten, der Sinn und Zweck des Gesetzes allerdings dagegen

auch: MüKo-*Schmitz*, § 1 StGB Rn. 84 ff; ob die Voraussetzungen einer Analogie vorliegen, erschließt sich erst nach Auslegung der Norm, die prioritär durchzuführen ist: *Danwerth*, ZfPW 2017, 230, 240.

574 *Roxin*, in: Das Gesetzlichkeitsprinzip im Strafrecht, 113, 119; das Verbot analoger Strafbegründung und -schärfung („nulla poena, nullum crimen sine lege stricta") entspringt dem Bestimmtheitsgrundsatz: *BVerfGE* 126, 170, 197; Kindhäuser-*Kargl*, § 1 StGB Rn. 70.

575 Zum Anwendungsbereich des Analogieverbots siehe: Schönke/Schröder-*Hecker*, § 1 StGB Rn. 26 ff.

576 *Larenz/Canaris*, Methodenlehre der Rechtswissenschaft, 210 ff; die teleologische Reduktion erfolgt nach durchgeführter Auslegung der Norm, weil sie eine Lösung anbietet, die sich außerhalb der Grenzen der Wortlautauslegung bewegt: *Danwerth*, ZfPW 2017, 230, 241.

spricht.[577] Als bekanntes Beispiel lässt sich die teleologische Reduktion des abstrakten Gefährdungsdelikts des § 306a StGB nennen, bei dem eine Reduzierung in Anbetracht des hohen Strafrahmens geboten sein kann, wenn eine Gefährdung ausgeschlossen ist.[578]

Der zugrunde liegende Wertungswiderspruch lässt sich hier nicht durch die teleologische Reduktion des § 263 StGB auflösen, denn die Voraussetzungen dafür liegen ebenfalls nicht vor. Zwar liegt durch den in § 263 StGB gewählten Begriff des „Vermögens" ein weit gefasstes Tatbestandsmerkmal vor, das nach seinem Wortlaut auch Vermögenspositionen umfassen könnte, die der vereinsrechtlichen Einziehung unterlagen. Allerdings spricht die Ratio des Betrugstatbestands – der Schutzzweck des Betrugs ist der Schutz von Vermögen[579] – nicht unbedingt dagegen, so dass eine teleologische Reduktion hier nicht geboten ist.

3. Korrektur des Strafrahmens

Wertungswidersprüche, die sich in Konstellationen ergeben, in denen eine Diskrepanz zwischen Unrechtsgehalt und Rechtsfolgen festzustellen ist, lassen sich über eine Korrektur des Strafrahmens lösen.[580] Dieser Punkt muss allerdings nicht vertieft werden, weil vorliegend offensichtlich ein solcher Widerspruch nicht gegeben ist: Im zugrundeliegenden Fall rufen nicht unterschiedlich hohe Strafrahmen Bedenken hervor, sondern die Bewertung der Schutzwürdigkeit von Vermögenspositionen im Rahmen des Tatbestandsmerkmals des Vermögens.

---

577 Da der Sinn („telos") der Norm den Anwendungsbereich beschränkt, spricht man von „teleologischer Reduktion": *Larenz/Canaris*, Methodenlehre der Rechtswissenschaft, 210 ff.

578 Schönke/Schröder-*Heine/Bosch*, § 306a StGB Rn. 2 m.w.N; kritisch dazu: MüKo-*Radtke*, § 306a StGB Rn. 46.

579 Siehe dazu Abschnitt B.I.1. dieser Untersuchung.

580 Dazu auch: *Renzikowski*, GA 1992, 159, 176; einen solchen Widerspruch behandelte bereits das Reichsgericht. Es ging in diesem Fall darum, dass der Strafrahmen höher war, wenn ein Kind ohne Tötungsvorsatz ausgesetzt wird und dieses in Folge verstirbt (§ 221 Abs. 3 StGB) als wenn ein Kind gleich nach der Geburt getötet wird (§ 217 Abs. 2 StGB): *RGSt* 68, 407; rechtsmethodologisch eingeor"net wird dieser Fall von: *Canaris*, Systemdenken und Systembegriff in der Jurisprudenz, 118 ff.

4. Auslegung

Die Entstehung von Wertungswidersprüchen, die bei der Anwendung von Rechtsnormen entstehen, können durch Auslegung vermieden werden.[581] Unter den klassischen Auslegungsmethoden werden die grammatikalische, die systematische, die teleologische und die historische Auslegung verstanden.[582] Daneben gibt es die verfassungskonforme, europarechtskonforme und folgenberücksichtigende Auslegung.[583]

Die einzelnen Auslegungsregeln werden im Abschnitt D.IV.1. detailliert skizziert, um zu überprüfen, ob die im Folgenden zu entwickelnden Kriterien sich im Rahmen der Auslegung der Norm des § 263 StGB bewegen oder sich ein Verstoß feststellen lässt.[584]

Wie bereits dargestellt, bietet sich der juristisch-ökonomische Vermögensbegriff als Grundlage für die Berücksichtigung des Wertungswiderspruchs an.[585] Blickt man in die Kommentarliteratur, werden die unterschiedlichen Vermögensbegriffe und damit auch der juristisch-ökonomische Vermögensbegriff interessanterweise nicht unter „Auslegung des Tatbestandsmerkmals des Vermögens", sondern einfach unter „Begriff des Vermögens" aufgelistet.[586] Das mag daran liegen, dass es bei diesem Tatbestandsmerkmal gleichzeitig um die Herausarbeitung des Schutzguts von § 263 StGB geht und somit der Telos der Norm im Vordergrund steht. Man beantwortet dadurch gewissermaßen zwei

581 *Renzikowski* schlägt dafür die „verfassungskonforme oder die systematische bzw. systemkonforme Auslegung" vor: *Renzikowski*, GA 1992, 159, 172; *Canaris* verweist auf die systematische Auslegung: *Canaris*, Systemdenken und Systembegriff in der Jurisprudenz, 117 ff.

582 *BVerfGE* 11, 126, 130; *Larenz*, Methodenlehre der Rechtswissenschaft, 141 ff; *Larenz/Canaris*, Methodenlehre der Rechtswissenschaft, 141 ff; siehe dazu auch: *Bleckmann*, JuS 2002, 942, 943 ff; *Jescheck/Weigend*, Lehrbuch des Strafrechts AT, § 17 IV 1; Schönke/Schröder-*Hecker*, § 1 StGB Rn. 36 ff; Kindhäuser-*Kargl*, § 1 StGB Rn. 105 ff.

583 Zur aus dem Loyalitätsgebot abgeleiteten Pflicht zur richtlinienkonformen Auslegung, siehe: *B. Hecker*, JuS 2014, 385, 386 ff; Schönke/Schröder-*Hecker*, § 1 StGB Rn. 36 ff; Kindhäuser-*Kargl*, § 1 StGB Rn. 111b.

584 Als Grenze für die Beseitigung von Wertungswidersprüchen nennt *Canaris* insbesondere Wortlaut und Sinn der Norm: *Canaris*, Systemdenken und Systembegriff in der Jurisprudenz, 119 f.

585 Siehe Abschnitt B.I.4. und B.IV. dieser Untersuchung.

586 MüKo-*Hefendehl*, § 263 StGB Rn. 474 ff; Kindhäuser-*Kindhäuser/Hoven*, § 263 StGB Rn. 16 ff; Lackner/Kühl/Heger-*Heger*, § 263 StGB Rn. 33 ff.

Fragen: einerseits die Frage nach dem Schutzgut des Vermögensdelikts und andererseits die Frage, wann ein Vermögensschaden vorliegt.

Die verschiedenen Vermögensbegriffe unternehmen den Versuch, Vermögen zu definieren und Maßstäbe zur Bewertung der Schutzwürdigkeit einer Vermögensposition anzubieten. Der juristisch-ökonomische Vermögensbegriff selbst reiht sich somit als eine mögliche Auslegungsvariante in eine Bandbreite von unterschiedlichen Vermögenslehren ein. Vermögenspositionen, die von der Rechtsordnung Missbilligung erfahren, sind nach diesem Vermögensbegriff vom schutzwürdigen Vermögen zu exkludieren.[587] Wie eine Auslegung des Vermögensbegriffs erfolgen kann, wird im Folgenden zu prüfen sein.

5. Fazit: Auslegung von § 263 StGB

Die Berücksichtigung und Auflösung des in dieser Arbeit untersuchten Wertungswiderspruchs kann vorliegend nur über die Auslegung der Norm des § 263 StGB erfolgen. Auf Grundlage der juristisch-ökonomischen Vermögenslehre ist eine Lösung zu entwickeln, die die Missbilligung durch das VereinsG abbildet und mit dem Auslegungskanon vereinbar ist. Das wird im Folgenden zu prüfen sein.

Eine Lösung, die nicht an dem Punkt der vermögensstrafrechtlichen Schutzwürdigkeit, sondern zum Beispiel im VereinsG selbst ansetzt, ist hingegen nicht praktikabel. Denn erst die durch das VereinsG geschaffene Rechtslage lässt die Schutzwürdigkeit strafrechtlicher Vermögenspositionen in Zweifel ziehen.

II. Einzelne Kriterien für das Vorliegen des Wertungswiderspruchs

Ziel dieses Abschnitts ist es, Strafgerichten rechtssichere Kriterien für die Erkennung des Wertungswiderspruchs an die Hand zu geben. Anhand von drei Kriterien wird herausgearbeitet, wie die verwaltungsrechtliche Verbotsentscheidung und Einziehungsanordnung bei der Auslegung des § 263 StGB berücksichtigt werden können. Im Ergebnis wird aufgrund mangelnder Schutzwürdigkeit des Vermögens der Tatbestand des § 263 StGB ausgeschlossen sein.

Dafür sei zunächst der Sachverhalt, aus dem der Wertungswiderspruch erwächst, wieder ins Gedächtnis gerufen: A ist Mitglied eines verbotenen Vereins. Der Verein wurde durch Verbotsverfügung verboten und das Vereinsvermögen eingezogen. A vereinbart mit B, dieser Geld zu geben, um ein

587 Siehe nur: Schönke/Schröder-*Perron*, § 263 StGB Rn. 83 m.w.N.

verfassungsfeindliches Ziel, namentlich einen Terroranschlag, zu finanzieren. A verfügt in Folge über entsprechendes Geld. Die Gegenleistung bleibt allerdings aus, weil B nicht vorhatte, das Geld entsprechend einzusetzen. Täuschungsbedingt hat A in dieser Konstellation Geld zu illegalen Zwecken an B geleistet, die ihren Teil der Verabredung nicht erfüllt hat.

Der Sachverhalt verdeutlicht, dass die folgenden Fragen bei der Entwicklung der Kriterien beantwortet werden müssen: Welche vereinsrechtlichen Entscheidungen im Verbotsverfahren sind zu berücksichtigen? Wie erfolgt eine Zuordnung der verletzten Person zum verbotenen Verein? Und welche Rolle spielt der illegale Zweck, in den die verletzte Person Geld investieren wollte?

Die Unanfechtbarkeit von Vereinsverbot und Einziehungsanordnung haben – wie bereits an anderer Stelle dargestellt[588] – zur Folge, dass der Verein erlischt und das Vermögen auf den Einziehungsbegünstigten übergeht, vgl. § 11 Abs. 2 VereinsG. Daraus ableiten lässt sich die Frage, warum der Verein und dazugehöriges Vereinsvermögen im obigen Beispiel dennoch existieren kann. Dass der Verein zwar rechtlich ausgelöscht ist, er aber dennoch weiter tatsächlich agieren kann, wird allein durch die Existenz von §§ 8, 20 VereinsG belegt: § 8 VereinsG verbietet es, eine Ersatzorganisation für den verbotenen Verein zu bilden oder bereits bestehende Organisationen als Ersatzorganisation fortzuführen. Entsprechend kann der Verweis aus § 8 Abs. 2 S. 2 VereinsG auf die Einziehungsvorschriften herangezogen werden, um zu verdeutlichen, dass auch nach dem Zeitpunkt der Verfügung des Vereinsverbots und der Einziehungsanordnung noch Vereinsvermögen generiert werden kann. Damit soll gerade der Tatsache begegnet werden, dass Vereinsverbote umgangen werden, um ihre verfassungsfeindlichen Aktivitäten fortzuführen.[589] Die gleiche Intention geht aus § 20 VereinsG – der als Strafnorm die Zuwiderhandlung gegen ein vollziehbares Vereinsverbot sanktioniert – und aus § 85 StGB, der den Verstoß gegen ein unanfechtbares Vereinsverbot strafrechtlich flankiert, hervor.

Im Folgenden werden die einzelnen Voraussetzungen des zu berücksichtigenden Wertungswiderspruchs skizziert, um Maßstäbe zu entwickeln, die in der Praxis imstande sind, Rechtssicherheit zu gewährleisten. Denn die Untersuchung soll nicht nur den Wertungswiderspruch in einem punktuellen

---

588 Siehe dazu Abschnitt B.II.3. dieser Untersuchung.

589 BT-Drs. IV/430, 17 f; dieses Phänomen wird auch von *Wache* beschrieben. Gerade deshalb gebe es auch das Institut der vereinsrechtlichen Einziehung, um dem verbotenen Verein die wirtschaftlichen Mittel zur Weiterführung illegaler Aktivitäten zu entziehen: Erbs/Kohlhaas-*Wache*, § 11 VereinsG Rn. 1.

Einzelfall lösen, sondern drei Kriterien entwickeln, aus denen für die Rechtspraxis erkennbar wird, wann ein solcher Wertungswiderspruch vorliegt. Eine restriktive Konturierung der Kriterien ist geboten, um dem Charakter des Ausnahmefalls dieser Konstellation Rechnung zu tragen.

1. Eindeutige rechtliche Missbilligung durch Vereinsverbot und Einziehungsanordnung

Wie bereits zu Anfang dieser Untersuchung festgestellt, ist nur ein Vermögensbegriff überzeugend, der normative Zuordnungskriterien neben einem wirtschaftlichen Maßstab bei der Beurteilung der Schutzwürdigkeit einer Vermögensposition berücksichtigt.[590] Normativ betrachtet bedarf es einer eindeutigen Missbilligung der entsprechenden Vermögensposition durch die Gesamtrechtsordnung, damit diese nicht mehr zum schutzwürdigen Vermögen des Betrugstatbestands gehört.[591] In dieser Untersuchung wurde die konkrete Missbilligung der Konstellation, die dem Wertungswiderspruch zugrunde liegt, durch die Gesamtrechtsordnung bereits aufgezeigt:[592] Neben der Missbilligung, die durch das VereinsG selbst zum Ausdruck kommt, würde das Geld der strafrechtlichen Einziehung unterliegen. Das zugrunde liegende zivilrechtliche Rechtsgeschäft wäre nichtig und der verletzten Person stünden keine zivilrechtlichen Ansprüche auf Rückgewähr des Geldes zu.

Zieschang, der sich mit dem Einfluss der Gesamtrechtsordnung auf den Vermögensschutz im Rahmen des § 263 StGB auseinandersetzt, legt sein Hauptaugenmerk auf einen Widerspruch zu grundrechtlichen Wertungen: Güter, die einer Person unter Widerspruch zu „grundgesetzlichen Wertungen“[593] zugeordnet werden, seien nicht schutzwürdig unter § 263 StGB.[594]

Gegenstand dieser Untersuchung ist der Umgang mit Vermögen eines verbotenen Vereins, dessen Vermögen der Einziehung unterlag. Der strafrechtliche Schutz von Vermögenspositionen, die diesem Verein zugeordnet werden

---

590 Siehe dazu Abschnitt B.I.3. dieser Untersuchung.

591 *Wessels/Hillenkamp/Schuhr*, Strafrecht BT II, § 13 Rn. 563; *Satzger*, JURA 2009, 518, 519.

592 Siehe zur vereinsrechtlichen Bewertung Abschnitt B.II. und zur Missbilligung durch die Gesamtrechtsordnung Abschnitt C. dieser Untersuchung.

593 *Zieschang*, in: FS Hirsch, 831, 843.

594 Nach *Zieschang* ist zu Recht nicht das Verhalten der verletzten Person – also ob gegen sie „ein strafrechtlich relevanter Vorwurf zu erheben ist“ – maßgeblich für die Frage nach dem Schutz der Vermögensposition, sondern eine widerspruchsfreie Güterzuordnung: *Zieschang*, in: FS Hirsch, 831, 840, 842.

können, stellen einen Widerspruch zu vereinsrechtlichen Wertungen dar und – weil es sich dabei um eine unterverfassungsrechtliche Konkretisierung von Art. 9 Abs. 2 GG handelt – indirekt auch zu grundgesetzlichen Wertungen. Die erhebliche rechtliche Missbilligung wird im VereinsG durch das Vereinsverbot und die dazu akzessorisch ausgestaltete Einziehungsanordnung deutlich.

a) Bestimmung des Zeitpunkts

Im Folgenden wird untersucht, in welchem Stadium sich das vereinsrechtliche Verbotsverfahren befinden muss, damit die Wertung, die daraus folgt – namentlich die mit der Auslöschung des Vereins als Vermögensinhaber und der Einziehung des Vereinsvermögens einhergehende Schutzunwürdigkeit – im Rahmen des strafrechtlichen Vermögensbegriffs berücksichtigt werden kann. Insbesondere ist relevant, welche spezifischen vereins- und strafrechtlichen Folgen sich aus der verwaltungsrechtlichen Bewertung der Verwaltungsakte als materiell beziehungsweise formell bestandskräftig ergeben. Dabei sind sowohl die Verbotsverfügung als auch die Einziehungsanordnung zu betrachten, weil es sich bei Letzterer zwar um einen selbstständigen, aber zur Verbotsverfügung akzessorischen Verwaltungsakt handelt.[595] Dass sowohl an die Auslöschung als auch an die Einziehung angeknüpft wird, kann damit begründet werden, dass erst durch das kumulative Vorliegen beider Rechtsfolgen die rechtliche Missbilligung als erheblich einzustufen ist.

aa) Zeitpunkt vor Erlass der Verbotsverfügung

Stellt man auf den Wortlaut des Art. 9 Abs. 2 GG[596] ab, wäre denkbar, dass das Strafgericht selbst prüft, ob der Verbotstatbestand des § 3 VereinsG vorliegt und Vermögenspositionen eingezogen werden könnten. Trotz des eindeutigen Wortlauts des Art. 9 Abs. 2 GG ist die Feststellung des Vereinsverbots durch die Verbotsbehörde konstitutiv.[597] § 3 VereinsG verkörpert anschaulich gesprochen

595 Siehe dazu B.II.2.a) dieser Untersuchung.

596 Art. 9 Abs. 2 GG: „Vereinigungen, deren Zwecke oder deren Tätigkeit den Strafgesetzen zuwiderlaufen oder die sich gegen die verfassungsmäßige Ordnung oder gegen den Gedanken der Völkerverständigung richten, sind verboten."

597 Früher herrschte die Annahme, dass es keines konstitutiven Aktes mehr bedurfte und Vereine, sobald sie den Verbotstatbestand verwirklichten, als verboten galten: BT-Drs. IV/430, 12; für eine konstitutive Verbotsentscheidung einer Behörde sprechen der „Gedanke der Rechtssicherheit" und die „Gewährleistung des Grundrechts der Vereinigungsfreiheit": *BVerwGE* 4, 188.

den „Grundsatz des einzigen Verbotsweges."[598] Folglich kann nicht das Strafgericht selbst darüber entscheiden, ob die Voraussetzungen eines Verbots und damit zusammenhängend auch einer Einziehungsanordnung vorliegen. Der Zeitraum vor Erlass der Verbotsverfügung ist deshalb nicht maßgeblich und wird hier nicht berücksichtigt.

bb) Materielle Bestandskraft: Wirksame Verbotsverfügung

Denkbar wäre auf den darauf folgenden relevanten verwaltungsverfahrensrechtlichen Zeitpunkt der Wirksamkeit der Verbotsverfügung abzustellen. Gemäß § 3 Abs. 4 S. 3 VereinsG wird das Verbot mit Zustellung an den zu verbietenden Verein, spätestens mit der Bekanntmachung im Bundesanzeiger, wirksam und vollziehbar.[599]

Daran knüpfen sich folgende vereinsspezifische Konsequenzen: Das in der Verfügung festgestellte Verbot und die Auflösung des Vereins führen zu einem vereinsrechtlichen Betätigungsverbot, das – mit Ausnahme des Ergreifens von Rechtsschutz – es den Mitgliedern untersagt, sich vereinsspezifisch zu organisieren.[600] Zudem gilt der Verein mit wirksamer Verbotsverfügung als verboten, existiert aber als Rechtspersönlichkeit noch fort, weil die Auslöschung erst an die Unanfechtbarkeit anknüpft, vgl. § 11 Abs. 2 S. 3 VereinsG.[601]

Zwar sind die vereinsrechtlichen Folgen als gewichtig einzustufen, allerdings besteht auf dieser Stufe des Verbotsverfahrens noch die Möglichkeit, Anfechtungsklage vor dem Verwaltungsgericht zu erheben und den Verwaltungsakt aufheben zu lassen. Diese rechtliche Unsicherheit hinsichtlich der Unanfechtbarkeit des Vereinsverbots spricht dagegen, die Wertung des VereinsG bereits in diesem Stadium zu berücksichtigen.

cc) Vollziehbarkeit der Verbotsverfügung

Daneben könnte man auch auf den Zeitpunkt der Vollziehbarkeit abstellen, der die Umsetzung des Verwaltungsakts vor Bestandskraft beschreibt. Die

---

598 BT-Drs. IV/430, 13; ausführlich zu dieser Thematik mit weiteren Nachweisen: Erbs/Kohlhaas-*Wache*, § 3 VereinsG Rn. 1.

599 Albrecht/Roggenkamp-*Albrecht*, § 3 VereinsG Rn. 95; dass ein Verwaltungsakt mit Bekanntgabe wirksam wird, ergibt sich aus § 43 Abs. 1 S. 1 VwVfG: Reichert-*Schiffbauer*, Kap. 3 Rn. 233.

600 Albrecht/Roggenkamp-*Albrecht*, § 3 VereinsG Rn. 16; *Schiffbauer* spricht von einem „Organisationsverbot": Reichert-*Schiffbauer*, Kap. 3 Rn. 210; Erbs/Kohlhaas-*Wache*, § 3 VereinsG Rn. 5.

601 *Groh*, VereinsG, § 3 VereinsG Rn. 3; Reichert-*Schiffbauer*, Kap. 3 Rn. 235.

sofortige Vollziehung, § 80 Abs. 2 Nr. 4 VwGO, wird in der Regel für die Teile der Verbotsverfügung angeordnet, die nicht Teil des Vollstreckungsverfahrens sind.[602]

Als Folge an die Vollziehbarkeit schließt sich das vereinsrechtliche Vollzugsverfahren an, in dem Beschlagnahme und Einziehung von Vereinsvermögen und die Auflösung des Vereins vollzogen werden.[603]

Ab dem Zeitpunkt der Vollziehbarkeit des Verbots ist überdies eine Zuwiderhandlung durch das sogenannte Ungehorsamsdelikt in § 20 Abs. 1 VereinsG strafbewehrt.[604]

Allerdings spricht auch hier wieder die Möglichkeit des Rechtsschutzes – bei Anordnung der sofortigen Vollziehbarkeit gemäß § 80 Abs. 5 S. 1 VwGO – aufgrund der damit einhergehenden Unsicherheit über den Bestand der Verfügung gegen die Berücksichtigung dieses frühen Zeitpunkts.[605]

dd) Formelle Bestandskraft: Unanfechtbare Verbotsverfügung

Überzeugend lässt sich schließlich nur auf den Zeitpunkt der formell bestandskräftigen Verbotsverfügung und Einziehungsanordnung abstellen, der mit Unanfechtbarkeit eintritt. Der Verwaltungsakt wird entweder mit Fristablauf zur Erhebung der Anfechtungsklage unanfechtbar oder wenn die verwaltungsrechtlichen Rechtsmittel ausgeschöpft wurden.[606]

Die Rechtsfolge der Unanfechtbarkeit normiert § 11 Abs. 2 VereinsG: Das Vereinsvermögen geht ipso iure auf den Einziehungsbegünstigten über und der betroffene Verein erlischt. Mitgliedschaftsrechte und -pflichten erlöschen ebenfalls.[607] Die Unanfechtbarkeit des Vereinsverbots ist zudem kernstrafrechtlich flankiert durch §§ 85, 86, 86a StGB, die verglichen mit § 20 VereinsG eine erhöhte Strafbarkeit normieren.[608]

Wie sich aus § 3 Abs. 1 S. 2 VereinsG ergibt, wird die Anordnung der Einziehung in der Regel mit der Verbotsverfügung verbunden.[609] Die

602 Reichert-*Schiffbauer*, Kap. 3 Rn. 200, 238.
603 Reichert-*Schiffbauer*, Kap. 3 Rn. 240, 267.
604 *Schnorr*, Öffentliches Vereinsrecht, § 20 VereinsG Rn. 1; *Groh*, VereinsG, § 20 VereinsG Rn. 2; zur Verfassungsmäßigkeit von § 20 VereinsG siehe: *BVerfGE* 80, 244.
605 Reichert-*Schiffbauer*, Kap. 3 Rn. 238.
606 Schoch/Schneider-*Goldhammer*, § 43 VwVfG Rn. 87 m.w.N.
607 *Schnorr*, Öffentliches Vereinsrecht, § 3 VereinsG Rn. 39.
608 Reichert-*Schiffbauer*, Kap. 3 Rn. 247.
609 Zu den Fällen, in denen die Anordnung der Einziehung nachgelagert sein kann: *Schnorr*, Öffentliches Vereinsrecht, § 3 VereinsG Rn. 2; Albrecht/Roggenkamp-*Albrecht*, § 3 VereinsG Rn. 17 m.w.N.

Einziehungsanordnung kann allerdings auch getrennt von der Verbotsverfügung ergehen und dieser nachfolgen.[610] Maßgeblich für die spezifischen Folgen des § 11 Abs. 2 VereinsG ist nach dem Wortlaut der Norm die Unanfechtbarkeit sowohl der Verbotsverfügung als auch der Einziehungsanordnung. Deshalb ist in diesen Fällen der (spätere) Zeitpunkt relevant, in denen sowohl Verbotsverfügung als auch Einziehungsanordnung formell bestandskräftig sind.[611]

Rekurrierend auf den skizzierten Wertungswiderspruch kann nur auf den Zeitpunkt der Unanfechtbarkeit von Verbotsverfügung und Einziehungsanordnung als relevanten Zeitpunkt abgestellt werden. Dafür sprechen die folgenden Argumente: Der dargelegte Wertungswiderspruch offenbart sich nur in Konstellationen, in denen weder der Verein als Vermögensinhaber noch Vereinsvermögen rechtlich existieren. Diese Rechtsfolge ist vereinsrechtlich nur an den Zeitpunkt der Unanfechtbarkeit geknüpft. Erst durch die staatliche Vermögenseinziehung werden – wie *Groh* es treffend betitelt – „vollendete Tatsachen“[612] geschaffen.

Eine Aufhebung der Verwaltungsakte ist zudem nur unter den engen Voraussetzungen der §§ 48, 49, 51 VwVfG möglich, sodass eine entsprechende Unsicherheit im Vergleich zu den vorangegangenen Konstellationen reduziert ist. Schließlich wird durch das Abstellen auf den – gewissermaßen letzten – Zeitpunkt im vereinsrechtlichen Verbotsverfahren dem Grundsatz des „einzigen Verbotswegs“[613], der dem VereinsG zu Grunde liegt, vollumfänglich Rechnung getragen.[614]

ee) Zwischenfazit: Unanfechtbarkeit von Vereinsverbot und Einziehungsanordnung

Aus dem Vorgenannten ergibt sich, dass das Strafgericht die Wertung, die §§ 3, 11 VereinsG immanent ist, erst mit Eintritt der Unanfechtbarkeit von Vereinsverbot und Einziehungsanordnung berücksichtigen kann. Dass Vermögenspositionen lediglich einziehbar sein könnten, genügt aufgrund des eindeutigen Wortlauts des § 11 Abs. 2 VereinsG nicht. Während andauernder verwaltungsgerichtlicher Verfahren, die der Überprüfung des Verbots und der

---

610 Zu den unterschiedlichen Konstellationen, in denen es zwei Zeitpunkte für die formelle Bestandskraft gibt siehe: *Schnorr,* Öffentliches Vereinsrecht, § 11 VereinsG Rn. 7.

611 *Schnorr,* Öffentliches Vereinsrecht, § 11 VereinsG Rn. 7.

612 *Groh,* VereinsG, § 11 VereinsG Rn. 3.

613 BT-Drs. IV/430, 13.

614 Siehe dazu nur: Erbs/Kohlhaas-*Wache*, § 3 VereinsG Rn. 1.

Einziehungsanordnung dienen, kann die vereinsrechtliche Wertung ebenfalls noch keine Berücksichtigung erfahren. Denn allein an das Momentum der formellen Bestandskraft ist die Auslöschung des Vereins und die Einziehung des Vereinsvermögens geknüpft.

b) Ausstrahlungswirkung in die Zukunft

Die erhebliche rechtliche Missbilligung, die durch die Rechtsfolgen von Verbotsverfügung und Einziehungsanordnung ausgedrückt wird, beschränkt sich nicht auf den Zeitpunkt ihrer Verfügung. Diesen exekutiven Entscheidungen kann eine Wirkung über diesen Zeitpunkt hinaus für die Zukunft entnommen werden, die sich auf Vermögen des verbotenen Vereins bezieht, das nachgelagert an das Verbotsverfahren generiert wurde.

Das ergibt sich aus folgenden Überlegungen: Bei der Verbotsverfügung handelt es sich um einen Verwaltungsakt mit Dauerwirkung, dem Regelungswirkung für die Zukunft zukommt.[615] Die Einziehungsanordnung, bei der es sich regelmäßig um einen Bestandteil der Verbotsverfügung handelt, ist akzessorisch zu dieser ausgestaltet. In Folge der Auslöschung des Vereins fehlt es an einem existenten Vermögensinhaber, dem neu generiertes Vermögen zugerechnet werden könnte. Durch die andauernde Regelungswirkung der Verbotsverfügung wird deshalb nicht nur eine dauerhafte Missbilligung des Subjekts „Verein" ausgesprochen, sondern auch entsprechend das Objekt „Vereinsvermögen" rechtlich missbilligt. Diese Missbilligung wird durch vereins- und strafrechtliche Normen, die das Vereinsverbot flankieren, bestätigt. Zu nennen wären hier vereinsrechtliche Regelungen, die zum einen die Bildung von Ersatzorganisationen verbieten (§ 8 VereinsG) und die einen Verstoß gegen ein vollziehbares Vereinsverbot mit Strafe bewehren (§ 20 VereinsG). Im StGB sind es die §§ 85 ff. StGB, die Verstöße gegen ein unanfechtbares Vereinsverbot sanktionieren.

c) Berücksichtigung behördlicher Entscheidungen bei der Auslegung von Strafnormen

Vorliegend soll die unanfechtbare Verbotsverfügung und die Einziehungsanordnung, die von der zuständigen Behörde verfügt wurden, von Strafgerichten bei der Auslegung der Norm des § 263 StGB berücksichtigt werden können.

---

615 Siehe dazu Abschnitt B. III. 1. dieser Untersuchung und Reichert-*Schiffbauer*, Kap. 3 Rn. 202.

Eine Strafbarkeit nach § 263 StGB ist in diesen Fällen ausgeschlossen, weil es an schutzwürdigem Vermögen fehlt. Diese Berücksichtigung einer verwaltungsrechtlichen Entscheidung führt zu der Frage, ob der Gewaltenteilungsgrundsatz verletzt sein könnte. Wie zu zeigen sein wird, ist der Grundsatz der Gewaltenteilung dadurch nicht beeinträchtigt.

Die Beachtung einer verwaltungsrechtlichen Entscheidung im Rahmen eines Straftatbestands erinnert zudem an verschiedene Formen der Akzessorietät des Strafrechts zum Verwaltungsrecht. Diese werden ebenfalls im folgenden Abschnitt kurz vorgestellt und untersucht, ob eine strukturelle Parallele zu diesen Konstellationen besteht.

aa) Grundsatz der Gewaltenteilung

Dass Strafgerichte grundsätzlich nicht an die Entscheidung einer Verwaltungsbehörde gebunden sind, ergibt sich aus der Monopolisierung der Rechtsprechung bei den Gerichten in Art. 92 GG, der entsprechend normierten richterlichen Unabhängigkeit in Art. 97 GG und der Aufteilung der staatlichen Gewalt in Art. 20 Abs. 3 GG.[616]

Dass das Prinzip der Gewaltenteilung nicht verletzt ist, ergibt sich bereits aus der Konstellation, die dem Wertungswiderspruch zugrunde liegt. Denn es geht vorliegend nicht darum, die Strafjustiz bei der Entscheidung über die Strafbarkeit an Akte der Verwaltung zu binden. Auch ist die Strafbarkeit nicht durch die Entscheidung der Behörde vorbestimmt. Vielmehr soll eine gesetzliche Wertung bei Anwendung des juristisch-ökonomischen Vermögensbegriffs im Rahmen des Tatbestandsmerkmals des Vermögens strafbefreiend berücksichtigt werden.

Die Entscheidung, welchem Vermögensbegriff gefolgt wird und entsprechend auch die daran anschließende Frage, ob normative Wertungen berücksichtigt werden, muss von den Strafgerichten selbst getroffen werden. Das Strafgericht muss selbstständig beurteilen und bewerten, ob im Rahmen der Auslegung die Verbotsentscheidung als ein Kriterium des Wertungswiderspruchs heranzuziehen ist. Die spezifische unanfechtbare Verbotsentscheidung wird lediglich als Rechtssicherheit spendender Maßstab herangezogen, da an diesen die vereinsrechtlichen Rechtsfolgen der Auslöschung und Einziehung geknüpft sind. Bei der Auslegung – und damit ist *Bürger* zuzustimmen – „geht es jedoch nicht um die Beachtung der Gewaltenteilung.“[617]

---

616 *Brodowski*, ZStW 2016, 370 m.w.N; *Bürger*, ZStW 2021, 637, 637 f.
617 *Bürger*, ZStW 2021, 637, 647 f.

bb) Formen der Akzessorietät

Als erstes Kriterium, das zur Berücksichtigung des Wertungswiderspruchs führen soll, dient die behördliche Verbotsentscheidung. Aus diesem Anlass ist ein Blick auf die Verzahnung von Straf- und Verwaltungsrecht zu werfen, die unter den Begriffen Verwaltungsrechts-, Verwaltungsakts- und der begrifflichen Akzessorietät diskutiert werden.[618] Diese seien im Folgenden kurz vorgestellt und untersucht, ob ihnen eine Aussage für den in dieser Untersuchung betrachteten Wertungswiderspruch zwischen §§ 3 Abs. 1, 11 Abs. 1, 2 VereinsG und § 263 Abs. 1 StGB entnommen werden kann.

Verweisen Straftatbestände als Blankett zur Feststellung eines Verstoßes auf Verwaltungsrecht, handelt es sich um einen Fall der Verwaltungsrechtsakzessorietät.[619] Wenn das Vorliegen eines Verwaltungsakts dazu führt, dass die Strafbarkeit ausgeschlossen ist, spricht man von Verwaltungsaktsakzessorietät.[620] Als Beispiele lassen sich § 326 Abs. 2 StGB und § 29 BtMG nennen.[621] Gemeint sind damit Fälle, in denen aus dem Gesetzestext entnommen werden kann, dass eine behördliche Erlaubnis zum Ausschluss der Strafbarkeit führt.[622] Unter begrifflicher Akzessorietät des Strafrechts zum Verwaltungsrecht versteht man den Rückgriff auf verwaltungsrechtliche Begriffe, um wiederum strafrechtliche Begriffe zu auszulegen.[623]

Die Berücksichtigung des hiesigen Wertungswiderspruchs lässt sich in keine der genannten Formen einordnen. Dem Gesetzestext von § 263 StGB kann weder ein Verweis auf verwaltungsrechtliche Vorschriften noch ein Rückgriff auf eine behördliche Erlaubnis entnommen werden, sodass die Norm weder verwaltungsrechts- noch verwaltungsaktsakzessorisch ist. Es handelt sich auch nicht um einen Fall der begrifflichen Akzessorietät, weil zur Definition des strafrechtlichen Vermögens nicht auf die verwaltungsrechtliche Interpretation des Begriffs zurückgegriffen, sondern nur die Wertung des VereinsG berücksichtigt werden soll.

---

618 *Rogall*, NStZ 1992, 561, 565; *Rühl*, JuS 1999, 521, 521 f; *Lüthge/M. L. Klein*, ZStW 2017, 48, 50; *Bürger*, ZStW 2021, 637, 637 f.

619 *Rühl*, JuS 1999, 521, 522; *Bürger*, ZStW 2021, 637, 638.

620 *Bürger*, ZStW 2021, 637, 638.

621 Diese und weitere werden aufgezählt von: *Bürger*, ZStW 2021, 637, 638.

622 *Bürger*, ZStW 2021, 637, 639.

623 *Rogall*, NStZ 1992, 561, 565; *Lüthge/M. L. Klein*, ZStW 2017, 48, 50 m.w.N; *Bürger* nennt als Beispiel den Begriff des „Gewässers" in § 324 StGB: *Bürger*, ZStW 2021, 637, 638 m.w.N.

Allerdings könnte es sein, dass der Fall der Verwaltungsaktsakzessorietät als strukturgleiche Parallele zum hiesigen Fall fungieren könnte und deshalb die Betrachtung dessen relevant für die Konturierung des ersten Kriteriums – die unanfechtbare Verbotsentscheidung und Einziehungsanordnung – sein könnte.

Im Fall der Verwaltungsaktsakzessorietät wirkt eine behördliche Genehmigung oder Erlaubnis strafbarkeitsausschließend.[624] Der Strafbarkeitsausschluss im Rahmen der Verwaltungsaktsakzessorietät knüpft an eine Erlaubnis oder Genehmigung an, die auf Seiten von Tätern und Täterinnen lokalisieren ist, sodass seine Strafbarkeit dadurch ausgeschlossen sein kann. Dabei handelt es sich um Tatbestände, die explizit in ihrem Normtext die behördliche Genehmigung oder Erlaubnis erwähnen; ihr Nichtvorliegen ist „schlichtes Tatbestandsmerkmal."[625]

Vorliegende Situation ist eine andere: Denn es soll ein Verwaltungsakt einer Behörde, der nicht eine Genehmigung oder Erlaubnis, sondern ein Verbot enthält, auf Seiten der verletzten Person, also des Opfers der Straftat, berücksichtigt werden. Bestimmte Vermögenspositionen, die dieser Person zugeordnet werden können, genießen in Folge keinen strafrechtlichen Schutz unter § 263 StGB. Die Verbotsentscheidung wird allerdings nicht aufgrund expliziter Nennung in der Strafnorm berücksichtigt, sondern weil es die Auflösung eines Wertungswiderspruchs gebietet, der sich auf Normanwendungsebene offenbart. Es führt also nicht alleine der entsprechende Verwaltungsakt zu einem Strafausschluss, sondern die Situation eines Wertungswiderspruchs, der die Erfüllung bestimmter Kriterien voraussetzt. Aus den dargestellten Gründen unterscheidet sich die hiesige Konstellation in mehreren Punkten von der Konstellation, die der Verwaltungsaktsakzessorietät zugrunde liegt und kann deshalb nicht für diese Arbeit fruchtbar gemacht werden.

Die Betrachtung der strafrechtlichen Akzessorietätsformen kann folglich bei der Konturierung des ersten Kriteriums nicht weiterhelfen, weil eine – wie auch immer ausgestaltete verwaltungsrechtliche Akzessorietät – nicht explizit im Betrugstatbestand angelegt ist.

cc) Möglichkeit der Berücksichtigung der Verbotsentscheidung

Ob ein Vereinsverbot erlassen wurde und dieses unanfechtbar geworden ist, muss für die Judikative erkennbar sein, damit ein daraus entstehender Wertungswiderspruch erkannt und berücksichtigt werden kann. Ist das

624 *Bürger*, ZStW 2021, 637, 639.
625 *Bürger*, ZStW 2021, 637, 640.

Vereinsverbot unanfechtbar geworden, ist es in den Mitteilungsblättern der Länder und im Bundesanzeiger zu veröffentlichen, vgl. §§ 3 Abs. 4 S. 2, 7 Abs. 1 VereinsG.[626] Veröffentlicht wird der verfügende Teil, der die Feststellung des Verbots, die Auflösung und die Anordnung der Beschlagnahme und der Einziehung beinhaltet.[627] Diese Bekanntmachung dient auch den Strafgerichten als verlässliche Grundlage für die Beurteilung einer Strafbarkeit nach § 20 VereinsG oder §§ 85 ff. StGB.[628]

Aufgrund der Verbindlichkeit und Einsehbarkeit – Eintragungen im Bundesanzeiger sind online abrufbar und einsehbar[629] – liegt in der im Bundesanzeiger publizierten Unanfechtbarkeit eine Rechtssicherheit gewährende Grundlage für die Strafgerichte, um die Wertungen aus dem VereinsG bei der Bewertung der Schutzwürdigkeit von Vermögen zu berücksichtigen.

dd) Zwischenfazit: Strafgericht kann behördliche Entscheidung berücksichtigen

Wenn Strafgerichte die exekutive Verbotsentscheidung bei der Auslegung des Tatbestandsmerkmals des Vermögens berücksichtigen, stellt das keinen Verstoß gegen den Grundsatz der Gewaltenteilung dar, sondern erfolgt selbstständig im Rahmen der ihnen anvertrauten Aufgabe der Normauslegung, die sich in den Grenzen des Art. 103 Abs. 2 GG bewegen muss.[630] Ob das der Fall ist, wenn der Wertungswiderspruch berücksichtigt wird, wird noch zu prüfen sein.

Zur Berücksichtigung des Vereinsverbots können sich Strafgerichte auf die Veröffentlichung der unanfechtbar gewordenen Verfügung im Bundesanzeiger stützen, die einfach eingesehen werden kann und Aufschluss darüber gibt, welcher Verein aus welchen Gründen verboten wurde und ob Vereinsvermögen eingezogen wurde.

---

626 Siehe zu den unterschiedlichen Eintragungen in öffentliche Register Abschnitt C.II.4.b) dieser Untersuchung.

627 *Groh*, VereinsG, § 3 VereinsG Rn. 43.

628 Siehe nur: *BVerwGE* 55, 175.

629 Siehe dazu nur beispielhaft die Bekanntmachung über die Unanfechtbarkeit des Vereinsverbots gegen die Vereinigung „Islamischer Staat": *BMI*, BAnz AT 12.09.2014 B1.

630 Zur „freiheitsgewährleistenden Funktion" von Art. 103 Abs. 2 GG siehe: *BVerfGE* 75, 329, 341; *Bürger*, ZStW 2021, 637.

d) Zwischenfazit: Vereinsverbot und Einziehungsanordnung müssen unanfechtbar sein

Das erste Kriterium, das den Wertungswiderspruch abbildet, konnte in diesem Abschnitt entwickelt werden. Die eindeutige rechtliche Missbilligung der Vermögensposition ergibt sich aus der unanfechtbar gewordenen Verbotsverfügung und Einziehungsanordnung. Zur Erkennung derselben, dient den Strafgerichten ein Blick in den Bundesanzeiger, der die jeweils unanfechtbar gewordene Verbotsentscheidung und Einziehungsanordnung wiedergibt.

Aufgrund der Ausgestaltung als Verwaltungsakt mit Dauerwirkung und der sowohl vereins- als auch strafrechtlichen Flankierung des Vereinsverbots erstreckt sich die dadurch ausgedrückte rechtliche Missbilligung auch auf die Zukunft. Dass an die formelle Bestandskraft der Entscheidungen angeknüpft wird, hat seinen Grund darin, dass einerseits Rechtssicherheit über das Bestehen der behördlichen Entscheidung existiert und andererseits die vereinsspezifischen Rechtsfolgen erst in diesem Zeitpunkt der Unanfechtbarkeit eintreten.

Das erste Kriterium eröffnet einen Anwendungsbereich, der sich auf Vereine erstreckt, die durch eine Verbotsentscheidung verboten wurden und ihr Vermögen aufgrund einer Einziehungsanordnung eingezogen wurde. Gegenstand solcher Vereinsverbote sind nicht nur Terrororganisationen, sondern Vereine, die ganz unterschiedlicher Ausrichtung zugeordnet werden können. Dazu zählen rechts- und linksextremistische Vereine, aber auch islamistische Vereine und rockerähnliche Gruppierungen. Welche praktischen Anwendungsfälle sich ergeben, wird in Abschnitt E. dieser Untersuchung näher dargestellt.

2. Persönlicher Anwendungsbereich

In diesem Abschnitt wird die persönliche Reichweite des Vereinsverbots untersucht, um daraus einen Schluss auf die vereinsrechtliche Stellung der verletzten Person zu ziehen. Zu untersuchen ist, welche Anforderung an die verletzte Person in Bezug auf eine (mögliche) Vereinsmitgliedschaft zu stellen sind.

a) Maßstab

Zwei Punkte sind bei der Entwicklung des zweiten Kriteriums zu bedenken: Erstens ist zu erinnern, dass das vereinsrechtliche Vereinsverbot, an das wie gerade skizziert angeknüpft wird, als unterverfassungsrechtliche Verkörperung von Art. 9 Abs. 2 GG beschrieben werden kann. Auch wenn es sich dabei „lediglich“ um ein sogenanntes strafrechtliches Nebengesetz handelt, dient dieses einerseits zur Durchführung eines Vereinsverbots und andererseits wird die freiheitsgewährleistende Funktion der Vereinigungsfreiheit aus Art. 9 Abs. 1 GG durch die strengen Vorgaben des VereinsG flankiert. In Anbetracht dessen ist das zweite zu entwickelnde Kriterium eng an vereinsrechtlichen Vorgaben herauszuarbeiten und restriktiv zu formulieren.

Zweitens ist die Konstellation des Wertungswiderspruchs vor Augen zu haben: Vermögenspositionen, die einem Verein zuzuordnen sind, dessen Existenz verboten und Vermögen eingezogen wurde, sind strafrechtlich nicht schutzwürdig und sind deshalb nicht Bestandteil des schutzwürdigen Vermögens nach § 263 StGB. Die Auflösung des Vereins und Einziehung ist Folge der unanfechtbaren Verbotsverfügung und Einziehungsanordnung. Es geht deshalb bei der Auflösung des Wertungswiderspruchs nicht darum, auf eine mögliche verfassungsfeindliche Gesinnung der verletzten Person abzustellen, sondern es sind Maßstäbe aufzustellen, aus denen hervorgeht, wann eine Person so eng mit dem verbotenen Verein verbunden ist, dass sie als „Teil" des verbotenen Vereins behandelt werden darf. Denn angeknüpft wird an das Vereinsverbot, das sich nur auf den Verein erstreckt. Deshalb müssen die zu entwickelnden Kriterien die Verbotsverfügung als Grund und Grenze anerkennen und beachten.

b) *Verbotene Organisation*

Zunächst ist festzustellen, auf welche Organisation – das VereinsG kennt die Begriffe des Vereins, der Teil-, Neben-, Hilfs- und Ersatzorganisation – sich das Vereinsverbot und die Einziehungsanordnung erstrecken.

Das in § 3 Abs. 1 VereinsG normierte Vereinsverbot bezieht sich qua Natur der Sache auf den Verein, der vereinsrechtlich in § 2 Abs. 1 VereinsG legal definiert ist. Gehören zum Verein Teilorganisationen und ist das Verbot nicht ausdrücklich beschränkt, erstreckt sich das Vereinsverbot auch auf diese. Der Begriff der Teilorganisation ist ebenfalls legal definiert, nach § 3 Abs. 3 S. 1 VereinsG zählen dazu „alle Organisationen, die dem Verein derart eingegliedert sind, daß sie nach dem Gesamtbild der tatsächlichen Verhältnisse als Gliederung dieses Vereins erscheinen."[631]

Mangels Eingliederung in den Verein sind hingegen Hilfs- und Nebenorganisationen nicht erfasst; aufgrund ihrer Eigenständigkeit muss gegen sie ein selbstständiges Verbot ergehen.[632]

631 Siehe dazu auch Abschnitt B.II.3.b)aa) dieser Untersuchung.
632 BT-Drs. IV/430, 16; Reichert-*Schiffbauer*, Kap. 3 Rn. 83.

Schließlich ist auch die Ersatzorganisation, die als Ersatz für den verbotenen Verein an seine Stelle tritt, nicht vom Vereinsverbot gegen den ursprünglichen Verein umfasst.[633] Zwar ist nach § 8 VereinsG nur ein vereinfachtes Verbots- und Ermittlungsverfahren gegen eine Ersatzorganisation anzustrengen; die Auflösung des Vereins und die Vermögenseinziehung müssen dennoch selbstständig angeordnet werden.[634]

Es lässt sich feststellen, dass vom Vereinsverbot nur Verein und Teilorganisation erfasst sind. Zurechnungsobjekt ist deshalb der Verein, der in der Verbotsverfügung benannt ist. Die verletzte Person muss deshalb diesem zurechenbar sein. Eine Zurechnung zu Neben-, Hilfs- oder Ersatzorganisation genügt nicht. Welche Stellung die Person in Verein oder Teilorganisation einnehmen muss, wird im Folgenden untersucht.

c) Mitglied

Der Begriff des Mitglieds findet sich in § 3 Abs. 5 VereinsG, in dem Kriterien für die Zurechnung des Verhaltens eines Mitglieds zum Verein normiert sind. Aufgrund des weit gefassten Vereinsbegriffs in § 2 VereinsG und der Ratio des Vereinsverbots – verfassungsfeindlichen Kräften finanzielle und personelle Ressourcen effektiv zu entziehen – ist der Begriff des Mitgliedschaft nicht nur zivilrechtlich zu verstehen.[635] Auch eine rein tatsächliche Betrachtung rechtfertigt es, eine Mitgliedschaft im öffentlich-rechtlichen Sinne zu bejahen. Die Beurteilung, „ob eine Person Mitglied einer Vereinigung ist, hängt maßgeblich davon ab, ob und inwieweit sie den Vereinszweck über einen längeren Zeitraum und nicht nur punktuell gefördert hat."[636]

Auch in der Strafbewehrung von Verstößen gegen das unanfechtbare Vereinsverbot findet sich der Begriff des Mitglieds, vgl. § 85 Abs. 2 StGB. Nach höchstrichterlicher Rechtsprechung handelt es sich um ein Mitglied, wenn der eigene Wille dem Verein mit dessen Zustimmung untergeordnet wird und eine andauernde Betätigung für den Verein angestrebt ist.[637] Ob eine Person

633 Siehe dazu auch Abschnitt B.II.3.b)bb) dieser Untersuchung.

634 *Schnorr*, Öffentliches Vereinsrecht, § 8 VereinsG Rn. 8 ff; Reichert-*Schiffbauer*, Kap. 3 Rn. 254 ff.

635 Reichert-*Schiffbauer*, Kap. 3 Rn. 104.

636 *OVG Bautzen*, NVwZ-RR 2017, 729; Reichert-*Schiffbauer*, Kap. 3 Rn. 104.

637 *BGHSt* 18, 296, 300; *BGHSt* 20, 287; NStZ 2006, 356, 358; Albrecht/Roggenkamp-*Braun*, § 85 StGB Rn. 20.

als Mitglied einzuordnen ist, ist folglich eine Bewertung, die das Strafgericht vornehmen kann.

d) Nichtmitglied

Dritte, die nicht als Mitglieder des Vereins zu zählen sind, lassen sich als sogenannte Nichtmitglieder bezeichnen. Handelt es sich bei der verletzten Person um ein Nichtmitglied, ist der persönliche Anwendungsbereich nicht eröffnet. Denn – wie *Schiffbauer* zutreffend ausführt – die Zurechnung von entsprechendem Verhalten von Nichtmitgliedern wird über das Verhältnis zu Mitgliedern konstruiert, sodass letztendlich nicht die Handlung von Nichtmitgliedern zugerechnet wird, sondern an die entsprechende Handlung des Mitglieds, der mit dem Nichtmitglied in Kontakt ist, angeknüpft wird.[638]

Zu einem anderen Ergebnis, also der Inklusion von Nichtmitgliedern in den persönlichen Anwendungsbereich des zweiten Kriteriums, könnte man gelangen, wenn man sich an § 85 StGB orientiert. § 85 StGB flankiert das Vereinsverbot strafrechtlich und sanktioniert einen Verstoß dagegen, sobald das Vereinsverbot unanfechtbar geworden ist. Gemäß des Normtextes kommen als Täter und Täterinnen auch Nichtmitglieder in Betracht, namentlich „Hintermänner", vgl. § 85 Abs. 1 StGB, und Personen, die den „organisatorischen Zusammenhalt" oder die „weitere Betätigung" des Vereins unterstützen, vgl. § 85 Abs. 2 StGB. Dagegen spricht allerdings, dass der Wertungswiderspruch seine nebengesetzliche Grundlage im vereinsrechtlichen Vereinsverbot hat und sich die Rechtsfolge – Auflösung und Einziehung – auf den Verein an sich beschränkt.

Man könnte argumentieren, dass auch Forderungen externer Dritter nach § 12 VereinsG eingezogen werden können und diese Einziehung auch Teil der Verbotsverfügung ist. Das erste Kriterium, durch das der Wertungswiderspruch erkennbar wird, ergibt sich allerdings aus der Kumulation von Auflösung und Einziehung, sodass nicht lediglich an die singuläre Einziehung bei einer dritten Person angeknüpft werden kann. Eine Ausdehnung in persönlicher Hinsicht auf Personen, die nicht Mitglied des Vereins sind, ist deshalb nicht geboten.

Aus dem gleichen Grund ist auch eine Erstreckung auf Nichtmitglieder, die sich zwar mit der Ideologie identifizieren, aber keine unmittelbaren weiteren Berührungspunkte mit dem Verein aufweisen, abzulehnen.[639]

---

638 Reichert-*Schiffbauer*, Kap. 3 Rn. 109.

639 *Zöller* stellt dar, dass sich viele Personen nur durch gemeinsames Gedanken- bzw. Glaubensgut mit einer Terrororganisation verbunden fühlen, ohne dass sie

e) Kritik

Dass den entwickelten Kriterien, die Anforderungen an die verletzte Person stellen, mit Kritik begegnet werden könnte, ist denkbar. Denn wird an die Person des Verletzten angeknüpft, liegen Gegenargumente, die sich aus Konzepten der Viktimodogmatik oder des sogenannten Feindstrafrechts speisen, nicht weit. Dass diese Argumente neben der Sache liegen und deshalb entkräftet werden können, wird im Folgenden dargestellt.

aa) Viktimodogmatik

Die Auflösung des Wertungswiderspruchs verfolgt kein viktimodogmatisches Prinzip, sodass die an der Viktimodogmatik zu Recht geübte Kritik hier nicht verfängt.[640] Das sei im Folgenden kurz erläutert.

Der Begriff der Viktimodogmatik wird meistens im Zusammenhang mit dem strafrechtlichen Betrugstatbestand diskutiert und soll deshalb hier auch nicht unerwähnt bleiben.[641] Im Kontext des Betrugs stellt der viktimodogmatische Ansatz die Frage, ob Zweifel der verletzten Person an der Wahrheit der Tatsachen der Annahme eines Irrtums entgegenstehen.[642] Leitender Gedanke dabei ist die Berücksichtigung des Umstands, dass die verletzte Person zum

---

notwendigerweise in die Strukturen derselben eingegliedert sind. Er beschreibt unabhängige Gruppierungen und Einzeltäter und -täterinnen, sogenannte „lone wolves“, näher hier: *Zöller*, GA 2016, 90, 96.

640 Zum Terminus „Victimodogmatik“ siehe: *Schüler-Springorum*, in: FS Honig, 201, 202 ff; *Hillenkamp* setzt sich in seiner Habilitationsschrift differenziert mit verschiedenen viktimodogmatischen Ansätzen auseinander: *Hillenkamp,* Vorsatztat und Opferverhalten; zur Entwicklung der viktimodogmatischen Theorie und Kritik siehe auch: *Hennings,* Teleologische Reduktion des Betrugstatbestandes aufgrund von Mitverantwortung des Opfers, 130, 135 ff; zur Begründung der viktimodogmatischen Maxime „als direkte Ableitung aus dem ultima-ratio-Prinzip“ aus der Grundidee des Gesellschaftsvertrags: *Schünemann*, in: Mediating principles, 18, 31 f.

641 So auch: *Hörnle*, in: Mediating principles, 36, 38; zum „viktimodogmatischen Auslegungsprinzip“ im Kontext des Betrugs siehe auch: *Hillenkamp*, ZStW 2017, 596, 607.

642 In einer Entscheidung aus dem Jahr 2002 lehnte der Bundesgerichtshof den viktimodogmatischen Ansatz ab, weil dieser „im Wortlaut des § 263 StGB keine Stütze“ habe und diese „den strafrechtlichen Schutz vor Angriffen auf das Vermögen durch Täuschung unangemessen weit zurück“ nehmen würden: *BGH*, NJW 2003, 1198; dass die Leichtgläubigkeit des Opfers den Irrtum nicht entfallen lassen, bestätigte der Zweite Strafsenat im Jahr 2014: *BGH*, NJW 2014, 2595, 2596; einen Überblick

Selbstschutz fähig ist und deshalb der Strafrechtsschutz zurücktritt.[643] Der viktimodogmatische Ansatz ist abzulehnen, weil er sich einerseits als zu unbestimmt beschreiben lässt und andererseits nicht nachvollziehbar ist, warum gerade denjenigen, die sich offensichtlich nicht selbst schützen können, der Strafrechtsschutz genommen wird.[644]

Die Perspektive, die hier beleuchtet wird, bildet die Viktimodogmatik gerade nicht ab. Denn nicht aufgrund zumutbarer Selbstschutzmaßnahmen der verletzten Person soll der strafrechtliche Vermögensschutz verwehrt werden, sondern aufgrund eines Wertungswiderspruchs, der sich mit Wertungen aus dem VereinsG ergibt. Überdies geht es bei der Viktimodogmatik um eine gewisse Mitverantwortung der verletzten Person am Betrug selbst, aufgrund dessen es im Ergebnis dazu kommen kann, dass der Betrugstatbestand nicht erfüllt ist. Vorliegend ist der Anknüpfungspunkt nicht das Verhalten der verletzten Person im Zusammenhang mit dem Betrugssachverhalt, sondern ein bereits in der Vergangenheit liegendes Vereinsverbot und eine Einziehungsanordnung. Ein möglicher Vorwurf, viktimodogmatische Ansätze zu verfolgen, läuft folglich ins Leere.

bb) Feindstrafrecht

Der mögliche Einwand, durch die eigene Lösung werde sogenanntes Feindstrafrecht geschaffen, ist ebenfalls nicht begründet.[645] *Jakobs* definiert das

über die Bewertung des viktimodogmatischen Ansatzes durch die Rechtsprechung gibt: *Hillenkamp*, ZStW 2017, 596, 612 ff.

643 *Kühl*, in: FS Tiedemann, 29, 45 m.w.N; *Hörnle*, in: Mediating principles, 36, 36 ff; die Subsidiarität des Strafrechts und das Ultima-Ratio-Prinzip können als Gründe für ein „Zurücktreten" des Strafrechts angesehen werden: *Hillenkamp*, ZStW 2017, 596, 600.

644 Zur Schwierigkeit, die „individuellen Schutzmöglichkeiten" zu bestimmen, siehe bereits: *R. Hassemer*, Schutzbedürftigkeit des Opfers und Strafrechtsdogmatik, 25 ff; Lagodny übt grundrechtsdogmatische Kritik am viktimodogmatischen Ansatz: *Lagodny*, Strafrecht vor den Schranken der Grundrechte, 354 ff; *Hillenkamp* bewertet den Ansatz als „im Wortsinne fragwürdig": *Hillenkamp*, ZStW 2017, 596, 603 f; *Hillenkamp* verweist u.a. auf: *Hörnle*, in: Mediating principles, 36, 44; *Hillenkamp* verweist auch auf *Schünemann*, der in Fällen von „menschlicher Schwäche", die „in einer sozialen Benachteiligung verwurzelt ist", die Pflicht des Staates zur Kriminalisierung bejaht: *Schünemann*, in: Mediating principles, 18, 34 f; Lackner/Kühl/Heger-*Heger*, vor § 13 StGB Rn. 4a m.w.N.

645 Zur Kritik an der Konzeption des Feindstrafrechts siehe nur: *Palazzo*, in: FS Tiedemann, 15, 16 ff; *Munoz Conde*, in: FS Volk, 495; *Roxin*, JöR 2011, 1, 2 f; *Roxin/Greco*, Strafrecht Allgemeiner Teil I, § 2 Rn. 126 ff.

Feindstrafrecht – in Abgrenzung zum Bürgerstrafrecht[646] – anhand von vier Kriterien: „(1) weite Vorverlagerung der Strafbarkeit, [...] (2) keine der Vorverlagerung proportionale Reduktion der Strafe, [...] (3) Übergang von der Strafrechtsgesetzgebung zur Bekämpfungsgesetzgebung, [...] (4) Abbau prozessualer Garantien."[647] Dem Feindstrafrecht liegt die Überlegung zu Grunde, dass zwischen bürgerlichen und feindlichen Personen differenziert werden kann; die staatliche Reaktion gegenüber Ersteren dient dem Aufzeigen eines „Widerspruchs"[648], gegenüber Letzteren geht es um die „Beseitigung einer Gefahr."[649]

Durch die Versagung von strafrechtlichem Vermögensschutz wird kein sogenanntes Feindstrafrecht geschaffen. Die von *Jakobs* aufgestellten Kriterien sind nicht erfüllt: Weder geht es hier um eine Vorverlagerung der Strafe noch werden prozessuale Garantien genommen. Denn es geht vorliegend nicht um verschärfte Strafbarkeit oder Strafbegründung. Der Ansatzpunkt dieser Untersuchung basiert nicht darauf, eine Person einem feindlichen Lager zuzuweisen und sie deshalb härter zu bestrafen.

Es ist das Ziel dieser Untersuchung, Kriterien zu entwickeln, die im Fall der widersprüchlichen Güterzuordnung dazu führen, dass solche Vermögenspositionen nicht zum schutzwürdigen Vermögen gehören. Dafür wird an eine behördliche Verbotsverfügung angeknüpft, die als normative Wertung bei der Bewertung, ob schutzwürdiges Vermögen vorliegt, berücksichtigt wird. Aufgrund einer juristisch-ökonomischen Auslegung des Vermögensbegriffs liegt der Betrugstatbestand – mangels Tatbestandsmäßigkeit – nicht vor. Der mögliche Kritikpunkt, es werde Feindstrafrecht geschaffen, lässt sich folglich entkräften.

---

646 *Jakobs* beschreibt Bürger- und Feindstrafrecht als „zwei Pole einer Welt oder zwei gegenläufige Tendenzen in einem Zusammenhang des Strafrechts." Es geht dabei nicht um „zwei isolierte Strafrechtssphären": *Jakobs*, HRRS 2004, 88.

647 Diese vier Kriterien nennt *Jakobs* in diesem Beitrag: *Jakobs*, in: Das Selbstverständnis der Strafrechtswissenschaft vor den Herausforderungen der Gegenwart, 47, 51 f; *Jakobs*, HRRS 2006, 289, 295; eine Auseinandersetzung mit dem Konzept *Jakobs* findet sich hier: *Rautenberg*, Rechtsstaatswidriges Feindstrafrecht oder notwendige Maßnahmen zur Terrorismusbekämpfung?, 117 ff.

648 *Jakobs*, HRRS 2004, 88, 88, 95.

649 *Jakobs*, HRRS 2004, 88, 92, 95; *Jakobs*, ZStW 2005, 839, 845 m.w.N.; dazu auch: *Rautenberg*, Rechtsstaatswidriges Feindstrafrecht oder notwendige Maßnahmen zur Terrorismusbekämpfung?, 117 ff.

f) Zwischenfazit

Wie gesehen, dient der Inhalt der Verbotsverfügung als Maßstab, um die persönliche Reichweite des Verbots zu bestimmen und anhand dessen die Konturierung des zweiten Kriteriums vorzunehmen. Welche Organisation – ob also der ursprüngliche Verein oder die Ersatzorganisation – verboten ist, ergibt sich aus der Verbotsverfügung. Bei der verletzten Person muss es sich um ein Mitglied dieses Vereins handeln. Dass ein Nichtmitglied getäuscht wurde, reicht hingegen nicht aus.

3. Einsatz des Vermögens zu rechtlich missbilligten Zwecken

Als weiteres einschränkendes Kriterium sind Anforderung an die Zwecksetzung der Vermögenshingabe zu stellen. Die entsprechende Vermögensposition muss von einem Vereinsmitglied zu einem rechtlich missbilligten Zweck eingesetzt worden sein. Im folgenden Abschnitt erfolgt deshalb zunächst eine Abgrenzung zu rein privaten Zwecken. Anschließend wird untersucht, welche Anforderungen an die Zweckbestimmung zu stellen sind. Wie auch bei den vorangegangenen Kriterien ist auch dieses Kriterium restriktiv zu entwickeln, um dem Ausnahmecharakter dieser Konstellation zu wahren.

a) Abgrenzung zur Individualsphäre

Es liegt auf der Hand, dass nur ein Verhalten relevant sein kann, das mit dem verbotenen Verein assoziiert werden kann. Rein privates Verhalten von Mitgliedern, das nicht in der „Eigenschaft als Vereinsmitglied“[650], sondern als Privatperson erfolgt ist, und rein privaten Zwecken dient, kann und darf mangels Relevanz nicht in den sachlichen Anwendungsbereich fallen.[651]

Wird beispielsweise ein Mitglied eines verbotenen Vereins beim Kauf eines eigenen Autos Opfer eines Betrugs, ist dieser Sachverhalt lediglich der Individualsphäre zuzuordnen. Eine Einschränkung des Betrugstatbestands ist deshalb nicht geboten.

650 *Schnorr,* Öffentliches Vereinsrecht, § 3 VereinsG Rn. 7.

651 *Schnorr* betitelt es als „Privatsphäre“: *Schnorr,* Öffentliches Vereinsrecht, § 3 VereinsG Rn. 7; *Groh* spricht vom „Privatbereich“: *Groh,* VereinsG, § 3 VereinsG Rn. 12; *Schiffbauer* nennt es „Individualsphäre der Einzelperson“: Reichert-*Schiffbauer,* Kap. 3 Rn. 101.

b) Konkrete Zweckbestimmung

Im Folgenden wird untersucht, welche Anforderungen an die Zwecksetzung der Vermögenshingabe zu stellen sind. Denn nur eine Vermögenshingabe, die mit dem verbotenen Verein assoziiert werden kann, ist auch rechtlich missbilligt. Denkbare Ansatzpunkte, die vom Zweck der Terrorismusfinanzierung über vereinsrechtliche Zurechnungskriterien bis hin zu den verbotenen Zielen des Vereins reichen, werden vorgestellt. Es wird geprüft, welcher dieser Anknüpfungspunkte sich am besten eignet, um praxistauglich eine missbilligte Zwecksetzung abzubilden.

aa) Zweck der Terrorismusfinanzierung

In der zu Anfang dieser Untersuchung dargestellten Literaturdiskussion, die sich anlässlich des „IS-Urteils" des Bundesgerichtshofs entfachte, stellten die Kritiker dieser Entscheidung überwiegend auf die Wertung des § 89c StGB ab, um eine Strafbarkeit wegen Betrugs zu verneinen.[652] Die Wertung des § 89c StGB – eine Norm, die die Finanzierung von Terrorismus unter Strafe stellt – spreche dafür, Vermögen, das zur Finanzierung eines Terroranschlags diene, nicht als Schutzgut von § 263 StGB zu behandeln; aus § 89c StGB lasse sich eine strafrechtliche Missbilligung entsprechend eingesetzten Vermögens ableiten.[653]

Der durch die Norm sanktionierte Zweck, Terrorismus zu finanzieren, mag zwar im „IS-Fall" als zu beachtende Wertung herangezogen werden, eignet sich allerdings nicht als Ausrichtung für die Zweckbestimmung in dieser Arbeit. Denn anders als im „IS-Fall" muss es sich bei dem verbotenen Verein nicht auch gleichzeitig um eine Terrororganisation handeln. Die gesetzliche Wertung, die den Wertungswiderspruch entstehen lässt, folgt aus dem Vereinsverbot und der Einziehungsanordnung aus dem VereinsG. Bei dem zu betrachtenden Betrugssachverhalt kann es sein, dass Vermögenswerte dazu eingesetzt werden sollen, Terroranschläge zu finanzieren. Das muss allerdings nicht der Fall sein. Denn bei dem geplanten Vorhaben muss es sich nicht zwingend um eine Katalogtat aus § 89c StGB handeln.

Es ist festzustellen, dass es nicht schlüssig ist, die Zweckbestimmung an § 89c StGB auszurichten. Aufgrund der Grundlage des Wertungswiderspruchs im VereinsG sind auf genuin vereinsrechtliche Wertungen abzustellen, um das Merkmal des Zwecks zu konturieren.

---

652 Siehe dazu Abschnitt A.I.3. dieser Untersuchung.

653 So bezüglich des „IS-Falls" zu der Wertung des § 89c StGB: *Jahn*, JuS 2018, 719, 721; *Bechtel*, JURA 2019, 63, 70 f; *Wachter*, StV 2019, 85, 88.

bb) Anknüpfen an vereinsrechtliche Zurechnungskriterien

Denkbar wäre, an die im VereinsG selbst normierten Zurechnungskriterien anzuknüpfen und eine Handlung immer dann dem verbotenen Verein zuzurechnen, wenn diese Kriterien erfüllt sind.

Im VereinsG sind in § 3 Abs. 5 VereinsG Zurechnungskriterien normiert, die der Zurechnung von verbotsrelevantem Verhalten von Mitgliedern zu dem zu verbietenden Verein dienen.[654] Demnach kann die Verbotsbehörde „das Verbot auch auf Handlungen von Mitgliedern des Vereins stützen, wenn 1. ein Zusammenhang zur Tätigkeit im Verein oder zu seiner Zielsetzung besteht, 2. die Handlungen auf einer organisierten Willensbildung beruhen und 3. nach den Umständen anzunehmen ist, daß sie vom Verein geduldet werden."[655] Die Kriterien werden im Folgenden kurz vorgestellt, um anschließend zu eruieren, ob sie als Anknüpfungspunkt für eine Zurechnung zu einem bereits verbotenen Verein fungieren können.

(1) Zusammenhang mit Tätigkeit oder Zielsetzung des Vereins

§ 3 Abs. 5 Nr. 1 VereinsG normiert als erstes Zurechnungskriterium den Zusammenhang zur Tätigkeit oder Zielsetzung des Vereins. Dieser liegt als Negativabgrenzung vor, wenn nicht lediglich die Individualsphäre betroffen ist, sondern das bestimmte Verhalten als Vereinstätigkeit wahrgenommen wird und der Verein dieses zumindest billigt.[656] Zugerechnet werden kann auch, wenn in Ausführung von Vereinsaufgaben, Vereinszwecken oder vom Verein gefassten Beschlüssen gehandelt wird.[657] Der Verein muss das Verhalten kennen und tolerieren.[658] Ein Zusammenhang ist auch gegeben bei Nutzung der dem Verein eigenen Ressourcen, wie beispielsweise der Kennzeichen des Vereins oder der Vereinskleidung.[659]

---

654 Die Einführung der Zurechnungskriterien diente dazu, Beweisschwierigkeiten von Behörden bei der Zurechnung von verbotsrelevantem Verhalten zu reduzieren: BT-Drs. 12/6853, 45; dazu auch: *Groh*, VereinsG, § 3 VereinsG Rn. 12.

655 Die Formulierung „auch" in § 3 Abs. 5 VereinsG weist daraufhin, dass dem Verein neben dem Handeln der Vereinsorgane auch das Verhalten der Mitglieder zugerechnet werden kann: BT-Drs. 12/6853, 45; Albrecht/Roggenkamp-*Albrecht*, § 3 VereinsG Rn. 102.

656 *BVerwGE* 80, 299, 307; *Groh*, VereinsG, § 3 VereinsG Rn. 12; Reichert-*Schiffbauer*, Kap. 3 Rn. 105.

657 Schenke-*Roth*, § 3 VereinsG Rn. 31; Reichert-*Schiffbauer*, Kap. 3 Rn. 105.

658 *BVerwGE* 80, 299, 307; Albrecht/Roggenkamp-*Albrecht*, § 3 VereinsG Rn. 5.

659 *Groh*, VereinsG, § 3 VereinsG Rn. 12; Schenke-*Roth*, § 3 VereinsG Rn. 31.

(2) Ausdruck organisierter Willensbildung

Nach § 3 Abs. 5 Nr. 2 VereinsG kann ein Verhalten zugerechnet werden, wenn es als Ausdruck organisierter Willensbildung verstanden werden kann. Das ist der Fall, wenn dieses von Vereinsorganen „angeordnet, koordiniert, gefördert und gebilligt“[660] wird. Außerdem kann das Zurechnungskriterium aus § 3 Abs. 5 Nr. 2 VereinsG vorliegen, wenn mehrere Mitglieder eine Handlung vornehmen oder die Handlung durch die Mehrheit der Vereinsmitglieder gebilligt wird.[661] Unabhängig der nicht abschließenden Zurechnungskriterien in § 3 Abs. 5 VereinsG kann eine Handlung zugerechnet werden, wenn sich Handlungen „nach außen als Vereinsaktivitäten darstellen, und die Vereinigung diesen Umstand kennt und billigt oder jedenfalls widerspruchslos hinnimmt.“[662]

(3) Duldung durch den Verein

Das letzte Kriterium in § 3 Abs. 5 Nr. 3 VereinsG ist erfüllt, wenn anzunehmen ist, dass die Handlung vom Verein geduldet wird. Dafür ist insbesondere die Reaktion auf spontane, nicht durch Beschluss angeordnete Handlungen maßgeblich.[663] Nimmt der Verein diese widerspruchlos hin, spricht das für eine Duldung durch den Verein.[664] Distanziert der Verein sich hingegen ernsthaft davon und ergreift Disziplinarmaßnahmen gegen entsprechende Mitglieder, spricht das gegen eine Duldung und damit auch gegen eine Zurechnung.[665] Fördert oder unterstützt der Verein sogar eine Handlung, liegt mehr als eine bloße Duldung vor und § 3 Abs. 5 Nr. 3 VereinsG ist erfüllt.[666]

(4) Zwischenfazit

Die Betrachtung der vereinsrechtlichen Zurechnungskriterien zeigt deutlich, dass die Zurechnungskriterien nicht auf die vorliegende Konstellation passen. Anders als bei den vereinsrechtlichen Zurechnungskriterien, die der Zurechnung von Verhalten zeitlich vor Erlass der Verbotsverfügung dienen, geht es in

---

660 *Groh*, VereinsG, § 3 VereinsG Rn. 12.

661 *Groh*, VereinsG, § 3 VereinsG Rn. 12; dass mehrere Vereinsmitglieder involviert sein müssen, ergebe sich nach *Schiffbauer* bereits aus der Formulierung des § 3 Abs. 5 VereinsG, in der der Plural verwendet wird: Reichert-*Schiffbauer*, Kap. 3 Rn. 106.

662 *VGH München*, BeckRS 2009, 37031.

663 Albrecht/Roggenkamp-*Albrecht*, § 3 VereinsG Rn. 108.

664 Albrecht/Roggenkamp-*Albrecht*, § 3 VereinsG Rn. 108.

665 *BVerwG*, NJW 1993, 3213, 3215; *Planker*, NVwZ 1998, 113, 115 m.w.N.

666 Schenke-*Roth*, § 3 VereinsG Rn. 32 m.w.N.

dieser Untersuchung um eine Zurechnung von Verhalten zeitlich nach Erlass der Verbotsverfügung. Denn dem Wertungswiderspruch liegt die Konstellation zugrunde, dass die Rechtspersönlichkeit des Vereins als Folge durch das unanfechtbare Vereinsverbot und der unanfechtbaren Einziehungsanordnung ausgelöscht worden ist und das Vereinsvermögen aufgrund der Einziehung nicht mehr im Wirtschaftsverkehr existiert.

Wird an eine physische Tätigkeit oder eine psychische Willensbildung des Vereins selbst angeknüpft, könnte das unter Umständen schwer oder gar nicht festzustellen sein, wenn der Verein bereits verboten ist. Im Gegensatz zu nicht verbotenen Vereinen, liegt es in der Natur der Sache eines bereits verbotenen Vereins, dass dieser konspirativ und im Verborgenen tätig ist, um einer Bestrafung aus § 20 VereinsG, §§ 84 ff. StGB zu entgehen. Die Kriterien eignen sich folglich nicht als praxistaugliche Anknüpfungspunkte. Denkbar wäre lediglich, an die verbotsrelevante Zielsetzung anzuknüpfen. Dass die Zielsetzung des bereits verbotenen Vereins berücksichtigt werden kann, wird im folgenden Abschnitt dargestellt.

cc) Rechtlich missbilligter Zweck: Einsatz zu verbotenen Zielen des Vereins

Die Definition der Zweckbestimmung kann durch eine Orientierung sowohl am VereinsG als auch an der entsprechenden Strafbewehrung im StGB erfolgen. Ein Verhalten eines Mitglieds verfolgt dann einen rechtlich missbilligten Zweck, wenn damit die verbotenen Ziele des Vereins weiter geführt werden sollen.

Wie bereits ausgeführt, ist die Verbotsverfügung und die Einziehungsanordnung Grund und Grenze für die zu entwickelnden Kriterien. Es ergibt deshalb Sinn, bei der Zwecksetzung des in Rede stehenden Verhaltens gerade an das anzuknüpfen, was vereinsrechtlich verboten wurde. Damit schließt sich gewissermaßen der Kreis zum ersten Kriterium: Aus der Verfügung geht hervor, warum ein Verein verboten wurde.[667] Zudem ist die strafrechtliche Flankierung in § 85 StGB relevant, weil dadurch eine genuin strafrechtliche Missbilligung von Verhalten zum Ausdruck kommt. Die Orientierung an der Strafnorm bietet Gewähr für ein Kriterium, das sich als praxistauglich und rechtssicher begreifen lässt. Denn es ist im Rahmen des § 85 StGB bereits Aufgabe der Strafgerichte zu beurteilen, ob verbotene Ziele weitergeführt werden. Die Kompetenz, das Vorliegen eines solchen Zwecks zu prüfen, ist folglich unzweifelhaft gegeben.

---

667 Siehe dazu Abschnitt D.II.1.c)cc) dieser Untersuchung.

Die Norm, die die strafrechtliche Missbilligung ausdrückt, findet sich in der strafrechtlichen Flankierung des Vereinsverbots in § 85 Abs. 1 Nr. 2, Abs. 2 StGB. Der Sachverhalt, der § 85 StGB zugrunde liegt, weist eine Parallele zu vorliegender Konstellation auf: § 85 StGB sanktioniert Verstöße gegen ein unanfechtbar gewordenes Vereinsverbot, das durch bestimmte Personen begangen wurde.[668] In der Konstellation, die einen aufzulösenden Wertungswiderspruch erzeugt, handelt ein Mitglied eines verbotenen Vereins ebenfalls nachdem das Vereinsverbot unanfechtbar geworden ist.

Als Tathandlung setzt § 85 Abs. 1 StGB voraus, dass die handelnde Person den „organisatorischen Zusammenhalt einer verbotenen Vereinigung aufrechterhält." Darunter ist ein Verhalten zu subsumieren, das „darauf hinwirkt, daß sie [die Vereinigung] trotz des Verbots bestehen bleibt."[669] Relevant ist, dass der Zusammenhalt den Zweck hat, die verbotenen Ziele des bereits verbotenen Vereins fortzuführen.[670]

An diese bestimmte Zwecksetzung soll auch in vorliegender Untersuchung angeknüpft werden. Nur diese und nicht die technische Tatbestandserfüllung von § 89c StGB ist relevant. Ziele des verbotenen Vereins werden fortgeführt, wenn solche Ziele verfolgt wurden, die zum Vereinsverbot geführt haben.[671] Das ist der Fall, wenn der Zweck darin besteht, die früheren politischen Ziele des Vereins fortzuführen.[672] Werden lediglich legale Ziele verfolgt, die nicht mit den verbotenen Zielen in Verbindung stehen, ist ein entsprechendes Verhalten nicht zu berücksichtigen.[673]

c) Zwischenfazit

Das dritte Kriterium liegt vor, wenn das in Rede stehende Verhalten eine Zwecksetzung aufweist, die sachlich dem verbotenen Verein zuzurechnen ist. Das ist dann der Fall, wenn nicht nur rein private Zwecke verfolgt werden, sondern mit dem Verhalten, also der Hingabe von Vermögen, die verbotenen Ziele des Vereins weitergeführt werden sollen.

---

668 In der Norm wird an das „Feststellungsprinzip" angeknüpft; Vereinsverbote sind im Kontext dieser Norm folglich erst relevant, wenn sie unanfechtbar geworden ist: Albrecht/Roggenkamp-*Braun*, § 85 StGB Rn. 4.

669 Albrecht/Roggenkamp-*Braun*, § 85 StGB Rn. 13.

670 Albrecht/Roggenkamp-*Braun*, § 85 StGB Rn. 13. *BGHSt* 20, 287, 288 ff.

671 *BGHSt* 20, 287, 289.

672 *BGHSt* 20, 287, 289 f.

673 *BGHSt* 20, 287, 289; Albrecht/Roggenkamp-*Braun*, § 85 StGB Rn. 13.

4. Relevanter räumlicher Geltungsbereich

Im Folgenden wird der räumliche Geltungsbereich von Vereinsverboten untersucht. Mit der räumlich beschränkten Geltung desselben gehen unterschiedliche Rechtsfolgen, die an ein Verbot geknüpft werden können, einher. In vorliegender Untersuchung wird – wie bereits weiter oben im Rahmen der Entwicklung des ersten Kriteriums ausgeführt – an die unanfechtbare Verbotsverfügung und Einziehungsanordnung angeknüpft, die als Folge die Auflösung des Vereins und die Einziehung von Vermögen herbeiführen.[674]

Die Betrachtung des unterschiedlichen Umgangs im VereinsG mit Vereinen, Ausländervereinen und ausländischen Vereinen ist deshalb relevant. Denn nur wenn die zuständige Verbotsbehörde den Verein auch auflösen kann, entsteht ein Wertungswiderspruch. Erst die Kumulation aus Auslöschung des Vereins als Vermögensinhaber und der Einziehung des Vereinsvermögens führt zur Friktion, wenn entsprechendes Vermögen strafrechtlich geschützt wird.[675]

Die Annahme, dass die Herkunft des Vermögens – also ob inländisches oder ausländisches Vermögen betroffen ist – keine Rolle spielen dürfte, lässt sich nicht unterstützen. Man könnte zwar argumentieren, dass auch Vermögen und Vermögensinhaber im Ausland nicht strafrechtlich schutzwürdig seien, wenn sie verboten sind. Allerdings ist Ankerpunkt des Wertungswiderspruchs die sich aus Verbotsverfügung und Einziehungsanordnung ergebende Wertung über die Schutzwürdigkeit von Vermögen – nicht mehr und nicht weniger.

Die vereinsrechtliche Wertung lässt sich denklogischerweise nur insoweit berücksichtigen, als sie tatsächlich vorliegt. Wenn ein Vermögensinhaber vereinsrechtlich nicht ausgelöscht und ausländisches Vermögen nicht eingezogen werden kann, weil der Verbotsbehörde die entsprechende Befugnis fehlt, dann ist es nicht geboten, die Schutzwürdigkeit des Vermögens aus strafrechtlicher Perspektive in Zweifel zu ziehen. Grund und Grenze ist die Verbotsverfügung und Einziehungsanordnung, aus der sich Aussagen über die Existenz und Schutzwürdigkeit des Vermögensinhabers und des Vermögens ableiten lassen.

a) Ausländervereine

Nach der Legaldefinition in § 14 Abs. 1 S. 1 VereinsG handelt es sich bei Ausländervereinen um „Vereine, deren Mitglieder oder Leiter sämtlich oder

---

674 Siehe dazu Abschnitt D.II.1. dieser Untersuchung.

675 Siehe dazu Abschnitt B.III.1.d) dieser Untersuchung.

überwiegend Ausländer sind."[676] Der Sitz des Ausländervereins befindet sich im Inland.[677]

§ 14 VereinsG geht § 3 VereinsG als „Sondervorschrift"[678] vor. Hintergrund einer eigenen Regelung für Ausländervereine ist die Ausgestaltung des Art. 9 GG als Deutschengrundrecht; ein Vereins- und Betätigungsverbot für Ausländervereine kann deshalb mangels Geltung des Art. 9 GG über die engen Grenzen des Art. 9 Abs. 2 GG hinausgehen, wie es in der Normierung weiterer Verbotsgründe in § 14 Abs. 2 VereinsG erkennbar wird.[679]

Neben einem Vereinsverbot in § 14 Abs. 2 VereinsG ist als milderes Mittel ein bloßes Betätigungsverbot in § 14 Abs. 3 VereinsG vorgesehen.[680] Nur das erstgenannte Vereinsverbot eines Ausländervereins hat die gleiche Wirkung wie ein Vereinsverbot gegenüber einem Verein, der überwiegend aus Deutschen besteht.[681] Das gilt auch entsprechend für Beschlagnahme und Einziehung, wie sich aus §§ 14 Abs. 1 S. 3 VereinsG ergibt.

Festzuhalten bleibt deshalb, dass ebenfalls an ein Verbot eines Ausländervereins im Sinne von § 14 VereinsG angeknüpft werden kann, sobald dieses und die entsprechende Einziehungsanordnung unanfechtbar geworden sind. Wird lediglich ein Betätigungsverbot nach § 14 Abs. 3 VereinsG ausgesprochen, hat das nicht die Auflösung des Vereins zur Folge und kann deshalb nicht berücksichtigt werden.

b) Ausländische Vereine

Liegt hingegen der Sitz des Vereins im Ausland, handelt es sich um einen ausländischen Verein im Sinne von § 15 Abs. 1 S. 1 VereinsG. Erstreckt sich die Organisation oder Tätigkeit des ausländischen Vereins auf Deutschland, sieht die Norm eine entsprechende Anwendung des § 14 VereinsG hinsichtlich der Voraussetzungen des Vereinsverbots vor, sodass die erweiterten Verbotsgründe auch hier – vorbehaltlich der Ausnahme in § 15 Abs. 2 VereinsG, die gilt, wenn

676 Handelt es sich um ausländische Staatsangehörige der Europäischen Union, gelten die Vereine nicht als Ausländervereine, vgl. § 14 Abs. 1 S. 2 VereinsG.

677 Diesen Umkehrschluss zieht *Schiffbauer* zu Recht aus § 15 VereinsG: Reichert-*Schiffbauer*, Kap. 3 Rn. 414.

678 Albrecht/Roggenkamp-*Ullrich*, § 14 VereinsG Rn. 7.

679 Albrecht/Roggenkamp-*Ullrich*, § 14 VereinsG Rn. 2, 7.

680 Albrecht/Roggenkamp-*Ullrich*, § 14 VereinsG Rn. 50.

681 Albrecht/Roggenkamp-*Ullrich*, § 3 VereinsG Rn. 55; Reichert-*Schiffbauer*, Kap. 3 Rn. 447.

der Verein überwiegend aus Deutschen oder Angehöriger der Europäischen Union besteht – Anwendung finden.[682]

Die Rechtsfolgen unterscheiden sich allerdings insofern, als dass der ausländische Verein selbst nicht von einer deutschen Verbotsbehörde verboten werden kann; das Verbot gegenüber ausländischen Vereinen kann sich nur auf ein Verbot der Betätigung im Inland beziehen, vgl. § 18 S. 2 VereinsG.[683] Verfügt der ausländische Verein über eine Teilorganisation mit Sitz in Deutschland, erstreckt sich das Vereinsverbot nur auf diese Teilorganisation, vgl. § 18 S. 1 VereinsG.[684]

Das gegenüber ausländischen Vereinen ausgesprochene Betätigungsverbot führt nicht zur Auflösung des Vereins selbst, sodass ein Verbot eines ausländischen Vereins hier nicht berücksichtigt werden kann. Wird allerdings eine Teilorganisation des ausländischen Vereins verboten und entsprechendes Vereinsvermögen eingezogen, führt das auch zur Auflösung des Teilvereins.

c) Zwischenfazit

Zwischen Vereinen, die nach § 3 VereinsG oder nach § 14 Abs. 1, 2 VereinsG als sogenannte Ausländervereine verboten werden, muss in dieser Untersuchung kein Unterschied gemacht werden, weil das Verbot zur Auflösung des entsprechenden Vereins führt.[685] Ausländische Vereine können hingegen mangels Befugnis nicht durch die Verbotsbehörde verboten und in Folge dessen auch nicht aufgelöst werden. Liegt allerdings ein unanfechtbares Verbot eines Teilvereins des ausländischen Vereins mit Sitz in Deutschland vor, kann an dieses gleichermaßen angeknüpft werden.

5. Fazit: Übersicht über die drei einzelnen Kriterien

Die Voraussetzungen, die gegeben sein müssen, damit ein Wertungswiderspruch vorliegt, wurden erarbeitet und werden hier zur besseren Übersicht aufgezählt. Die Kriterien sind eng auszulegen.

---

682 Albrecht/Roggenkamp-*Ullrich*, § 15 VereinsG Rn. 9.

683 Die Regelung des § 18 VereinsG trägt dem territorialen Anwendungsbereich des VereinsG Rechnung, indem nur ein Verbot oder Betätigungsverbot ausgesprochen werden kann, wenn an den Sitz oder die Tätigkeit im Inland angeknüpft werden kann: Schenke-*Roth*, § 18 VereinsG Rn. 1; Reichert-*Schiffbauer*, Kap. 3 Rn. 3, 403.

684 Die Norm wurde durch den Innenausschuss eingefügt: BT-Drs. IV/2145 (neu), 4.

685 Siehe nur: Reichert-*Schiffbauer*, Kap. 3 Rn. 447.

Im Kontext eines Betrugssachverhalts liegt ein Wertungswiderspruch und deshalb kein schutzwürdiges Vermögen der verletzten Person vor, wenn folgende drei Kriterien kumulativ vorliegen:

1. Eine eindeutige rechtliche Missbilligung des Vermögens erfolgt über Wertungen des VereinsG
   - eine unanfechtbare Verbotsverfügung und eine unanfechtbare Einziehungsanordnung müssen vorliegen;
   - aufgrund des räumlich beschränkten Anwendungsbereichs des VereinsG muss sich das Vereinsverbot auf Vereine mit Sitz im Inland beziehen und die Einziehung inländisches Vermögen betreffen.
2. Bei der verletzten Person handelt es sich um ein Mitglied dieses verbotenen Vereins.
   - Nichtmitglieder sind nicht erfasst, auch wenn sie sich mit Zielen des Vereins identifizieren.
3. Die verletzte Person muss das Geld zu einem rechtlich missbilligten Zweck einsetzen.
   - Ein solcher Zweck liegt vor, wenn über das Geld verfügt wurde, um die verbotenen Ziele des verbotenen Vereins weiterzuführen.
   - Ein Handeln zu rein privaten Zwecken ist nicht erfasst.

Diese Kriterien sind auf Grundlage des juristisch-ökonomischen Vermögensbegriffs bei der Auslegung des Tatbestandsmerkmals des Vermögens zu berücksichtigen.

III. Rechtsfolge

Rechtsfolge der entwickelten Kriterien ist, dass sich Täter und Täterinnen nicht gemäß § 263 StGB strafbar gemacht haben. Die Berücksichtigung normativer Wertungen, die zu einem Tatbestandsausschluss führt, sieht sich oftmals der Kritik ausgesetzt, dass dadurch „rechtsfreie Räume“[686] und „Strafbarkeitslücken“[687] entstünden. Abgesehen von der Tatsache, dass es nicht Ziel von Gesetzesauslegung sein muss, Strafbarkeitslücken zu stopfen bzw. nicht entstehen zu lassen, ist vorliegend, wie zu zeigen sein wird, eine solche Lücke nicht gegeben.[688]

---

686 Siehe dazu nur Abschnitt B.I.3.b)aa) dieser Untersuchung.

687 Siehe dazu nur: *Li*, NZWiSt 2019, 405, 409.

688 *Windsberger* ordnet die Sorge um rechtsfreie Räume der Kategorie der „Folgenberücksichtigung“ zu. Diese Kategorie sei nicht maßgeblich für das Ergebnis einer

1. Keine Betrugsstrafbarkeit

Der Sachverhalt kann nicht unter den Betrugstatbestand subsumiert werden.

a) Kein vollendeter Betrug

Die Berücksichtigung des Wertungswiderspruchs, die bei Vorliegen der entwickelten drei Kriterien geboten ist, führt dazu, dass das Vermögen nicht als schutzwürdig qualifiziert werden kann. Mangels objektiven Tatbestands liegt deshalb keine Strafbarkeit wegen Betrugs vor.

b) Untauglicher Versuch und Wahndelikt

Im Folgenden wird untersucht, ob es sich um einen strafbaren untauglichen Versuch oder ein strafloses Wahndelikt handelt. Wie die Abgrenzung derselben zu erfolgen hat, ist vielfach Gegenstand wissenschaftlicher Abhandlungen.[689] Auf eine detailliertere Darstellung des Problems wird verzichtet, da es keinen Mehrwert zu dieser Untersuchung beitragen kann.

aa) Kein untauglicher Versuch

Ein untauglicher Betrug liegt immer dann vor, wenn sich Täter und Täterinnen über das Vorliegen von tatsächlichen Umständen irren, die für die Erfüllung der Tatbestandsmerkmale erforderlich sind.[690] Ein solcher Irrtum ist hier nicht gegeben. Denn der Irrtum, der in hiesigen Konstellation vorliegt, ist nicht tatsächlicher, sondern rechtlicher Natur. Der Irrtum betrifft die Frage, welche

---

Auslegung: *Windsberger*, ZStW 2021, 123, 147, 151; *Windsberger* verweist auf *Eisele/Bechtel*, die das Argument wie folgt beschreiben: „die Argumentation mit dem „rechtsfreien Raum“ [ist] mehr behauptender denn begründender Natur“: *Eisele/Bechtel*, JuS 2018, 97, 100.

689 Bereits 1981 stellte *Burkhardt* fest, dass die Abgrenzung zwischen Wahndelikt und untauglichem Versuch ein Problem ist, dass die Wissenschaft und Rechtsprechung schon lange beschäftigt: *Burkhardt*, JZ 1981, 681. eine Übersicht über die unterschiedlichen Ansichten in der Wissenschaft zur Abgrenzung zwischen Wahndelikt und untauglichem Versuch findet sich bei: *Schlack*, Der Betrug als Vermögensverschiebungsdelikt, 183 ff; zusammenfassend auch: Lackner/Kühl/Heger-*Heger*, § 22 StGB Rn. 12 ff; Schönke/Schröder-*Eser/Bosch*, § 22 StGB Rn. 61, 82

690 *Fischer*, StGB, § 22 StGB Rn. 39; zur Begründung, warum der untaugliche Versuch strafbar ist, siehe: *Valerius*, JA 2010, 113, 113, 116 m.w.N; zum Strafgrund siehe auch: Schönke/Schröder-*Eser/Bosch*, § 22 StGB Rn. 62 ff. m.w.N.

Vermögenspositionen unter das Tatbestandsmerkmal des Vermögens zu subsumieren sind.

Ein untauglicher Versuch läge hier wohl nur vor, wenn Täter und Täterinnen irrig davon ausgehen, dass Vermögen sei taugliches Tatobjekt und damit schutzwürdig, d.h. der Verein wäre nicht verboten und das Vermögen nicht eingezogen, während das tatsächlich aber der Fall ist.

bb) Wahndelikt

Abzugrenzen ist der untaugliche Versuch vom Wahndelikt.[691] Dabei befinden sich Täter und Täterinnen im Irrtum über die Strafbarkeit des eigenen Verhaltens.[692] *Burkhardt* formuliert früh eine Frage, die der Abgrenzung dient: „Hätte der Täters ein Verhalten auch als verbotswidrig eingestuft, wenn er im Besitz ausreichender Rechtskenntnisse gewesen wäre?"[693] Bei Verneinung dieser Frage läge ein Wahndelikt vor.[694]

Die Antwort auf diese Testfrage im hiesigen Fall lautet wie folgt: Nein. Denn ausreichende Rechtskenntnis hätte den Täter oder die Täterin dazu befähigt, zu erkennen, dass das Verhalten nicht verbotswidrig gewesen wäre. Der Täter oder die Täterin irren hier über die Auslegung des normativen Tatbestandsmerkmals des Vermögens. Er oder sie stellt sich eine Strafbarkeit des eigenen Verhaltens vor, die aufgrund der Auflösung des Wertungswiderspruchs nicht vorliegt. Bei einer solchen Konstellation handelt es sich um ein strafloses Wahndelikt.

2. Alternative Strafbarkeit

Neben § 263 StGB kommen noch weitere Straftatbestände in Betracht, die den Sachverhalt erfassen könnten und die im Folgenden zu prüfen sind. Wie zu zeigen sein wird, kann der Sachverhalt unter den Tatbestand der Geldwäsche subsumiert werden.

a) Geldwäsche

Der hiesige Sachverhalt lässt sich unter den Geldwäschetatbestand gemäß § 261 Abs. 1 S. 1 Nr. 3 Alt. 1 StGB subsumieren. Im Folgenden sei dies erläutert. In seinem Kommentar zum „IS-Urteil" des Bundesgerichtshofs schlägt auch

691 *Fischer*, StGB, § 22 StGB Rn. 49; *Valerius*, JA 2010, 113, 114.
692 *Valerius*, JA 2010, 113, 116.
693 *Burkhardt*, JZ 1981, 681, 688.
694 *Burkhardt*, JZ 1981, 681, 688.

Ebner vor, die versuchte Bereicherung am Vermögen des „Islamischen Staats“ als versuchte Geldwäsche aufzufassen.

Bei dem verfügten Bargeld handelt es sich unzweifelhaft um einen Gegenstand, dem Vermögenswert zukommt.[695] Dass dieses Vermögen im Kontext des § 263 StGB nicht als schutzwürdig angesehen wird, ist für die Einordnung als Tatobjekt von § 261 StGB nicht relevant, denn bei der Geldwäsche geht es qua Natur des Delikts gerade darum, inkriminiertes Vermögen zum Tatobjekt zu qualifizieren.

Es ist auch anzunehmen, dass das Geld aus einer rechtswidrigen Tat herrührt. Das ist der Fall, wenn der Gegenstand aus oder durch die Tat hervorgebracht oder für die Tat erlangt wurde; erfasst sind auch Ersatzgegenstände, die aufgrund von Verwertung an die Stelle des ursprünglichen Gegenstands treten.[696] Die Vortat, die gemäß § 261 Abs. 9 StGB auch im Ausland begangen worden sein kann, muss vollendet und vom Vorsatz des Täters oder der Täterin grob erfasst sein.[697] Gemäß § 261 Abs. 6 StGB kann auch nur Leichtfertigkeit hinsichtlich der Herkunft des Gegenstands bestehen.[698]

Die Vortat muss hier in dieser Untersuchung nicht konkretisiert werden. Das ist Aufgabe der Strafgerichte bei Prüfung von § 261 StGB.[699] Im Kontext von verbotenen Vereinen, die – je nach Verbotsgrund in § 3 Abs. 1 S. 1 VereinsG – entweder Strafgesetzen zuwiderlaufen oder sich gegen die verfassungsmäßige Ordnung oder den Gedanken der Völkerverständigung richten, ist eine Vielzahl an Straftaten denkbar, die sich im Bereich der organisierten Kriminalität lokalisieren lassen.[700] Naheliegend sind auch Verstöße gegen § 85 StGB oder §§ 129 ff. StGB, die zur Generierung von Vermögen führen.

Als Tathandlung kommt gemäß § 261 Abs. 1 S. 1 Nr. 3 Alt. 1 StGB die Alternative des „sich Verschaffens“ in Betracht, die vorliegt, weil der Täter oder die Täterin die Verfügungsgewalt über das Vermögen erlangt.[701] Der Täter oder die

---

695 Lackner/Kühl/Heger-*Heger*, § 261 StGB Rn. 3.

696 BT-Drs. 12/989, 27; Lackner/Kühl/Heger-*Heger*, § 261 StGB Rn. 5.

697 Der Täter oder die Täterin muss die „Umstände gekannt [haben], aus denen sich in groben Zügen bei rechtlich richtiger Bewertung“ die Vortat ergibt. Diese muss der Täter oder die Täterin „nur laienhaft erfasst haben“: *BGHSt* 43, 158, 165.

698 Lackner/Kühl/Heger-*Heger*, § 261 StGB Rn. 13 m.w.N.

699 *KG Berlin*, NStZ-RR 2013, 13; Lackner/Kühl/Heger-*Heger*, § 261 StGB Rn. 4 m.w.N; *Wessels/Hillenkamp/Schuhr*, Strafrecht BT II, § 24 Rn. 959 m.w.N.

700 Zu den materiellen Voraussetzungen eines Vereinsverbots siehe nur: *Baudewin*, NVwZ 2013, 1049, 1050 ff.

701 Die Verschaffungsvariante orientiert sich an § 259 StGB: BT-Drs. 12/989, 27; *Wessels/Hillenkamp/Schuhr*, Strafrecht BT II, § 24 Rn. 966.

Täterin handelt bezüglich der Tathandlung auch vorsätzlich. In Bezug auf die Herkunft des Geldes handelt er zumindest mit dolus eventualis. Denn in der zugrunde liegenden Sachverhaltskonstellation kann davon ausgegangen werden, dass er die Herkunft zumindest billigend in Kauf nimmt.

Dass der Sachverhalt von § 261 StGB erfasst ist, lässt sich wie gezeigt gut begründen. § 261 StGB und § 263 StGB weisen den gleichen Strafrahmen auf, wenn vorsätzlich gehandelt wurde: Die Normen sehen jeweils Freiheitsstrafe bis zu fünf Jahren oder Geldstrafe vor.[702]

b) Vereinigungsstrafrecht

An Tatbestände, die dem Vereinigungsstrafrecht zuzuordnen sind, kann nicht angeknüpft werden.[703] Dies sei in gebotener Kürze erläutert.

Da es sich im zugrunde liegenden Fall um einen Täter oder eine Täterin handelt, der bzw. die nicht als Mitglied des verbotenen Vereins zu qualifizieren ist, kommt lediglich eine Strafbarkeit nach § 20 Abs. 1 S. 1 Nr. 3 VereinsG oder § 85 Abs. 2 StGB in Frage.[704]

§ 20 Abs. 1 S. 1 Nr. 3 VereinsG setzt eine Tathandlung voraus, die den organisatorischen Zusammenhalt eines verbotenen Vereins unterstützt. Diese Handlung muss dazu geeignet sein, eine „vorteilhafte Wirkung"[705] zugunsten des verbotenen Vereins hervorzurufen; eine „die verbotene Organisation nur allgemein unterstützende Handlung"[706] ist nicht ausreichend. Der Eintritt eines konkreten Erfolgs durch die Unterstützungshandlung ist nicht erforderlich.[707]

---

702 Das gilt zumindest, wenn der Täter oder die Täterin nicht leichtfertig gehandelt hat. In diesen Fällen beträgt der Strafrahmen bis zu zwei Jahre Freiheitsstrafe oder Geldstrafe, vgl. § 261 Abs. 6 S. 1 StGB.

703 § 20 VereinsG sanktioniert Verstöße gegen ein vollziehbares Vereinsverbot, während § 85 StGB an ein unanfechtbar gewordenes Verbot anknüpft. § 20 VereinsG kann deshalb nur zur Anwendung kommen, wenn der Sachverhalt nicht durch §§ 84 ff. StGB erfasst ist: *Groh*, VereinsG, § 20 VereinsG Rn. 1; Reichert-*Schiffbauer*, Kap. 3 Rn. 232.

704 Im hiesigen Fall wäre § 20 VereinsG in folgenden Konstellationen zu untersuchen: Nicht von § 85 StGB erfasst sind Verstöße gegen Vereinsverbote, die auf den Verbotsgrund „Zuwiderlaufen gegen Strafgesetze" gestützt sind oder sich gegen Ausländervereine oder Teilorganisationen von ausländischen Vereinen richten, §§ 14 Abs. 1, 2, 15 Abs. 1 VereinsG: Albrecht/Roggenkamp-*Seidl*, § 20 VereinsG Rn. 10, 17.

705 *BGH*, NStZ 2006, 356.

706 *BGH*, NStZ 2006, 356.

707 *BGH*, NStZ 2006, 356; Albrecht/Roggenkamp-*Seidl*, § 20 VereinsG Rn. 20.

Es mangelt bereits an einer entsprechenden Tathandlung. Denn die Handlung – die Täuschung und Annahme von Vermögenswerten – ist nicht geeignet, eine vorteilhafte Wirkung für den Verein zu entfalten.

Aus dem gleichen Grund scheitert auch eine Strafbarkeit nach § 85 Abs. 2 StGB. Es mangelt an einer geeigneten Tathandlung, weil die Handlung weder dafür gedacht noch dazu geeignet ist, den organisatorischen Zusammenhalt zu unterstützen.

c) Versuch der Beteiligung

Eine Strafbarkeit nach § 30 StGB kommt auch hier aus mehreren Gründen nicht in Betracht. Eine Strafbarkeit nach § 30 i.V.m. § 211 StGB lehnte auch der Bundesgerichtshof im „IS-Fall" zu Recht ab, weil der Täter nicht vorhatte, den Terroranschlag durchzuführen.

Voraussetzung für die Tatbestandsmäßigkeit von § 30 StGB in den unterschiedlichen Tatbestandsvarianten ist die Vorbereitung eines Verbrechens und ein entsprechender Vorsatz. Selbst wenn man eine Strafbarkeit gemäß Vereinigungsstrafrecht bejahen würde, eignen sich diese Straftatbestände nicht als zukünftige Tat i.S.d. § 30 StGB, weil es sich bei § 20 VereinsG, §§ 84 ff. StGB nicht um Verbrechen handelt, sondern nur um Vergehen handelt, vgl. § 12 Abs. 1, 2 StGB. Zudem mangelt es am subjektiven Tatbestand, wenn sich der Vorsatz des Täters oder der Täterin nicht darauf richtet, dass das Verbrechen begangen wird.

3. Fazit: Keine Strafbarkeitslücke

Wie gesehen, kann der Sachverhalt auch durch den Tatbestand der Geldwäsche erfasst werden, der – insofern vorsätzlich gehandelt wurde – das gleiche Strafniveau wie der Betrugstatbestand aufweist. Dass dadurch das explizit in § 263 StGB verkörperte Unrecht gerade nicht erfasst ist, ist richtig.[708] Das ändert allerdings nichts an der dogmatischen Überzeugungskraft der hier gefundenen Lösung. Die Straflosigkeit nach § 263 StGB ist bloße Folge der Auslegung, dient allerdings nicht als Argument für oder gegen eine bestimmte Auslegungsvariante. Es ist *Hoyer* zuzustimmen, der in einer Festschrift für *Fischer* schreibt, es sei kein „Qualitätsnachweis einer gelungenen Auslegung des geltenden

---

708 *Li* verwendet diesen Einwand in einem Kommentar zum „IS-Fall": *Li*, NZWiSt 2019, 405, 409; *Li* verweist auf *Jäger*, der im Kontext des Anfragebeschlusses des Zweiten Strafsenats kritisiert, dass § 261 StGB „dem individualrechtlichen Gehalt einer durch Täuschung bewirkten Besitzverschaffung kaum gerecht zu werden vermag": *C. Jäger*, JA 2016, 790, 792.

Strafrechts […], möglichst lückenlos zur Strafbarkeit sämtlicher theoretisch denkbaren oder praktisch vorkommenden Rechtsgutsbeeinträchtigungen“[709] zu gelangen. Für diese Ansicht sprechen bereits die in Abschnitt C.III. dieser Untersuchung angesprochenen verfassungsrechtlichen Grenzen des Strafrechts: Das Strafrecht ist nur ultima ratio des Staates.

IV. Auseinandersetzung mit denkbarer Kritik

Die Voraussetzungen und Rechtsfolgen des eigenen Lösungsansatzes wurden skizziert. Naheliegende Kritik, die sich gegen ein einzelnes der drei Kriterien richtet, wurde bereits an entsprechender Stelle erörtert und entkräftet. An dieser Stelle soll nun Bedenken begegnet werden, die sich gegen den Lösungsansatz an sich richten können.

Im Folgenden ist deshalb zu untersuchen, ob der entwickelte Lösungsansatz vereinbar mit der Auslegung des strafrechtlichen Tatbestandsmerkmals des Vermögens ist. Darüber hinaus ist eine Kontrolle durch verfassungsrechtliche Vorgaben und eine Auseinandersetzung mit kriminalpolitischen Erwägungen geboten.

1. Vereinbarkeit mit der Auslegung des Vermögensbegriffs

Der eigene Lösungsansatz enthält drei Kriterien, die als normative Komponente beim juristisch-ökonomischen Vermögensbegriff zur Schutzunwürdigkeit der entsprechenden Vermögensposition führen und schließlich die Strafbarkeit nach § 263 StGB ausschließen. Der Begriff des Vermögens ist einer entsprechenden Auslegung zugänglich. Im Folgenden erfolgt eine Überprüfung anhand der klassischen Auslegungsmethoden, zu denen eine Auslegung nach Wortlaut, Systematik, Historie und Telos der Norm gehören.[710]

a) Wortlaut

Der Auslegung nach dem Wortlaut ist besonderes Gewicht beizumessen, weil sich Bürger und Bürgerinnen beim Verständnis der Norm maßgeblich

---

709 *Hoyer* verweist in Fußnote 39 in seinem Beitrag auf einen Vortrag von *Fischer* vom 18.11.2016: *Hoyer*, in: FS Fischer, 361, 369.

710 *BVerfGE* 11, 126, 130; *Larenz*, Methodenlehre der Rechtswissenschaft, 141 ff; *Larenz/Canaris*, Methodenlehre der Rechtswissenschaft, 141 ff; siehe dazu auch: *Bleckmann*, JuS 2002, 942, 943 ff; *Jescheck/Weigend*, Lehrbuch des Strafrechts AT, § 17 IV 1; Schönke/Schröder-*Hecker*, § 1 StGB Rn. 36 ff; Kindhäuser-*Kargl*, § 1 StGB Rn. 105 ff.

am Wortlaut derselben orientiert.[711] Ausgangspunkt bei § 263 Abs. 1 StGB ist folgende Formulierung: „[...] das Vermögen eines anderen dadurch beschädigt, [...]."

Nach ihrem Wortlaut verbietet es die Strafnorm, das Vermögen eines anderen zu schädigen. Der bloße Wortlaut des § 263 StGB lässt es grundsätzlich offen, ob auch Vermögen unter den Tatbestand subsumiert werden kann, das einem Verein zugeordnet werden kann, der verboten wurde und dessen Vermögen Gegenstand einer Einziehungsanordnung war.

Es fehlt demnach an einer näheren Bestimmung des Schutzumfangs, die im Wortlaut der Norm angelegt wäre. Folglich kann die Auslegung nach dem Wortlaut nicht als Gegenargument herangezogen werden.

Stellt man auf die Bedeutung des Wortes Vermögen ab, lässt sich daraus ein Argument für den hier entwickelten Lösungsansatz entwickeln. *Windsberger* stellt überzeugend dar, dass das Ergebnis der Wortlautauslegung folgendes sei: Vermögen könne nur Positionen umfassen, die als normativ werthaltig zu bezeichnen sind; denn die Werthaltigkeit ergebe sich aus der Konvention, die in den Kontext eines legalen Marktes eingebettet sei.[712]

Die Konvention, die hier zwar nicht aus dem Kontext des legalen Marktes, sondern dem Kontext der Begrenzung des „Prinzips freier sozialer Gruppenbildung"[713] zum Schutz der freiheitlich demokratischen Grundordnung entspringt, findet sich im unterverfassungsrechtlichen Durchführungsgesetz des Art. 9 Abs. 2 GG, dem VereinsG. Die entsprechenden Regelungen über Vereinsverbot und Vermögenseinziehung in §§ 3 Abs. 1, 11 Abs. 1, 2 VereinsG verkörpern eine normative Missbilligung, die dazu führt, dass Vermögenspositionen – bei Erfüllung der drei Kriterien als normative Komponente – gerade nicht überzeugend als werthaltig angesehen werden können. Die Bedeutung des Begriffs Vermögen spricht folglich für die Beachtung normativer (Be-)Wertungen und damit auch für den vorgestellten Lösungsansatz.

Schließlich wird an den eingangs dargestellten unterschiedlichen und von der Rechtsprechung und Rechtswissenschaft anerkannten und praktizierten

---

711 *M. Weber*, Grenzen EU-rechtskonformer Auslegung und Rechtsfortbildung, 34 ff.

712 Die Aussage von *Windsberger* wird nur insofern sie für diese Untersuchung relevant ist und deshalb stark verkürzt wiedergegeben: *Windsberger*, ZStW 2021, 123, 131 ff. m.w.N; in diese Richtung auch *Gaede* („eine wirtschaftliche Potenz [muss] zumindest von der Rechtsordnung akzeptiert sein, da das Recht mit dem Schutz rechtswidriger Potentiale über den Betrug anderenfalls in einen Selbstwiderspruch geraten müsste"): *Gaede*, Der Steuerbetrug, 80 ff.

713 Albrecht/Roggenkamp-*Albrecht*, Einl. VereinsG Rn. 1.

Theorien zum Vermögensbegriff deutlich, dass der Wortlaut grundsätzlich verschiedenen Interpretationen nicht entgegensteht.[714] Der juristisch-ökonomische Vermögensbegriff begegnet immer wieder auch Kritik; das (Gegen-)Argument, eine Auslegung bzw. Bestimmung des Vermögens anhand des juristisch-ökonomischen Vermögensbegriffs verstoße gegen den Wortlaut der Norm, ist soweit ersichtlich, nicht formuliert worden. Die Interpretation des Tatbestandsmerkmals anhand der hier entwickelten normativen Kriterien ist mit dem Wortlaut von § 263 StGB vereinbar.

b) Systematik

Die systematische Auslegung betrachtet den gesetzlichen Kontext, in dem sich die auszulegende Norm befindet, aber auch die Struktur der Norm selbst, die den auszulegenden Begriff enthält.[715]

Der Betrugstatbestand eröffnet den 22. Abschnitt des StGB, der mit „Betrug und Untreue" überschrieben ist und der verschiedene Betrugsformen über Untreue bis hin zu Vorenthalten und Veruntreuen von Arbeitsentgelt und Missbrauch von Scheck- und Kreditkarten umfasst. Aufgrund der Unterschiedlichkeit der Schutzrichtung der Tatbestände in diesem Abschnitt lässt sich aus der systematischen Stellung der Betrugsnorm keine Aussage zur Schutzwürdigkeit von Vermögenspositionen ableiten. Auch die Binnenstruktur des § 263 StGB liefert keine Anhaltspunkte, die man in Bezug zu der Frage nach der Schutzwürdigkeit heranziehen könnte.

Als systematisches Argument, das bereits straf- und verfassungsrechtlich analysiert[716] wurde, lässt sich die Einheit der Rechtsordnung nennen.[717] Wie gezeigt, entsteht ein Wertungswiderspruch zwischen §§ 3 Abs. 1, 11 Abs. 1, 2 VereinsG und § 263 Abs. 1 StGB.[718] Durch eine Betrachtung des Wertungswiderspruchs im Lichte der Gesamtrechtsordnung, wurden straf-, zivil- und verfassungsrechtliche Argumente entwickelt, die für die Berücksichtigung und Auflösung des Wertungswiderspruchs sprechen.[719] Die systematische

---

714 Siehe dazu Abschnitt B.I.3.a) dieser Untersuchung.

715 *M. Weber*, Grenzen EU-rechtskonformer Auslegung und Rechtsfortbildung, 29 ff.

716 Siehe dazu Abschnitt B.III.2.a) und C.III.4.b) dieser Untersuchung.

717 MüKo-*Hefendehl*, § 263 StGB Rn. 629; *Windsberger* widmet sich dem Argument der Einheit der Rechtsordnung im Rahmen der systematischen Auslegung des Begriffs des Vermögens: *Windsberger*, ZStW 2021, 123, 140 ff.

718 Siehe dazu Abschnitt B.III.1. dieser Untersuchung.

719 Siehe dazu Abschnitt C. dieser Untersuchung.

Betrachtung des Tatbestandsmerkmals des Vermögens spricht folglich ebenfalls für den entwickelten Lösungsansatz.

c) Historie

Die historische Auslegungsmethode erforscht den Willen des (historischen) Gesetzgebers und betrachtet die Entstehung der Norm.[720]

Die Konzeption des Betrugstatbestands mit einem Vermögensschaden geht auf das 19. Jahrhundert zurück.[721] Im Preußischen Strafgesetzbuch von 1851 war der Betrug in § 241 PrStGB normiert und wurde über das Strafgesetzbuch für den Norddeutschen Bund in das RStGB von 1871 im Wesentlichen unverändert übernommen.[722] Anhand dieser historischen Fassungen lässt sich lediglich feststellen, dass der heutige § 263 Abs. 1 StGB sehr ähnlich zu den früheren Fassungen ist und ableiten, dass das Erfordernis des Vermögensschadens dem Betrug immanent ist.[723] Auch *Naucke* stellt bei Betrachtung der historischen Entwicklung des Betrugs fest, dass sich der Wortlaut wenig verändert hat, aber die Auslegung der Tatbestandsmerkmale eine gewisse Variationsbreite erlangt hat.[724]

Die historische Auslegungsmethode kann hier nicht weiterhelfen, weil der historische Wille nicht ermittelt werden kann.[725] Dieser Auslegungscanon ist nicht imstande, die Frage nach der Vereinbarkeit des entwickelten Lösungsansatzes mit dem Tatbestandsmerkmal des Vermögens zu beantworten.[726]

---

720 Schönke/Schröder-*Hecker*, § 1 StGB Rn. 41; MüKo-*Schmitz*, § 1 StGB Rn. 91.

721 Siehe dazu auch: *Naucke*, Zur Lehre vom strafbaren Betrug, 62 ff; ein Überblick zur rechtshistorischen Entwicklung des Vermögensschadens findet sich hier: *Schlüchter*, in: FS Trusen, 573, 574 ff.

722 Dazu auch bereits: *RGSt* 16, 1, 2; der Normtext von § 241 PrStGB lautete: „Wer in gewinnsüchtiger Absicht das Vermögen eines Anderen dadurch beschädigt, daß er durch Vorbringen falscher oder durch Entstellen oder Unterdrücken wahrer Thatsachen einen Irrthum erregt, begeht einen Betrug."; ein Überblick zur rechtshistorischen Entwicklung des Vermögensschadens findet sich hier: *Schlüchter*, in: FS Trusen, 573, 589; *Schlack*, Der Betrug als Vermögensverschiebungsdelikt, 35 ff.

723 Ein Überblick über die Historie findet sich auch bei: Kindhäuser-*Kindhäuser/Hoven*, § 263 StGB Rn. 1 ff.

724 *Naucke*, Zur Lehre vom strafbaren Betrug, 126 ff.

725 Die Schwierigkeit, ein Ergebnis anhand der historischen Auslegung zu erzielen, beschreibt auch: *Windsberger*, ZStW 2021, 123, 144.

726 Auch *Schlack* stellt in seiner Dissertation fest, dass der historische Auslegungscanon keine Antwort auf seine Forschungsfrage liefern kann: *Schlack*, Der Betrug als Vermögensverschiebungsdelikt, 38 ff.

d) Telos

Der teleologischen Auslegung, die den Sinn und Zweck der Norm untersucht, kommt maßgebende Bedeutung im Auslegungscanon zu.[727] Wie bereits dargestellt, dient der Betrugstatbestand dem Schutz des Rechtsguts des Vermögens;[728] die individuelle Dispositionsfreiheit ist hingegen nicht geschützt.[729]

Dreh- und Angelpunkt des § 263 StGB ist damit der Vermögensschutz. Dieser Schutzzweck steht jedoch der Konturierung des Vermögensbegriffs nicht entgegen, solange es im Kern um die Verletzung von Vermögen geht.[730]

Das Bundesverfassungsgericht bestätigte in einer Leitentscheidung zur Untreue – die Aussage ist auf den Betrugstatbestand übertragbar[731] – dass normative Erwägungen bei der Feststellung des Nachteils eine Rolle spielen, wirtschaftliche Aspekte aber nicht verdrängen dürfen.[732] Diese bundesverfassungsrechtliche Vorgabe wird auch im eigenen Lösungsansatz beachtet. Die aus dem VereinsG folgende normative Wertung kann dogmatisch im Rahmen des juristisch-ökonomischen Vermögensbegriffs berücksichtigt werden. Maßstab für die Bestimmung des Vermögensschadens bleibt dabei im ersten Schritt eine wirtschaftliche Betrachtung. Erst im zweiten Schritt werden Vermögenspositionen subtrahiert, die in einem Wertungswiderspruch zum VereinsG stehen und normativ missbilligt sind.

Damit Entgrenzungen des Tatbestandsmerkmals des Vermögens entgegengewirkt wird, müssen entsprechende normative Erwägungen bzw. Einschränkungen desselben darauf untersucht werden, ob sie gerade zur rechtlichen Regelung des Vermögens dienen.[733] *Gaede* spricht in diesem Zusammenhang von „vermögensbewertenden Rechtsnormen."[734] Ausgangspunkt bleibe dabei

---

727 *Jescheck/Weigend*, Lehrbuch des Strafrechts AT, § 17 IV. 1. b); MüKo-*Schmitz*, § 1 StGB Rn. 95.

728 Siehe dazu Abschnitt B.I.1. dieser Untersuchung.

729 Siehe dazu: *BGHSt* 16, 220, 221; *BGHSt* 16, 321, 325; MüKo-*Hefendehl*, § 263 StGB Rn. 4; Lackner/Kühl/Heger-*Heger*, § 263 StGB Rn. 2.

730 *Gaede*, Der Steuerbetrug, 82 ff. m.w.N.

731 *BVerfGK* 15, 193; *BGH*, NStZ 2013, 37; *F. Saliger*, in: Dogmatik und Praxis des strafrechtlichen Vermögensschadens, 15, 16.

732 *BVerfGE* 126, 170, 212.

733 Normative Erwägungen müssten sich am Rechtsgut des Betrugs – dem Vermögen – und „gerade seiner Verletzung" orientieren: *Gaede*, Der Steuerbetrug, 82 f. m.w.N.

734 *Gaede*, Der Steuerbetrug, 83 ff.

das Schutzziel des Betrugs als „strafrechtsautonomer Filter."[735] Der Autor stellt diese Anforderungen in den Kontext einer Strafbegründung durch Normativierung und damit in den Kontext von Art. 103 Abs. 2 GG.[736] Demnach müsste man diese Anforderung für die vorliegende Untersuchung relativieren, weil der entwickelte Lösungsansatz nicht strafbegründend, sondern -befreiend wirkt. Nichtdestotrotz erfüllt der eigene Lösungsansatz die von *Gaede* formulierte Forderung.

Die entwickelten Kriterien orientieren sich maßgeblich an der unanfechtbar gewordenen Verbotsverfügung und Einziehungsanordnung aus §§ 3 Abs. 1, 11 Abs. 1, 2 VereinsG. Die Einziehungsanordnung ist als vermögensbewertende Rechtsnorm zu bezeichnen, da sie eine Regelung über den Bestand von Vereinsvermögen trifft. Darüber hinaus ist ihr sogar eine Regelung über die Existenz – bzw. die Auslöschung – des dazugehörigen Vermögensinhabers zu entnehmen. Folglich ist ihnen eine eindeutige Bewertung in Gestalt einer Missbilligung von Vereinsvermögen zu entnehmen.

Die Einschränkung und gleichzeitige Konturierung des strafrechtlichen Vermögensbegriffs anhand vereinsrechtlicher Wertungen ist mit dem Telos von § 263 StGB vereinbar. Der eigene Lösungsansatz enthält normative Kriterien, die dem Sinn und Zweck des Vermögensschutzes nicht zuwiderlaufen.

e) Zwischenfazit

Die Überprüfung des eigenen Lösungsansatz anhand des klassischen Auslegungscanons hat ergeben, dass dieser mit dem Begriff des Vermögens in § 263 StGB vereinbar ist. Insbesondere sprechen weder Wortlaut noch Telos der Norm gegen eine solche normative Einschränkung.

2. Vereinbarkeit mit strafverfassungsrechtlichen Garantien

Das in Art. 103 Abs. 2 GG und § 1 StGB normierte Gesetzlichkeitsprinzip richtet sich an Gesetzgeber und Rechtsanwender.[737] Aus diesem Prinzip lassen sich vier Ausprägungen – das Rückwirkungsverbot, das Bestimmtheitsgebot, das Analogieverbot und das Verbot von Gewohnheitsrecht – ableiten.[738] Da das

---

735 *Gaede*, Der Steuerbetrug, 83 ff.

736 *Gaede*, Der Steuerbetrug, 85 ff.

737 Das Gesetzlichkeitsprinzip findet sich auch in Art. 49 Abs. 1 S. 1, 2 GRCh, Art. 7 Abs. 1 EMRK und Art. 15 Abs. 1 IPBPR, vgl.: MüKo-*Schmitz*, § 1 StGB Rn. 3.

738 MüKo-*Schmitz*, § 1 StGB Rn. 30; Kindhäuser-*Kargl*, § 1 StGB Rn. 13.

Gesetzlichkeitsprinzip ausschließlich zum Schutz von Tätern und Täterinnen konzipiert ist, gelten diese Vorgaben nur, wenn damit eine entsprechende Schlechterstellung derselben einhergeht.[739]

Der eigene Lösungsansatz in Gestalt der drei Kriterien kommt nicht mit den strafverfassungsrechtlichen Garantien aus Art. 103 Abs. 2 GG in Konflikt, weil als Folge nicht die Begründung von Strafe, sondern eine Strafbefreiung eintritt. Wie gezeigt, führt die normative Einschränkung des Tatbestandsmerkmals dazu, dass der Tatbestand des § 263 StGB mangels objektiven Tatbestands nicht vorliegt.

Auch wenn die Vorgaben aus Art. 103 Abs. 2 GG hier aufgrund einer Strafbefreiung nicht gelten, werden sogar die bundesverfassungsrechtlich konkretisierten Anforderungen, die sich daraus für die Auslegung von Strafnormen ergeben, erfüllt. Das Bundesverfassungsgericht nannte in seinem Untreue-Beschluss vom 23. Juni 2010 dazu explizit das Verschleifungsverbot und das Präzisierungsgebot.[740]

Ersteres verbietet eine Auslegung, die dazu führt, dass einzelne Tatbestandsmerkmale entgrenzt und durch andere mitverwirklicht werden.[741] Die entwickelten Kriterien lassen, insofern man diese berücksichtigt, die Schutzwürdigkeit des Vermögens entfallen. Andere objektive Tatbestandsmerkmale des Betrugs wie die Täuschung, der Irrtum und die Vermögensverfügung werden durch diese Auslegung nicht beeinträchtigt und sind weiterhin selbstständig auszulegen.

Das Präzisierungsgebot richtet sich an die Rechtsprechung; sie ist „gehalten verbleibende Unklarheiten über den Anwendungsbereich einer Norm durch Präzisierung und Konkretisierung im Wege der Auslegung nach Möglichkeit auszuräumen."[742] Der entwickelte Lösungsansatz in Gestalt von rechtssicheren und praxistauglichen Kriterien dient dazu, Unklarheiten in Bezug auf die Schutzwürdigkeit von Vermögenspositionen verbotener Vereine zu beseitigen und diesbezüglich Klarheit und Rechtssicherheit zu schaffen.

Es ist festzuhalten, dass die verschiedenen aus Art. 103 Abs. 2 GG folgenden Vorgaben dem eigenen Lösungsansatz nicht entgegenstehen und

---

739 Das Bundesverfassungsgericht konstatierte, dass die Norm auch dazu diene, dem Normadressaten Klarheit darüber zu geben, welches Verhalten mit Strafe bedroht sei. Art. 103 Abs. 2 GG komme deshalb eine „freiheitsgewährleistende Funktion" zu: *BVerfGE* 126, 170, 194 f; Schönke/Schröder-*Hecker*, § 1 StGB Rn. 7.

740 *BVerfGE* 126, 170, 198 f.

741 *BVerfGE* 126, 170, 198.

742 *BVerfGE* 126, 170, 198.

verfassungsrechtliche Bedenken insofern nicht bestehen. Die Auslegung des Betrugstatbestands anhand der entwickelten Kriterien ist deshalb mit Art. 103 Abs. 2 GG vereinbar.

3. Keine Umgehung der Vorlagepflicht

Durch die Entwicklung eines eigenen Lösungsansatzes zur Einschränkung des Betrugstatbestands wird die in Art. 100 Abs. 1 GG normierte Vorlagepflicht nicht umgangen. Denn eine solche Pflicht besteht nur, wenn ein Gericht eine entscheidungserhebliche Norm für verfassungswidrig hält.[743] Ein Gericht kann im Rahmen der konkreten Normenkontrolle nur vorlegen, wenn es sich vorher mit der verfassungskonformen Auslegung der Norm auseinandergesetzt hat und diese gescheitert ist.[744]

Die Verfassungsmäßigkeit von § 263 StGB stellt die vorliegende Untersuchung nicht in Frage. Hier wird lediglich ein Wertungswiderspruch analysiert, der Wertungen aus dem VereinsG – und damit auch aus der Verfassung aus Art. 9 Abs. 2 GG – berücksichtigt. Dieser wirkt sich strafbefreiend aus. Eine Verfassungswidrigkeit des Betrugstatbestands ergibt sich daraus nicht. Eine Vorlage der Norm ist somit nicht geboten. Das Monopol des Bundesverfassungsgerichts wird folglich nicht tangiert.

4. Weder Freibrief noch Anreiz

Die Kritik, die sich hinter den Schlagworten „kein Freibrief“ und „Anreiz zur Selbstjustiz“ verbirgt, wurde bereits in Ansätzen in Abschnitt B.I.3.b) dieser Untersuchung behandelt, als es um die Auseinandersetzung mit dem Einwand „rechtsfreie Räume“ ging. Was mit diesen beiden Begriffen gemeint sind und warum diese nicht imstande sind, zu überzeugen, wird im Folgenden erläutert.

a) Kein Freibrief

Mit dem Freibrief-Einwand wird argumentiert, dass die „Verfolgung verbotener Zwecke durch den Getäuschten [...] kein Freibrief für den Schädiger sein“[745]

743 *Kuhlen*, Die verfassungskonforme Auslegung von Strafgesetzen, 4 ff; Dürig/Herzog/Scholz-*Dederer*, Art. 100 GG Rn. 128.

744 *BVerfGE* 2, 266, 282; *Kaspar*, Verhältnismäßigkeit und Grundrechtsschutz im Präventionsstrafrecht, 555 ff; siehe auch: Dürig/Herzog/Scholz-*Dederer*, Art. 100 GG Rn. 134 m.w.N.

745 *KG Berlin*, NJW 2001, 86; *Bruns*, NJW 1956, 151, 153.

könne. Dadurch, dass Vermögen als nicht schutzwürdig deklariert werde und deshalb mangels Vermögens der Tatbestand des § 263 StGB nicht vorliege, werde der schädigenden Person ein Freibrief in Gestalt von Straflosigkeit gewährt.[746]

Blickt man in den Duden, wird der Begriff Freibrief definiert als „Urkunde über eine erteilte Erlaubnis oder Befreiung von einem Verbot."[747] Übertragen auf diese Untersuchung würde das bedeuten, dass die Strafjustiz durch die normative Einschränkung des § 263 StGB ein Freibrief erteilt und darin gewissermaßen eine Erlaubnis liegt, einen Betrug zu begehen.

Zieschang entkräftet das Freibrief-Argument mit einem Hinweis auf die chronologisch einzuhaltende Reihenfolge zwischen Verbot und Erlaubnis.[748] Damit etwas erlaubt werden kann, muss es zunächst verboten sein. Die Argumentation von *Zieschang* ist logisch und deshalb überzeugend. In dieser Untersuchung führt die normative Konturierung des Vermögensbegriffs dazu, dass der Tatbestand objektiv nicht vorliegt. Das Verhalten ist also bereits nicht tatbestandlich erfasst, ein Verbot liegt folglich nicht vor. Deshalb kann auch kein Freibrief erteilt werden, weil es bereits an verbotenem tatbestandlichen Verhalten mangelt. Rekurrierend auf die Definition im Duden liegt mangels Verbot auch keine Befreiung davon vor.

Dass das Freibrief-Argument verfehlt ist, wird auch durch ein Beispiel deutlich: Nicht vom objektiven Tatbestand der Beleidigung gemäß § 185 StGB erfasst ist ein Verhalten, dass sich als bloße Unhöflichkeit bewerten lässt.[749] Niemand würde auf die Idee kommen, in diesem Zusammenhang davon zu sprechen, dass dadurch ein Freibrief erteilt werden würde. Das Beispiel mag sich in Bezug auf die Intensität des in Rede stehenden Verhaltens unterscheiden; gemein mit der hier behandelten Konstellation ist allerdings, dass es um die schlichte Abgrenzung davon geht, was tatbestandlich erfasst ist und was nicht. Der normativen Einschränkung ist lediglich zu entnehmen, dass der objektive Tatbestand nicht vorliegt; eine weitere Implikation ist ihr nicht inhärent.[750]

---

746 *Bruns* wählt den Begriff des „strafrechtlichen Freibriefs": *Bruns*, in: FS Mezger, 335, 357; siehe zu diesem Argument auch: *Schlack*, Der Betrug als Vermögensverschiebungsdelikt, 175 f.

747 Https://www.duden.de/rechtschreibung/Freibrief (zugegriffen am 19.4.23).

748 *Zieschang*, in: FS Hirsch, 831, 840.

749 Siehe dazu nur: *Fischer*, StGB, § 185 StGB Rn. 10 f. m.w.N; *Zieschang* führt als Beispiel an, dass § 123 StGB nicht vorliegt, wenn ein nicht vom Tatbestand geschütztes Grundstück betreten werde: *Zieschang*, in: FS Hirsch, 831, 840.

750 *Zieschang*, in: FS Hirsch, 831, 840; *Hillenkamp* führt dazu aus: „Die Entscheidung für Strafbarkeit kann daher nicht mit den zitierten allgemeinen Erwägungen, sondern nur durch eine das Rechtsgut berücksichtigende Subsumtion begründet

Das Freibrief-Argument ist eng verknüpft mit der bekannten Befürchtung, es entstünden rechtsfreie Räume, wenn schutzunwürdiges Vermögen aus dem Anwendungsbereich des Betrugstatbestands falle.[751] Zutreffend ist, dass Folge der normativen Einschränkung des Vermögensbegriffs ist, dass der Tatbestand des § 263 StGB nicht erfüllt ist. Der Verweis auf eine bloße Folge der Auslegung des Vermögensbegriffs – als Folge ist entweder Strafbarkeit oder Straflosigkeit möglich – ist an sich kein stichhaltiges Argument gegen eine spezifische Auslegung. In Anbetracht der Tatsache, dass das Strafrecht sowohl durch das Ultima-Ratio-Prinzip geprägt ist und einen fragmentarischen Charakter aufweist und gleichzeitig dem Schutz von Rechtsgütern dient, kann der Straflosigkeit oder Strafbarkeit an sich noch keine Tendenz und deshalb auch kein Argument für eine bestimmte Auslegungsvariante und davon abhängig für ein zu erzielendes Ergebnis entnommen werden.[752]

Wie die Rechtswissenschaft und die Praxis das entsprechende Ergebnis bewerten, steht umgangssprachlich ausgedrückt, auf einem anderen Blatt und ist davon unabhängig zu betrachten. Auch diese Bewertung fällt bekanntlich unterschiedlich aus und kann deshalb nicht als objektiver Maßstab zur Lösung in dieser Debatte herangezogen werden.[753]

Zu erinnern ist schließlich, dass ein rechtsfreier Raum hier nicht entsteht, weil eine Strafbarkeit nach § 261 Abs. 1 S. 1 Nr. 3 Alt. 1 StGB möglich ist.[754] Es ist festzustellen, dass das Freibrief-Argument nicht imstande ist, den entwickelten Lösungsansatz zu erschüttern. Denn es wirkt verfehlt, einer Einschränkung, die am objektiven Tatbestand ansetzt, das Ergebnis der Auslegung als Freibrief entgegenzuhalten.[755] Abschließend zu diesem Punkt ist *Lichtenthäler* zuzustimmen, der zutreffend beschreibt, dass das Nichtvorliegen des Tatbestands „wie auch sonst – lediglich [bedeute], dass unter diesem Gesichtspunkt kein Kriminal-Unrecht vorliegt, nicht jedoch, dass das betreffende Verhalten

---

werden, die die Problematik als das behandelt, was sie ist, nämlich als Frage der Tatbestandsmäßigkeit der zu beurteilenden Handlung.": *Hillenkamp*, in: FS Achenbach, 189, 199; *Hillenkamp* verweist auf *Bruns*: *Bruns*, in: FS Mezger, 335, 341.

751 Siehe dazu Abschnitt B.I.3.b)aa) dieser Untersuchung.

752 In diese Richtung auch: *Windsberger*, ZStW 2021, 123, 146 f., siehe dazu auch Abschnitt C.III.3. dieser Untersuchung; zur Aufgabe des Strafrechts auch: *Schlüchter*, in: FS Trusen, 573, 583 ff.

753 Dafür statt vieler *BGH*, NStZ 2016, 596, 598; *Mitsch*, JuS 2003, 122, 124; dagegen statt vieler *BGHSt* 8, 254; NStZ-RR 2018, 221.

754 Siehe dazu Abschnitt D.III.2.a) dieser Untersuchung.

755 In diese Richtung auch: *Windsberger*, ZStW 2021, 123, 147 m.w.N.

in jeglicher Hinsicht erlaubt und daher zu dulden wäre: Ein „Freibrief" wird dadurch also nicht erteilt."[756]

b) Kein Anreiz

Auch das Argument, es werde durch die Straflosigkeit ein Anreiz für Täter und Täterinnen geschaffen, sich das Opfer in Kreisen von schwachen Personen auszuwählen, vermag hier nicht zu überzeugen.[757] Dafür sei zunächst näher betrachtet, was unter dem Begriff des Anreizes zu verstehen ist. Anreiz bedeutet so viel wie „etwas, was jemandes Interesse erregt, ihn motiviert, etwas zu tun; Antrieb."[758] Das Argument könnte man demnach auch wie folgt formulieren: Die Straflosigkeit motiviert Personen, sich durch Täuschung an fremdem Vermögen zu bereichern. Oder auch: Straflosigkeit im Bereich der Vermögensdelikte führt dazu, dass Menschen motiviert werden, gerade solche Verhaltensweisen zu begehen.

Bei Lichte betrachtet, handelt es sich um ein kriminologisches Argument. Die Frage, warum und unter welchen Umständen Menschen kriminell werden, ist ureigener Forschungsgegenstand der Kriminologie.[759] Auf diese Frage gibt es nicht eine Antwort, sondern eine Vielzahl an Theorien bemüht sich darum, das Phänomen Kriminalität zu erklären.[760] Die Theorien lassen sich grob in Mikrotheorien, die nach dem Grund individuellen delinquenten Verhaltens forscht, und Makrotheorien, in denen Kriminalität im gesellschaftlichen Kontext betrachtet wird, differenzieren.[761] Daneben widmet sich ein dritter Theorienzweig dem Zusammenhang zwischen Kriminalität und dem normativen Kontrollsystem.[762] Die jeweiligen Theorien setzen auf unterschiedlichen Ebenen an und nehmen verschiedene Kontexte von Kriminalität in den Blick, sodass

756 *Lichtenthäler*, Besitzverbot und Eigentumsschutz, 24 f; *Lichtenthäler* verweist an dieser Stelle auf: *Zieschang*, in: FS Hirsch, 831, 840.

757 *RGSt* 44, 230, 249; der Ansicht des Reichsgericht schloss sich auch der Bundesgerichtshof an: *BGHSt* 2, 364, 368.

758 Https://www.duden.de/rechtschreibung/Anreiz (zugegriffen am 19.4.23).

759 *Meier*, Kriminologie, § 1 Rn. 1, § 3 Rn. 12; *Schwind*, Kriminologie, § 1 Rn. 14.

760 Beispielhaft, um die Variationsbreite der Kriminalitätstheorien zu verdeutlichen, seien einzelne hier genannt: kriminalbiologische Theorien, Theorie der sozialen Desorganisation, Lerntheorie, Kontrolltheorie, Interaktionistische Theorien und entwicklungskriminologische Theorien: *Meier*, Kriminologie, § 3 Rn. 15 ff.

761 *Meier*, Kriminologie, § 3 Rn. 13.

762 *Meier*, Kriminologie, § 3 Rn. 13.

ihnen einzeln betrachtet auch nur ein „geringer Erklärungswert“[763] zukommt; *Meier* beschreibt, dass es deshalb ein Bestreben gebe, die verschiedenen Theorien zu vereinen.[764]

Der kurze Abriss zu Kriminalitätstheorien diente dazu, aufzuzeigen, dass der Schluss von fehlender Betrugsstrafbarkeit auf das Setzen eines entsprechenden Anreizes viel zu kurz gegriffen ist. Zuzugeben ist, dass lediglich von einem „Anreiz“ und nicht von einer „Ursache“ gesprochen wird. Dennoch wird der Straflosigkeit als Folge pauschal eine Wirkung zugesprochen, die nicht in gebotener Weise fundiert wird.

In der Kriminologie gibt es nicht nur ein Schema, das den Zusammenhang zwischen Kriminalität und normativer Zuschreibung beschreibt.[765] Das Gegenteil ist der Fall. Deshalb kann der undifferenzierte Verweis auf einen möglichen Anreiz nicht als Argument gegen eine normative Einschränkung des Tatbestandsmerkmals des Vermögens dienen.

Das Argument vermag hier aus einem weiteren Grund nicht zu überzeugen. Denn aus der vorgeschlagenen normativen Einschränkung der Schutzwürdigkeit wird kein spezifischer Anreiz für Täter und Täterinnen geschaffen, „sich Opfer in Kreisen schwacher Personen zu suchen.“[766] Ein Anreiz, der konkret in Bezug auf die Auswahl einer Opfergruppe gerichtet wird, entsteht gerade nicht. Anders als vielleicht in der Diskussion im Drogenmilieu, wird zudem nur schwer auswählbar bzw. erkennbar sein, ob es sich bei der verletzten Person um ein Mitglied eines verbotenen Vereins handelt oder nicht.

c) Zwischenfazit

Weder das Freibrief-Argument noch der Einwand, es werde ein Anreiz geschaffen, sind geeignet, überzeugende Kritik am eigenen Lösungsansatz zu üben.

---

763 *Meier*, Kriminologie, § 3 Rn. 126.

764 *Meier*, Kriminologie, § 3 Rn. 126.

765 Es gibt auch eine Theorie, der zu entnehmen ist, dass eine Sanktionierung gerade die Begehung von Straftaten wahrscheinlicher werden lässt. Es ist die Kriminalitätstheorie des Etikettierungsansatzes („labeling approach“), die nahelegt, dass ein Zusammenhang zwischen Kriminalität und normativer Zuschreibung des Verhaltens als Straftat bestehe. Der „labeling approach“-Ansatz eignet sich gleichermaßen nicht als Argument gegen das Anreiz-Argument, weil auch er nur eine einzelne Theorie darstellt, die zudem berechtigter Kritik ausgesetzt ist: *Meier*, Kriminologie, § 3 Rn. 91 ff; *Schwind*, Kriminologie, § 8 Rn. 2 ff; zu “etikettierungstheoretischen Grundlagen” auch: *Eisenberg/Kölbel*, Kriminologie, § 8 Rn. 1 ff.

766 *BGH*, NStZ 2016, 596, 597.

5. Kein Verstoß gegen den ne bis in idem-Grundsatz

Ein möglicher – letztlich zu verneinender – Verstoß gegen den ne bis in idem-Grundsatz ist kurz zu behandeln. Das Verbot der Doppelbestrafung ist in Art. 103 Abs. 3 GG normiert.[767] Niemand darf demnach wegen derselben Tat auf Grund der allgemeinen Strafgesetze mehrmals bestraft werden. Denkbar wäre ein solcher Verstoß aufgrund der Konstellation, die dem zu berücksichtigenden Wertungswiderspruch zugrunde liegt: An den ersten Schritt des Vereinsverbots und der Einziehung des Vermögens schließt sich als zweiter Schritt eine Bewertung zugehörigen Vermögens als schutzunwürdig an.

Bei Art. 103 Abs. 3 GG handelt es sich um eine strafverfassungsrechtliche Garantie im Bereich des Strafprozesses, die nur Anwendung findet auf Maßnahmen mit Strafcharakter.[768] Wie bereits an anderer Stelle in dieser Untersuchung geprüft, kommt der vereinsrechtlichen Einziehung gerade kein Strafcharakter zu.[769] Zudem ist die Bewertung des Vermögens als schutzunwürdig auch nicht als Strafe anzusehen. Folglich besteht hier schon kein Anwendungsbereich für und deshalb auch keine Beeinträchtigung des ne bis in idem-Grundsatzes.

6. Keine Divergenz zu Eigentumsdelikten

Zwischen Eigentums- und Vermögensdelikten kann ein Wertungswiderspruch entstehen, wenn ein normativ geprägter Vermögensbegriff zum Ausschluss von bestimmten Vermögenspositionen führt.[770] Dass daraus kein Argument gegen

---

767 Passender sei der Begriff der „Mehrfachverfolgung“. Das ne bis in idem-Verbot ist neben Art. 103 Abs. 3 GG auch normiert in Art. 4 des 7. ZP zur EMRK, Art. 50 GRC, Art. 14 Abs. 7 IPbpR und Art. 54 SDÜ: *Nolte*, in: Handbuch der Grundrechte in Deutschland und Europa, § 135 Rn. 1 f.

768 Materiell beschränkt sich der Grundsatz auf strafrechtliche Verfahren. Art. 103 Abs. 3 GG greift sowohl bei Bestrafung als auch bei Freispruch: *Nolte*, in: Handbuch der Grundrechte in Deutschland und Europa, § 135 Rn. 32 ff. m.w.N; Sachs-*Degenhart*, Art. 103 GG Rn. 76, 79 m.w.N; zur Frage des Strafcharakters der strafrechtlichen Einziehungsvorschrift des § 76a Abs. 4 StGB siehe nur: *El-Ghazi/Marstaller/Zimmermann*, NZWiSt 2021, 297, 298 m.w.N.

769 Die vereinsrechtliche Einziehung ist als „Sicherungsmaßnahme“ und nicht als Strafe zu qualifizieren, siehe dazu nur: Erbs/Kohlhaas-*Wache*, § 11 VereinsG Rn. 2 siehe dazu auch Abschnitt B.II.4.a) dieser Untersuchung .

770 Dass diese Problematik auch in Dreieckskonstellationen virulent wird, beschreibt: *Kretschmer*, StraFo 2009, 189, 190; den Wertungswiderspruch stellt auch *Bechtel* dar: *Bechtel*, wistra 2018, 154, 158 f; eine umfassende Darstellung

einen solchen Vermögensbegriff abgeleitet werden kann, wurde bereits in dieser Untersuchung kurz dargestellt.[771]

Es ist selbstverständlich nicht das Ziel, durch die Auflösung eines Wertungswiderspruchs zwischen §§ 3 Abs. 1, 11 Abs. 1, 2 VereinsG und § 263 Abs. 1 StGB einen weiteren Wertungswiderspruch zwischen Eigentums- und Vermögensdelikten zu erzeugen. Die Friktion zwischen Vermögens- und Eigentumsdelikten kann aufgelöst werden, indem konsequent missbilligte Positionen aus dem Schutzbereich beider Deliktsnaturen herausgenommen werden.[772] Denkbar wäre hier zum Beispiel die Lösung über den subjektiven Tatbestand des Eigentumsdelikts: Mangels schutzwürdiger vermögensstrafrechtlicher Position fehlt es auch an der Rechtswidrigkeit der erstrebten Zueignung.[773]

In aller Kürze sei zu dieser Thematik gesagt: Das Problem kann gelöst werden.[774] Wie der Schutz von entsprechenden Vermögenspositionen aus dem Anwendungsbereich der Eigentumsdelikte ausgenommen werden kann, ist nicht Gegenstand dieser Untersuchung und wird hier deshalb nicht vertieft.

7. Fazit: Kritik kann entkräftet werden

Im vorangegangenen Abschnitt erfolgte eine umfassende Überprüfung des eigenen Lösungsansatz mit folgendem Ergebnis: weder straf- noch verfassungsrechtliche Bedenken bestehen in Bezug auf die entwickelten Kriterien zur Erkennung des Wertungswiderspruchs. Hervorzuheben ist an dieser Stelle aus strafrechtlicher Perspektive, dass sich die Auslegung des Vermögensbegriffs

dieses Problems, wenn ein Besitzverbot besteht, findet sich bei: *Lichtenthäler*, Besitzverbot und Eigentumsschutz, 157 ff.

771 Siehe dazu Abschnitt B.I.3.b)cc) dieser Untersuchung.

772 Im Anfrageverfahren schlug der Zweite Strafsenat eine teleologische Reduktion der Eigentumsdelikte vor: *BGH*, NStZ 2016, 596, 599; zustimmend zur Lösung des Widerspruchs über eine teleologische Reduktion: *Bechtel*, wistra 2018, 154, 159 f.

773 *Buchholz*, JA 2018, 264, 270.

774 Der anfragende Senat konstatierte im Anfragebeschluss: „Divergenzen werden auch an anderer Stelle hingenommen und zwingen nicht dazu, die Auslegung des Merkmals „Vermögen" auf illegal erworbene Rechtspositionen zu erstrecken": *BGH*, NStZ 2016, 596, 599; der Senat verwies dazu auf: *Kudlich*, JA 2006, 335, 336; der Verweis auf anders gelagerte Divergenzen entlastet allerdings nicht zur Lösung der Friktion zwischen Eigentums- und Vermögensdelikten und ist auch kein Argument dafür, diese Divergenz einfach hinzunehmen. Wie gezeigt, lässt sich der Widerspruch auflösen.

kompatibel mit den vorgeschlagenen Kriterien erweist und das durch die Straflosigkeit kein Anreiz gesetzt und kein Freibrief erteilt wird.

V. Fazit: Wertungswiderspruch kann durch eigenen Lösungsvorschlag erkannt und aufgelöst werden

In diesem Abschnitt ist es gelungen, den eigenen Lösungsansatz in Gestalt von drei kumulativ vorliegenden Kriterien zu entwickeln. Die Kriterien sind einzeln definiert und können von Strafgerichten bei der Beurteilung der Schutzwürdigkeit einer Vermögensposition verwendet werden. Sie sind imstande, den skizzierten Wertungswiderspruch zwischen §§ 3 Abs. 1, 11 Abs. 1, 2 VereinsG und § 263 Abs. 1 StGB erkennbar zu machen und damit dazu beitragen, dass ein solcher aufgelöst werden kann.

Wie gezeigt, entsteht durch die Anwendung dieser normativen Einschränkung des Betrugstatbestands keine Strafbarkeitslücke. Schließlich ist der eigene Lösungsvorschlag auch dogmatisch überzeugend, weil er einer umfassenden Überprüfung anhand von straf- und verfassungsrechtlichen Maßstäben standhält, sodass eine gleichermaßen praxistaugliche wie rechtssichere Lösung geschaffen wurde.

E. Anwendungsfälle und parallel gelagerter Wertungswiderspruch

An die Entwicklung des eigenen Lösungsvorschlags schließt sich eine Übersicht praktischer Anwendungsfälle an. Es wird dargestellt, in welchen Sachverhaltskonstellationen ein Wertungswiderspruch entstehen kann und wann ein solcher gerade nicht vorliegt. Dafür werden Beispielsfälle gebildet und anhand der entwickelten Kriterien überprüft, ob ein Wertungswiderspruch gegeben ist, der dazu führt, dass die Schutzwürdigkeit der entsprechenden Vermögensposition zu verneinen ist. Nebenbei wird dadurch auch deutlich, dass sich der eigene Lösungsvorschlag in der Praxis anwenden lässt. Es wird ausdrücklich betont, dass die gebildeten Anwendungsbeispiele rein fiktiv und allein aus rechtswissenschaftlichen Gründen zur Veranschaulichung und Erläuterung gebildet sind.

Darüber hinaus wird ein parallel gelagerter Wertungswiderspruch aufgezeigt, der sich im parteienrechtlichen Kontext offenbart. Es wird geprüft werden, ob auch dieser anhand der entwickelten Kriterien erfasst werden kann. Abgerundet wird der folgende Abschnitt mit einem Blick über den vereins- und parteienrechtlichen Tellerrand hinaus. Dabei wird untersucht werden, ob Anknüpfungspunkte für einen Wertungswiderspruch zu strafrechtlichem Vermögensschutz auch in weiteren Gesetzen bzw. Sachverhaltskonstellationen angelegt sind.

I. Praktische Anwendungsfälle

„Combat 18 Deutschland“, „An-Nussrah”, „Islamischer Staat“ und „Hells Angels“ – diesen Vereinigungen ist gemein, dass gegen sie eine unanfechtbare Verbotsverfügung und Einziehungsanordnung vorliegt. Ist generiertes Vermögen von entsprechenden Mitgliedern, das zu verbotenen Zwecken eingesetzt wird, als vermögensstrafrechtlich schutzwürdig zu behandeln? In diesem Abschnitt gilt es, den entwickelten Lösungsansatz mit Leben zu füllen. Es wird damit die Frage beantwortet, auf welche Fälle er in der Praxis Anwendung findet und welche Mitglieder von verbotenen Vereinen überhaupt betroffen wären. Dazu werden überblicksartig bereits ergangene Vereinsverbote vorgestellt, die auch eine Einziehungsanordnung bezüglich des Vereinsvermögens enthielten. Daneben werden Anwendungsbeispiele aufgezeigt, die mögliche Fall-Szenarien vorstellen.

Die Darstellung der Vereinsverbotspraxis soll zeigen, dass der eigene Lösungsvorschlag nicht nur zum Tragen kommt, wenn es sich bei der verletzten

Person um ein Mitglied einer Terrororganisation handelt. Vereinsverbote betreffen Vereine ganz unterschiedlicher Art. Verbotene Vereine lassen sich je nach Ausrichtung des Vereins „Phänomenbereichen" zuordnen.[775] Wie im Folgenden durch eine kurze Definition der entsprechenden Ausrichtung und beispielhaft aufgezählter Vereinsverbote im jeweiligen Bereich zu zeigen sein wird, ist die Bandbreite der Anwendungsfälle sehr viel weiter.[776]

Rekurrierend auf das erste Kriterium werden nur Vereinsverbote und Einziehungsanordnungen genannt, die bereits bestandskräftig geworden sind. Vereinsverbote jüngeren Datums, die noch nicht unanfechtbar geworden sind, werden deshalb nicht berücksichtigt. Für diese Untersuchung ist es zudem nicht relevant, ob es sich bei der Verbotsbehörde um eine oberste Landesbehörde oder das Bundesinnenministerium gehandelt hat.

1. Rechtsextremismus

Rechtsextremistische Vereine können Verbotssubjekt von Vereinsverboten sein. Dabei ist nicht die rechtsextremistische Gesinnung an sich Anknüpfungspunkt für ein Vereinsverbot, sondern die strafgesetz-, verfassungs- oder völkerrechtswidrige Positionierung des entsprechenden Vereins; folglich also das Vorliegen eines Verbotstatbestands aus § 3 VereinsG.[777]

a) Verbote rechtsextremistischer Vereine

Rekurrierend auf den Gesetzesentwurf der Bundesregierung zu einem Gesetz zur Verbesserung der Bekämpfung des Rechtsextremismus, werden unter den Begriff des „Rechtsextremismus" verfassungsfeindliche Aktivitäten subsumiert, die die grundgesetzlich verankerte „Gleichheit der Menschen und die universelle Geltung der Menschenrechte ablehnen."[778] Der Zugehörigkeit zu

---

775 Siehe dazu nur die Einteilung in der Übersicht über Verbotsmaßnahmen: *Bundesministerium des Innern und für Heimat,* Verfassungsschutzbericht 2021, 320 ff.

776 Die Aufzählung einzelner Vereinsverbote und die Differenzierung der verbotenen Vereine in verschiedene Untergruppen ergibt sich aus: Albrecht/Roggenkamp-*Albrecht*, Einl. VereinsG Rn. 7 ff; *Baudewin,* Öffentliche Ordnung im Versammlungsrecht, Rn. 478 ff; *Baudewin*, NVwZ 2021, 1021, 1024; ein historischer Überblick über die Vereinsverbostpraxis und eine Einordnung in den politischen Kontext findet sich bei: *Gerlach,* Die Vereinsverbotspraxis der streitbaren Demokratie, 130 ff.

777 Albrecht/Roggenkamp-*Albrecht*, Einl. VereinsG Rn. 8.

778 BT-Drs. 17/8672, 10; auf diese Definition verweist: Albrecht/Roggenkamp-*Albrecht*, Einl. VereinsG Rn. 11.

einer „Ethnie, Nation oder Rasse“[779] komme maßgebende Bedeutung für den „Wert eines Menschen“[780] zu.[781] Aus dieser Bewertung folgen Rassismus und Antisemitismus.[782] Rechtsextremistische Bestrebungen lehnen die freiheitlich demokratische Grundordnung ab und befürworten statt einer Demokratie einen autoritär ausgerichteten Staat.[783]

Beispielhaft zu nennen sind hier Vereinsverbote und Einziehungsanordnungen gegen das rechtsextreme Online-Nachrichtenportal „Altermedia Deutschland“[784] und gegen die Vereinigung „Weisse Wölfe Terrorcrew.“[785]

Jüngst erging auch ein Verbot gegen die Vereinigung „Combat 18 Deutschland“[786], bei der es sich um eine „neonazistische, rassistische und fremdenfeindliche Vereinigung“[787] handelte, die alle drei Verbotstatbestände aus § 3 VereinsG erfüllte. In einer entsprechenden Pressemitteilung hob der damalige Bundesinnenminister die Rolle des VereinsG hervor, indem er ausführte: „Das Grundgesetz gibt uns mit dem Vereinsverbot ein scharfes Schwert in die Hand, um unsere freiheitliche demokratische Grundordnung und unser Wertesystem wirksam zu schützen.“[788]

b) *Anwendungsbeispiel*

Im Folgenden sei ein Beispielsfall genannt, der veranschaulicht, wie in der Praxis ein Wertungswiderspruch erkannt werden kann, wenn ein Betrug zu Lasten eines Mitglieds eines rechtsextremistischen Vereins begangen wird.

---

779 *Bundesministerium des Innern und für Heimat,* Verfassungsschutzbericht 2021, 48 ff.

780 *Bundesministerium des Innern und für Heimat,* Verfassungsschutzbericht 2021, 48 ff.

781 So auch: BT-Drs. 17/8672, 10.

782 BT-Drs. 17/8672, 10; *Bundesministerium des Innern und für Heimat,* Verfassungsschutzbericht 2021, 48 ff.

783 BT-Drs. 17/8672, 10; *Bundesministerium des Innern und für Heimat,* Verfassungsschutzbericht 2021, 48 ff.

784 *BMI,* BAnz AT 27.01.2016 B1; die Unanfechtbarkeit der Verbotsentscheidung ergibt sich aus: *BMI,* BAnz AT 08.04.2016 B1; „Altermedia Deutschland“ wurde als Verein eingestuft und konnte deshalb nach dem VereinsG verboten werden .

785 *BMI,* BAnz AT 16.03.2016 B1; die Unanfechtbarkeit der Verbotsentscheidung ergibt sich aus: *BMI,* BAnz AT 08.09.2016 B1.

786 *BMI,* BAnz AT 23.01.2020 B1; die Unanfechtbarkeit der Verbotsentscheidung ergibt sich aus: *BMI,* BAnz AT 09.11.2020 B1.

787 Https://www.bmi.bund.de/SharedDocs/pressemitteilungen/DE/2020/01/combat-18-verbot.html (zugegriffen am 19.4.23).

788 Https://www.bmi.bund.de/SharedDocs/pressemitteilungen/DE/2020/01/combat-18-verbot.html (zugegriffen am 19.4.23).

aa) Fall

Ein Wertungswiderspruch zwischen §§ 3 Abs. 1, 11 Abs. 1, 2 VereinsG und § 263 Abs. 1 StGB würde in folgender Situation vorliegen: Ein Mitglied A der verbotenen Vereinigung „Combat 18 Deutschland" verabredet sich mit B, um einen Anschlag auf eine Unterkunft für Geflüchtete zu verüben. Es ist geplant, dass A Geld zur Verfügung stellt und B sich um die Durchführung kümmert. B hat allerdings nicht vor, diesen Plan in die Tat umzusetzen, sondern möchte das Geld für eigene Zwecke verwenden. A händigt B Geld zur Finanzierung des Vorhabens aus, zu dessen Realisierung es allerdings nicht kommt.

bb) Rechtliche Bewertung

Eine Strafbarkeit des B wegen Betruges zu Lasten von A ist zu prüfen. Während die Tatbestandsmerkmale Täuschung, Irrtum und Vermögensverfügung noch bejaht werden können, ist näher zu untersuchen, ob schutzwürdiges Vermögen von A vorliegt.

Auf Grundlage des juristisch-ökonomischen Vermögensbegriffs und unter Heranziehung der drei entwickelten Kriterien, die auf einen Wertungswiderspruch schließen lassen, ist die Schutzwürdigkeit des Vermögens zu verneinen. Zwar kommt dem Vermögen des A an sich wirtschaftlicher Wert zu, es steht allerdings nicht im Einklang mit der Einheit der Rechtsordnung und ist deshalb nicht schutzwürdig. Die rechtliche Missbilligung offenbart sich in Gestalt der bestandskräftigen Verbotsverfügung und Einziehungsanordnung gegen den Verein „Combat 18 Deutschland." Bei A handelt es sich um ein Mitglied des verbotenen Vereins. A handelte auch zu einem rechtlich missbilligten Zweck, denn ein rassistisch motivierter Anschlag stellt sich als nichts anderes dar als eine Weiterführung der Ziele, aufgrund deren der Verein verboten wurde. B hat sich hier nicht wegen eines Betruges nach § 263 StGB strafbar gemacht.

2. Linksextremismus

Das Vereinsverbotsverfahren als Ausdruck wehrhafter Demokratie richtet sich – ungeachtet der Ausrichtung – gegen politischen Extremismus und damit auch gegen Linksextremismus.[789]

---

789 *Gerlach* führt zum Gebot der Äquidistanz aus, dass damit nicht gemeint sei, dass ein Verbot eines linksextremistischen Vereins auf ein Verbot eines rechtsextremistischen Vereins zu folgen habe. Vielmehr gehe daraus hervor, dass das „Streitbarkeitsprinzip grundsätzlich losgelöst vom politischen Standort von Extremisten besteht": *Gerlach,* Die Vereinsverbotspraxis der streitbaren Demokratie, 130 f;

a) Verbote linksextremistischer Vereine

Zunächst sei veranschaulicht, was unter dem Begriff „Linksextremismus" zu verstehen ist. Dem Verfassungsschutzbericht aus dem Jahr 2021 ist zu entnehmen, dass es linksextremistischen Bestrebungen um die Beseitigung einer „bestehende[n] Staats und Gesellschaftsordnung und damit die freiheitliche demokratische Grundordnung"[790] geht. Substituiert werden soll die bestehende Ordnung durch ein „kommunistisches"[791] bzw. „herrschaftsfreie[s]"[792] System. Der Verfassungsschutzbericht beschreibt zudem, dass Linksextremisten auch das Mittel der Gewalt einsetzen, um ihre eigenen ideologischen Ziele verwirklichen zu können.[793]

Als Beispiel sei ein vom Bundesinnenministerium verfügtes Vereinsverbot gegen den linksextremistische Internetplattform „linksunten.indymedia"[794], die als Verein eingestuft wurde.[795]

---

darauf Bezug nehmend auch: Albrecht/Roggenkamp-*Albrecht*, Einl. VereinsG Rn. 16.

790 *Bundesministerium des Innern und für Heimat*, Verfassungsschutzbericht 2021, 122 ff.

791 *Bundesministerium des Innern und für Heimat*, Verfassungsschutzbericht 2021, 122 ff.

792 *Bundesministerium des Innern und für Heimat*, Verfassungsschutzbericht 2021, 122 ff.

793 *Bundesministerium des Innern und für Heimat*, Verfassungsschutzbericht 2021, 122 ff.

794 *BMI*, BAnz AT 25.08.2017 B1; die Unanfechtbarkeit der Verbotsentscheidung ergibt sich aus: *BMI*, BAnz AT 30.04.2020 B2; zu der Plattform „linksunten.indymedia" auch näher: *Bundesministerium des Innern und für Heimat*, Verfassungsschutzbericht 2021, 162 ff.

795 Die Klagen vor dem Bundesverwaltungsgericht gegen das Verbot scheiterten. Geltend gemacht wurde, dass das Verbot nicht auf das VereinsG gestützt hätte werden können, sondern auf Regelungen des Telemedienrechts. Das Gericht wies die Klagen als zulässig, aber unbegründet ab, denn zur Anfechtung sei nur der Verein und nicht das einzelne Mitglied befugt. Siehe dazu nur beispielhaft eine der fünf Klagen: *BVerwG*, ZStV 2021, 33; das Bundesverfassungsgericht nahm die Verfassungsbeschwerde nicht zur Entscheidung an. Nach Ansicht des Gerichts wurde nicht hinreichend substantiiert dargestellt, dass durch die angegriffene Entscheidung des Bundesverwaltungsgerichts die Möglichkeit bestehe, in Grundrechten oder grundrechtsgleichen Rechten verletzt zu sein: *BVerfG*, BeckRS 2023, 3652; zur Besonderheit des Klageverfahrens siehe nur: https://www.lto.de/recht/hintergruende/h/bverfg-1bvr133620-linksunten-indymedia-pressefreiheit-bverwg-radio-dreyeckland/ (zugegriffen am 19.4.23).

Verbote von Teilorganisationen linksextremistischer Vereinigungen ergingen insbesondere gegen türkische und kurdische Vereinigungen.[796] Zu nennen ist beispielhaft das kürzlich ergangene Verbot gegen die der verbotenen Arbeiterpartei Kurdistans (PKK) zuzuordnenden Teilorganisationen „Mezopotamien Verlag und Vertrieb GmbH“ und „MIR Multimedia GmbH.“[797] Die beiden Gruppierungen dienten dazu, die PKK wirtschaftlich zu unterstützen und damit ihren organisatorischen Zusammenhalt aufrechtzuerhalten.[798]

b) Anwendungsbeispiel

Ein Betrugsfall, der sich zu Lasten eines Mitglieds eines verbotenen linkextremistischen Vereins auswirkt, sei im Folgenden beschrieben.

aa) Fall

Folgender Fall kann als Beispiel gebildet werden: Ein Mitglied A des verbotenen PKK-Verlags „Mezopotamien Verlag und Vertrieb GmbH“ plant mehrere Aktionen, die Brandanschläge, Geiselnahmen und die Besetzung mehrerer türkischer Einrichtungen zum Gegenstand haben. Mit der Durchführung beauftragt sie B, die in Folge entsprechende finanzielle Mittel von A erhält. B nutzte das Geld, wie von Anfang an beabsichtigt, für sich selbst, sodass es nicht zur Verwirklichung von A`s Plan kam.

bb) Rechtliche Bewertung

Zu untersuchen ist, ob sich B des Betrugs zu Lasten von A strafbar gemacht hat. Im Ergebnis scheitert auch hier die Erfüllung des Betrugstatbestands am Tatbestandsmerkmal des Vermögens. Denn der Wertungswiderspruch zwischen

---

796 *Gerlach,* Die Vereinsverbotspraxis der streitbaren Demokratie, 195 ff., 216 ff.

797 *BMI,* BAnz AT 12.02.2019 B1; die Unanfechtbarkeit der Verbotsentscheidung ergibt sich aus: *BMI,* BAnz AT 09.03.2022 B1.

798 Https://www.bmi.bund.de/SharedDocs/pressemitteilungen/DE/2019/02/verbot-pkk-verlag.html (zugegriffen am 19.4.23); im Verfassungsschutzbericht wird das Verbot von „Mezopotamien Verlag und Vertrieb GmbH“ und „MIR Multimedia GmbH“ unter „Auslandsbezogenem Extremismus“ erfasst: *Bundesministerium des Innern und für Heimat,* Verfassungsschutzbericht 2021, 325 ff; zur linksextremistischen Ausrichtung der PKK (kurdisch: Partiya Karkerên Kurdistanê) siehe: *Gerlach,* Die Vereinsverbotspraxis der streitbaren Demokratie, 199 ff; auf *Gerlach* Bezug nehmend und damit die Zuordnung zum Linksextremismus bestätigend: Albrecht/Roggenkamp-*Albrecht,* Einl. VereinsG Rn. 14.

§§ 3 Abs. 1, 11 Abs. 1, 2 VereinsG und § 263 Abs. 1 StGB ist aufzulösen und die Schutzwürdigkeit des Vermögens infolgedessen zu verneinen.

Die drei Kriterien, die den Wertungswiderspruch erkennbar werden lassen, liegen hier vor. Die rechtliche Missbilligung des Vermögens des A wird durch die unanfechtbar gewordene Verbotsverfügung und Einziehungsanordnung deutlich, die als Folge den Verein ausgelöscht und das Vereinsvermögen zugunsten des Staates eingezogen haben. A ist auch Mitglied der verbotenen Teilorganisation der PKK. Sie setzt das Geld zu rechtlich missbilligten Zwecken ein, weil sie die verbotenen Ziele des Vereins weiterführt: Die geplanten Aktionen laufen sowohl Strafgesetzen zuwider und richten sich gegen die verfassungsmäßige Ordnung und den Gedanken der Völkerverständigung.

3. Islamismus

Die Vereinsverbotspraxis betrifft auch islamistische Gruppierungen. Aufgrund des möglichen Zusammenhangs mit ausländischem Extremismus ist zu berücksichtigen, dass nur Vereinsverbote, die die Auflösung des Vereins und die Einziehung von Vereinsvermögen zum Gegenstand haben, relevant werden. Werden lediglich Betätigungsverbote verfügt, ist die entsprechende Verbotsverfügung nicht zu beachten, weil das erste Kriterium des Lösungsvorschlags dann bereits nicht erfüllt ist.[799]

a) Verbote islamistischer Vereine

Der Begriff des „Islamismus"[800] wird im Verfassungsschutzbericht wie folgt definiert: Auf Grundlage des Islams streben islamistische Gruppierungen dahin, die freiheitlich demokratische Grundordnung als Kernstruktur der Bundesrepublik zu entfernen.[801] Der Islam als Religion werde nicht nur der Privatsphäre zugeordnet und damit als individuelle Entscheidung bzw. Bekenntnis zu einer Religion verstanden, sondern ihm werde maßgebende Relevanz für die Gestaltung des gesellschaftlichen und politischen Lebens beigemessen.[802]

---

799 Siehe zum relevanten räumlichen Geltungsbereich Abschnitt D.II.4. dieser Untersuchung.

800 Zu den verschiedenen islamistischen Strömungen siehe: *Bundesministerium des Innern und für Heimat*, Verfassungsschutzbericht 2021, 176 f.

801 *Bundesministerium des Innern und für Heimat*, Verfassungsschutzbericht 2021, 176 ff.

802 *Bundesministerium des Innern und für Heimat*, Verfassungsschutzbericht 2021, 176 ff.

Daraus werde „die Existenz einer gottgewollten und daher „wahren“ und absoluten Ordnung, die über den von Menschen gemachten Ordnungen steht“[803] abgeleitet. Gleichermaßen resultiere daraus die Ablehnung grundgesetzlich verankerter Prinzipien wie „der Volkssouveränität, der Trennung von Staat und Religion, der freien Meinungsäußerung und der allgemeinen Gleichberechtigung.“[804]

Verboten sind beispielsweise die salafistische Vereinigung „Millatu Ibrahim“[805] und ihre Teilorganisation „An-Nussrah.“[806] Nach Aussage des Bundesinnenministeriums delegitimierte der Verein „Millatu Ibrahim“ die Rechtsordnung der Bundesrepublik Deutschland, indem einzig und allein der „Scharia“ Gültigkeit zugesprochen wurde.[807] Darin liege ein Verstoß gegen die verfassungsmäßige Ordnung und gegen den Gedanken der Völkerverständigung.

b) Anwendungsbeispiel

Als negatives Anwendungs- bzw. Abgrenzungsbeispiel kann hier ein Betrug zu Lasten eines Mitglieds des „Islamischen Staats“ genannt werden. Dafür kann auf den „IS-Fall“ des Bundesgerichtshofs zurückgegriffen werden, wenn man unterstellt, dass es sich bei der verletzten Person tatsächlich um ein Mitglied des „Islamischen Staats“ gehandelt hätte – realiter handelte es sich bei dieser Person nämlich um einen Oppositionellen, der sich nur als Funktionär des „Islamischen Staats“ ausgab.[808]

aa) Fall

Der Fall gestaltet sich folgendermaßen: B nimmt über Facebook Kontakt zu A auf, bei dem es sich um ein Mitglied des „Islamischen Staats“ handelt. Er

803 *Bundesministerium des Innern und für Heimat,* Verfassungsschutzbericht 2021, 176 ff.

804 *Bundesministerium des Innern und für Heimat,* Verfassungsschutzbericht 2021, 176 ff.

805 *BMI,* BAnz AT 14.06.2012 B1; die Unanfechtbarkeit der Verbotsentscheidung ergibt sich aus: *BMI,* BAnz AT 03.08.2012 B2.

806 *BMI,* BAnz AT 13.03.2013 B1; die Unanfechtbarkeit der vereinsrechtlichen Verfügung ergibt sich aus: *BMI,* BAnz AT 07.06.2013 B3.

807 Https://www.bmi.bund.de/DE/themen/sicherheit/extremismus/vereinsverbote/vereinsverbote-artikel.html (zugegriffen am 19.4.23).

808 *BGH,* NStZ-RR 2018, 221, 222.

schlägt A vor, für den „Islamischen Staat“ einen Anschlag mit Autobomben zu planen und durchzuführen. Dafür benötigt er Geld von A. Dieser willigt ein und übergibt das Geld zu diesem Zweck an B. Der Erfolg bleibt allerdings aus, weil B von Anfang an vorhatte, das Geld nur für eigene Zwecke auszugeben und die Planung eines Terroranschlags nur als Vorwand nutzte, um an finanzielle Mittel zu gelangen.

bb) Rechtliche Bewertung

Im Gegensatz zu den vorgenannten Beispielsfällen hat sich B hier gemäß § 263 StGB zu Lasten von A strafbar gemacht. Das ergibt sich aus der Prüfung der drei einzelnen Kriterien im Rahmen des juristisch-ökonomischen Vermögensbegriffs. Es mangelt bereits an der erforderlichen rechtlichen Missbilligung, die Voraussetzung für die Erfüllung des ersten Kriteriums ist. Denn diese liegt nur vor, wenn in Folge der Verbotsentscheidung sowohl der Verein als Vermögensinhaber ausgelöscht als auch das Vereinsvermögen eingezogen wird.[809]

Der „Islamische Staat“ wurde zwar vom Bundesinnenministerium verboten, allerdings erstreckt sich das Verbot nur auf die Betätigung im Geltungsbereich des VereinsG.[810] Denn beim „Islamischen Staat“ handelt es sich um einen ausländischen Verein gemäß §§ 15 Abs. 1 S. 1, 18 S. 2 VereinsG, der seinen Sitz im Ausland hat. Da allein ein Betätigungsverbot verfügt wurde, das nicht imstande ist, den Verein als Vermögensinhaber aufzulösen, würde die Konstellation im „IS-Fall“ – unterstellt, es würde sich tatsächlich um ein Mitglied des „Islamischen Staats“ handeln – nicht dazu führen, dass ein Wertungswiderspruch zwischen §§ 3 Abs. 1, 11 Abs. 1, 2 VereinsG und § 263 Abs. 1 StGB vorliegen würde. Ob ein anders gelagerter Wertungswiderspruch in dieser Konstellation vorliegen würde, ist nicht Gegenstand dieser Untersuchung. Im Ergebnis liegt deshalb schutzwürdiges Vermögen vor, sodass eine Strafbarkeit des B bejaht werden kann.

4. Rockergruppierungen

Die Strukturen sogenannter Rockergruppierungen und Motorradclubs erleichtern zumindest delinquentes Verhalten, sodass es nicht gänzlich verwundert, dass sie als Subjekt von Verbotsentscheidungen zu nennen sind.[811]

---

809 Siehe dazu Abschnitt D.II.1. dieser Untersuchung.

810 Siehe dazu Nr. 1 und Nr. 2 der Verfügung: *BMI*, BAnz AT 12.09.2014 B1; die Unanfechtbarkeit des Vereinsverbots ergibt sich aus: *BMI*, BAnz AT 12.11.2014 B4.

811 Nach *Opitz* sind „Rocker […] delinquenter als vergleichbare Bevölkerungs- und Altersgruppen. Rocker-Gruppen verfolgen aber keine kriminellen Ziele

a) *Verbote von Rockergruppierungen*

Zur Definition einer Rockergruppe ist mangels Erwähnung nicht auf den Verfassungsschutzbericht des Bundes, sondern auf eine Beschreibung durch das Bundeskriminalamt zurückzugreifen.[812] Demnach sind Rockergruppierungen „ein Zusammenschluss mehrerer Personen mit strengem hierarchischem Aufbau, enger persönlicher Bindung der Gruppenmitglieder untereinander, geringer Bereitschaft, mit der Polizei zu kooperieren und selbst geschaffenen strengen Regeln und Satzungen."[813] Die Zugehörigkeit zur Gruppe kann durch gleiche Kleidungsstücke oder auch das Tragen von „Abzeichen" sichtbar gemacht werden.[814]

Zu diesem Bereich sind beispielhaft die Verbote gegen die rivalisierenden Motorradclubs „Hells Angels"[815] und „Bandidos"[816] zu zählen. Die unzähligen

---

per se": *Opitz,* Rocker im Spannungsfeld zwischen Clubinteressen und Gesellschaftsnormen, 139 ff; auf die Monographie von *Opitz* verweist auch: Albrecht/Roggenkamp-*Albrecht,* Einl. VereinsG Rn. 19; zu Strukturen und Bezügen zur Organisierten Kriminalität siehe: https://www.bka.de/DE/UnsereAufgaben/Deliktsbereiche/Rockerkriminalitaet/rockerkriminalitaet_node.html (zugegriffen am 19.4.23).

812 Dass Gegenstand der Verbotspraxis auch Rockergruppierungen und Motorradclubs sind und die mediale und kriminologische Aufmerksamkeit für diesen Bereich kritisch zu bewerten ist, stellt *Albrecht* dar: Albrecht/Roggenkamp-*Albrecht*, Einl. VereinsG Rn. 18 ff. m.w.N; zur Abgrenzung von Rockergruppen und rockerähnlichen Gruppierungen siehe: *Bundeskriminalamt,* Organisierte Kriminalität – Bundeslagebild 2021, 17 ff.

813 Https://www.bka.de/DE/UnsereAufgaben/Deliktsbereiche/Rockerkriminalitaet/rockerkriminalitaet_node.html (zugegriffen am 19.4.23).

814 Dass Gegenstand der Verbotspraxis auch Rockergruppierungen und Motorradclubs sind und die mediale und kriminologische Aufmerksamkeit für diesen Bereich kritisch zu bewerten ist, stellt *Albrecht* dar: Albrecht/Roggenkamp-*Albrecht*, Einl. VereinsG Rn. 18 ff. m.w.N; zur Abgrenzung von Rockergruppen und rockerähnlichen Gruppierungen siehe: *Bundeskriminalamt,* Organisierte Kriminalität – Bundeslagebild 2021, 17 ff.

815 Siehe dazu nur das Verbot des Vereins „Hells Angels Motorcycle Club Berlin Central" einschließlich der Teilorganisation „MP 81 Berlin Central": *Berlin,* BAnz AT 29.09.2022 B1; die Unanfechtbarkeit der Verbotsentscheidung ergibt sich aus: *Berlin,* BAnz AT 03.01.2023 B6; zur Entstehungsgeschichte der Hells Angels siehe nur: *Frauen,* Verbot der Hells Angels, 35 ff.

816 Siehe dazu nur das Verbot des Vereins „Bandidos MC Chapter Aachen" einschließlich seiner Teilorganisationen: *NRW,* BAnz AT 23.10.2012 B9; die Unanfechtbarkeit der Verbotsentscheidung ergibt sich aus: *NRW,* BAnz AT 13.08.2015 B5.

lokalen „Chapter“ oder „Charter“ dieser Gruppierungen werden als Teilorganisationen mit verboten.

b) Anwendungsbeispiel

Zur Veranschaulichung eines Betrugsfalls zu Lasten eines Mitglieds einer verbotenen Rockergruppierung sei folgender Fall gebildet.

aa) Fall

Als Beispiel dient folgender Fall: B tritt an A, ein Mitglied der „Hells Angels“, heran, um Geld für ein bestimmtes Vorhaben zu erhalten. Bei dem Vorhaben handelt es sich um die Organisation eines „Hells Angels Tag der offenen Tür“, bei dem unterschiedliche Aktionen – beispielhaft seien eine Massenschlägerei und Diebstähle genannt – geplant sind. A lässt sich auf dieses Vorhaben ein und stellt B eine bestimmte Summe für die Durchführung des Vorhabens zur Verfügung, das allerdings nicht realisiert wird. Denn B wollte das Geld wie von Anfang an geplant ausschließlich für die Finanzierung des eigenen Urlaubs verwenden.

bb) Rechtliche Bewertung

Zu untersuchen ist wiederum, ob sich B zu Lasten von A strafbar gemacht hat. Der Fokus liegt auf der Frage, ob sich in dieser Konstellation ein Wertungswiderspruch offenbart, der zum Ausschluss des Betrugstatbestands führt.

Zwar handelt es sich bei dem Vermögen des A rein wirtschaftlich betrachtet um Vermögen, allerdings steht das Argument der Einheit der Rechtsordnung der Schutzwürdigkeit desselben entgegen. Die drei entwickelten Kriterien sind erfüllt, sodass man zu dem Ergebnis kommt, dass ein aufzulösender Wertungswiderspruch vorliegt. Die Missbilligung durch die Rechtsordnung tritt durch die unanfechtbare Verbotsverfügung und Einziehungsanordnung gegen den Verein „Hells Angels“ zu Tage. Bei A handelt es sich auch um ein Mitglied des verbotenen Vereins. Er setzt das Geld für die Förderung verbotener Vereinszwecke ein. Denn die „Hells Angels“ wurden verboten, weil ihr Zweck und ihre Tätigkeit den Strafgesetzen zuwiderlaufen. B hat sich folglich nicht des Betrugs zu Lasten von A strafbar gemacht, weil es an einer schutzwürdigen Vermögensposition des A mangelt.

5. Reichsbürgerliche Vereinigungen

Im Angesicht der Corona-Pandemie und der damit einhergehenden staatlichen Maßnahmen hat die Reichsbürger- und Selbstverwalter-Szene an Dynamik gewonnen.[817] Das erste Vereinsverbot einer Reichsbürger-Vereinigung erging allerdings wenige Tage vor Ausbruch der Pandemie.[818]

a) Verbot einer Reichsbürger-Vereinigung

Nur einmal im Verfassungsschutzbericht 2021 taucht der Phänomenbereich „RuS" auf.[819] Darunter sind „Reichsbürger und Selbstverwalter" zu verstehen.[820]

Bekanntlich handelt es sich dabei um Bestrebungen, die „die Existenz der Bundesrepublik Deutschland und deren Rechtssystem ablehnen, den demokratisch gewählten Repräsentanten die Legitimation absprechen oder sich gar in Gänze als außerhalb der Rechtsordnung stehend definieren und deshalb die Besorgnis besteht, dass sie Verstöße gegen die Rechtsordnung begehen."[821]

Das Bundesinnenministerium verbot in einer Verbotsverfügung die Gruppierung „Geeinte deutsche Völker und Stämme" (GdVuSt) einschließlich ihrer Teilorganisation „Osnabrücker Landmark."[822] Der Verein fiel durch „verbale Militanz und massive Drohungen gegenüber Amtsträgern und ihren Familien"[823] auf; das Verbot wurde auf alle drei Verbotsgründe des § 3 VereinsG gestützt.

---

817 Siehe dazu auch: *Bundesministerium des Innern und für Heimat,* Verfassungsschutzbericht 2021, 3, 32, 103.

818 Das Vereinsverbot gegen die Gruppierung „Geeinte deutsche Völker und Stämme" (GdVuSt) einschließlich ihrer Teilorganisation „Osnabrücker Landmark" wurde am 4.3.2020 verfügt: *BMI,* BAnz AT 19.03.2020 B1.

819 *Bundesministerium des Innern und für Heimat,* Verfassungsschutzbericht 2021, 326 ff.

820 Zur Abgrenzung zwischen „Reichsbürgern" und „Selbstverwaltern" siehe: *Bundesministerium des Innern und für Heimat,* Verfassungsschutzbericht 2021, 102 ff.

821 Hinter dieser Ablehnung stehen unterschiedliche Motive. Der Verfassungsschutzbericht nennt unter anderem die „Berufung auf das historische Deutsche Reich, verschwörungstheoretische Argumentationsmuster oder ein selbst definiertes Naturrecht": *Bundesministerium des Innern und für Heimat,* Verfassungsschutzbericht 2021, 102 ff.

822 *BMI,* BAnz AT 19.03.2020 B1; die Unanfechtbarkeit des Vereinsverbots ergibt sich aus: *BMI,* BAnz AT 15.05.2020 B1.

823 Es handelt sich dabei um das erste Verbot einer Reichsbürger-Vereinigung durch den Bund: https://www.bmi.bund.de/SharedDocs/pressemitteilungen/DE/2020/03/verbot-reichbuergervereinigung.html (zugegriffen am 19.4.23).

b) *Anwendungsbeispiel*

Abschließend sei ein Fallbeispiel vorgestellt, das einen Betrug zu Lasten eines Mitglieds einer verbotenen Reichsbürger-Vereinigung zum Gegenstand hat.

aa) *Fall*

Folgender Fall kann gebildet werden: Nachdem der Verein GdVuSt unanfechtbar verboten und das Vermögen eingezogen wurde, schmiedet A, Mitglied des Vereins, einen Plan. A möchte sich nicht mit dem Verbot abfinden und ist den Zielen des Vereins noch immer treu verbunden. Allerdings sorgt sich A auch vor den straf- und vereinsrechtlichen Konsequenzen, wenn sie selbst öffentlich für die Ziele des verbotenen Vereins GdVuSt eintritt. Deshalb bittet sie B – und übergibt ihr dafür eine bestimmte Summe Geld – die Familie des Bürgermeisters ihrer Stadt zu bedrohen und dabei auch Gewalt anzuwenden. B täuscht A über ihren Willen, diesen Plan auch umzusetzen, denn eigentlich ist B nicht daran interessiert, A in ihren Bestrebungen zu unterstützen, sondern möchte nur für sich selbst finanzielle Mittel generieren. Deshalb kommt es in Folge auch zu keinen Bedrohungen.

bb) *Rechtliche Bewertung*

Zu prüfen ist, ob sich B gemäß § 263 StGB zu Lasten von A strafbar gemacht hat. Trotz des Vorliegens einer Täuschung, eines entsprechenden Irrtums und einer Vermögensverfügung scheitert die Strafbarkeit wegen Betrugs am Tatbestandsmerkmal des Vermögens.

Denn prüft man auf der Grundlage des juristisch-ökonomischen Vermögensbegriffs die drei entwickelten Kriterien, wird ein Wertungswiderspruch zwischen §§ 3 Abs. 1, 11 Abs. 1, 2 VereinsG und § 263 Abs. 1 StGB erkennbar. Dieser führt dazu, dass keine schutzwürdige Vermögensposition von A vorliegt. Gegen den Verein GdVuSt liegt eine unanfechtbare Verbotsverfügung und Einziehungsanordnung vor. Eine erhebliche Missbilligung durch die Rechtsordnung ist damit gegeben. Bei A handelt es sich um ein Mitglied dieser verbotenen Vereinigung. A setzt das Geld auch gerade dazu ein, die Ziele des verbotenen Vereins weiter zu fördern. Dadurch wird die ergangene Verbotsverfügung unterlaufen.

Wäre das Vermögen, das vereinsrechtlich missbilligt wird, vermögensstrafrechtlich geschützt, läge darin ein Wertungswiderspruch. Aufgrund des Arguments der Einheit der Rechtsordnung kann dieser nicht hingenommen, sondern muss aufgelöst werden. B hat sich nicht wegen eines Betruges zu Lasten von A strafbar gemacht.

6. Fazit

Dass der entwickelte Lösungsansatz nicht nur punktuell bei einer verbotenen Terrororganisation angewendet werden kann, wird durch den vorangegangenen Abschnitt deutlich. Das Anwendungsspektrum ist vielfältig und erstreckt sich auf verbotene extremistische Vereinigungen unterschiedlicher Art. Es konnte damit auch gezeigt werden, dass der eigene Lösungsansatz einem Praxistest standhalten kann. Insbesondere lässt sich das erste Kriterium durch einen Blick in den Bundesanzeiger bejahen oder ausschließen.

Durch das negative Abgrenzungsbeispiel konnte veranschaulicht werden, dass nicht jedes Vereinsverbot ausreicht, um eine entsprechende Vermögensposition vom strafrechtlichen Schutz zu exkludieren. Die Annahme eines aufzulösenden Wertungswiderspruchs zwischen vereins- und strafrechtlichen Wertungen liegt nur vor, wenn die drei entwickelten Kriterien kumulativ gegeben sind. Das kann nur der Fall sein, wenn die exekutive Verbotsentscheidung imstande ist, sowohl die Existenz des Vermögensinhabers auszulöschen als auch das Vermögen dem Wirtschaftsverkehr zu entziehen.

II. Parallel gelagerter Wertungswiderspruch: Parteiverbot und Einziehung

War bislang der Wertungswiderspruch zwischen §§ 3 Abs. 1, 11 Abs. 1, 2 VereinsG und § 263 Abs. 1 StGB Gegenstand der Analyse, soll nun der Blick über den vereinsrechtlichen Horizont hinaus wandern und aufgezeigt werden, dass die vorliegende Arbeit nicht nur eine punktuelle Lösung für den bereits behandelten Wertungswiderspruch anbietet. In diesem Abschnitt wird dargestellt, dass ein parallel gelagerter Wertungswiderspruch auch in einer anderen Sachverhaltskonstellation entstehen kann, nämlich wenn es sich bei der getäuschten Person nicht um ein Mitglied eines verbotenen Vereins, sondern einer verbotenen Partei[824] handelt und Parteivermögen eingezogen wurde. Neben dem Vereinsverbot in Art. 9 Abs. 2 GG stellt auch das Parteiverbot in Art. 21 Abs. 2 GG

824 Zum Parteienbegriff siehe nur: *BVerfGE* 91, 262, 284; Art. 21 Abs. 2 GG ist lex specialis für politische Parteien. Das wird auch durch die Regelung des § 2 Abs. 2 Nr. 1 VereinsG deutlich. *Planker* bezeichnet es folgendermaßen: für Parteien gelte „das Sondervereinsrecht des Parteiengesetzes": *Planker*, NVwZ 1998, 113, 114; zur Abgrenzung zwischen einem politischen Verein und einer Partei siehe auch: *Grundmann*, Das fast vergessene öffentliche Vereinsrecht, 82 ff; *F. Albrecht/Roggenkamp*, in: *Albrecht/Roggenkamp*, § 2 VereinsG Rn. 30 ff; Gebietsverbände von Parteien sind dem Regelungswerk des VereinsG entzogen, für Neben- und

eine Antwort auf die Weimarer Reichsverfassung dar, die im Grundgesetz als Element der „wehrhaften Demokratie" implementiert wurde.[825]

1. Wertungswiderspruch

Im Folgenden wird mit Hilfe eines Beispielfalls dargestellt und untersucht, ob auch im Fall eines Betrugs zu Lasten eines Mitglieds einer verbotenen Partei ein Wertungswiderspruch vorliegt. Zur Ermittlung des Wertungswiderspruchs dienen die drei in Abschnitt D. entwickelten Kriterien.

a) *Zu analysierender Fall: Betrug zu Lasten eines Mitglieds einer verbotenen Partei*

Zur Veranschaulichung des parallel gelagerten Wertungswiderspruchs dient zunächst folgender Fall: A war Mitglied einer Partei, die vom Bundesverfassungsgericht verboten wurde und deren Vermögen eingezogen wurde. B tritt an A heran mit der Bitte, finanzielle Mittel bereitzustellen, um einen Anschlag auf oberste Verfassungsorgane zu verüben. A willigt ein und übergibt das Geld. B hatte von Anfang nicht vor, das Geld für verfassungsfeindliche Aktivitäten zu nutzen, sondern wollte nur seine eigenen Ersparnisse aufbessern. Der Fall wirft die Frage auf, ob B sich eines Betruges gemäß § 263 Abs. 1 StGB zu Lasten von A strafbar gemacht hat. Mangels schutzwürdigen Vermögens von A ist diese Frage schließlich zu verneinen.

b) *Maßstab*

Auf der Grundlage des juristisch-ökonomischen Vermögensbegriffs sind Vermögenspositionen nicht schutzwürdig, die rechtlich missbilligt, mithin nicht kompatibel mit dem Dogma der Einheit der Rechtsordnung sind.[826] Eine Beeinträchtigung des Grundsatzes der Einheit der Rechtsordnung liegt nach dem eigenen Lösungsvorschlag immer dann vor, wenn die drei entwickelten

---

Hilfsorganisationen gilt hingegen das VereinsG. Siehe dazu nur: Erbs/Kohlhaas-*Wache*, § 2 VereinsG Rn. 15 m.w.N.

825 *Baudewin*, NVwZ 2021, 1021; weitere grundrechtliche Normen als Ausprägung „wehrhafter Demokratie" sind hier aufgezählt: *Baudewin*, Öffentliche Ordnung im Versammlungsrecht, Rn. 435; Art. 18 GG ist für diese Untersuchung nicht relevant, da dieser nur eine punktuelle Verwirkung von Grundrechten von natürlichen Personen normiert: *Brüning*, Der Staat 2002, 213, 233; kritische Stimmen zum Konzept der „wehrhaften Demokratie" lässt zu Wort kommen: *van Ooyen*, in: Parteiverbotsverfahren, 59, 59 f.

826 Siehe dazu Abschnitt B.I.3.a)cc) dieser Untersuchung.

Kriterien erfüllt sind. Dass diese auch – leicht abgewandelt – zum Tragen kommen können, wenn nicht ein Vereins-, sondern ein Parteiverbotsverfahren dem Betrugssachverhalt vorausgegangen ist, wird im Folgenden gezeigt.

aa) Eindeutige rechtliche Missbilligung durch Parteiverbot und Einziehung

Zu untersuchen ist, ob die Rechtsfolgen des Parteiverbotsverbotsverfahrens ebenfalls – parallel zum Vereinsverbotsverfahren – Rechtsfolgen nach sich ziehen, die als eindeutige rechtliche Missbilligung bewertet werden können. Das Parteiverbotsverfahren ist in Art. 21 Abs. 2 GG, § 13 Nr. 2, §§ 43 ff. BVerfGG geregelt, auch wenn diese Bestimmungen den Begriff des „Parteiverbotsverfahrens" nicht explizit enthalten. Nach dem Wortlaut von Art. 21 Abs. 2 GG sind Parteien verfassungswidrig, „die nach ihren Zielen oder nach dem Verhalten ihrer Anhänger darauf ausgehen, die freiheitliche demokratische Grundordnung zu beeinträchtigen oder zu beseitigen oder den Bestand der Bundesrepublik Deutschland zu gefährden."

Die Folgen eines erfolgreichen Parteiverbotsverfahrens sind in § 46 BVerfGG normiert. Mit der Feststellung der Verfassungswidrigkeit gemäß § 46 Abs. 1 BVerfGG ist die Auflösung der Partei und das Verbot, Ersatzorganisationen zu bilden, zu verbinden, § 46 Abs. 3 S. 1 BVerfGG. Eine fakultative Vermögenseinziehung ist in § 46 Abs. 3 S. 2 BVerfGG vorgesehen. Wie beim Verbot eines Vereins auch, kann folglich die Partei aufgelöst und Parteivermögen eingezogen werden.

(1) Auflösung

Im Verbotsverfahren gegen die Kommunistische Partei Deutschlands (KPD) zog das Bundesverfassungsgericht eine Parallele zwischen dem Verbot im Vereinsrecht und dem Verbot im Parteienrecht, welches die Auflösung zur Folge hat: „Die Auflösung der Partei ist keine selbstständige Exekutivmaßnahme, sondern eine gesetzlich angeordnete normale, typische und adäquate Folge der Feststellung der Verfassungswidrigkeit. Wenn mit dieser Feststellung die gegenüber anderen Organisationen bevorzugte Rechtsstellung der Partei entfällt, ist es nur sachgerecht, daß daran die gleiche Rechtsfolge geknüpft wird, die im Falle des Art. 9 GG für die Verfassungswidrigkeit einer Vereinigung vorgesehen ist." Die Auflösungsentscheidung vernichtet die rechtliche Existenz der Partei.[827] Die Rechtsfolge ist folglich sowohl im Vereins- als auch im

827 Siehe zum hier nicht relevant werdenden Streit über die rechtliche Bedeutung von Feststellungs- und Auflösungsentscheidung nur: Barczak-*Kliegel*, § 46 BVerfGG Rn. 27 m.w.N.

Parteiverbotsverfahren die gleiche und ist darauf gerichtet, die Struktur, in der verfassungsfeindliche Kräfte sich entfalten können, auszulöschen.

(2) Vermögenseinziehung

Daneben kann als Rechtsfolge das Parteivermögen fakultativ eingezogen werden, § 46 Abs. 3 S. 2 BVerfGG. Die Entscheidung darüber unterliegt dem pflichtgemäßen Ermessen des Bundesverfassungsgerichts. Ein Absehen von der Einziehung ist dann geboten, wenn entweder die Partei über kein relevantes Vermögen verfügt oder die Vermögensverhältnisse transparent sind und eine zeitnahe Abwicklung deshalb gewährleistet ist. Im Umkehrschluss dazu konstatierte das Bundesverfassungsgericht, dass eine Einziehung von Vermögen als zwingend zu bewerten ist, wenn nennenswertes Vermögen vorhanden ist oder die Vermögensverhältnisse intransparent sind. Für die Einzelheiten des Einziehungsverfahrens verweist § 32 Abs. 5 S. 1 ParteiG auf die bekannten §§ 10–13 VereinsG, die bereits in dieser Untersuchung vorgestellt wurden.

(3) Zeitpunkt

Als maßgebender Zeitpunkt für den Eintritt dieser Rechtsfolgen ist auf die Entscheidung des Bundesverfassungsgerichts abzustellen, die insofern konstitutiv wirkt.[828] Aufgrund des Parteienprivilegs, das Parteien gerade im Gegensatz zu bloßen politischen Verein privilegiert, indem erstere aus dem Regelwerk des VereinsG ausgenommen wurden, ist die Entscheidung über ein Parteiverbot dem Bundesverfassungsgericht vorbehalten.[829] Das Bundesverfassungsgericht führte dazu deutlich aus, dass „bis zur Entscheidung des Bundesverfassungsgerichts niemand die Verfassungswidrigkeit einer Partei rechtlich geltend machen kann."[830] Ist die Entscheidung durch das Bundesverfassungsgericht gefallen, sind dadurch Verfassungsorgane des Bundes und der Länder sowie alle Gerichte und Behörden gebunden, § 31 Abs. 1 BVerfGG.

---

828 Albrecht/Roggenkamp-*Albrecht*, § 46 BVerfGG Rn. 3; *Albrecht* verweist auf: *Zuck/Lechner*, BVerfGG, § 46 BVerfGG Rn. 1.

829 *BVerfGE* 12, 296, 304.

830 *BVerfGE* 12, 296, 304; *Lechner/Zuck* kommentieren die Entscheidung anschaulich wie folgt: „Nach dieser Entscheidung „legalisiert" das Parteienprivileg bis zur Entscheidung des BVerfG die der Sache nach verfassungswidrige Partei und jede mit allgemein erlaubten Mitteln begangene Tätigkeit zugunsten dieser Partei.": *Zuck/Lechner*, BVerfGG, § 46 BVerfGG Rn. 2.

Die Verfassungswidrigkeit an sich tritt hingegen ipso iure nach dem Wortlaut der Norm ein, wenn der Tatbestand des Art. 21 Abs. 2 GG erfüllt ist.[831] An den Zustand der Tatbestandserfüllung sind allerdings wie gerade dargestellt noch nicht die einschneidenden Rechtsfolgen eines begründeten Parteiverbotsverfahrens geknüpft, sodass auf diesen Zeitpunkt nicht abgestellt werden kann.

(4) Zwischenfazit

Das erste Kriterium, das eine eindeutige rechtliche Missbilligung voraussetzt, liegt hier in Gestalt einer Entscheidung des Bundesverfassungsgerichts vor, die in den Tenor sowohl die Auflösung der Partei als auch die Einziehung des Parteivermögens aufgenommen hat.

bb) Persönlicher Anwendungsbereich: Parteimitglied

Bei der verletzten Person muss es sich nach dem zweiten Kriterium um ein Mitglied der verbotenen Partei handeln. Die Eigenschaft eines Mitglieds ist nicht an eine formelle Mitgliedschaft gebunden.[832] Zur Definition kann auf die die Verbotsentscheidung flankierende Strafnorm des § 84 Abs. 2 StGB zurückgegriffen werden: Es handelt sich um ein Mitglied einer Partei, wenn diese die Partei fördert und sich dieses „Fördern" nicht als „einseitiger Willensentschluss" entpuppt, sondern eine „Willensübereinstimmung" zwischen Partei und handelnder Person vorliegt.[833]

Ob es sich um ein Parteimitglied handelt oder nicht, kann folglich durch das Strafgericht festgestellt werden. Denn aufgrund der Existenz der flankierende Strafnorm ist es regelmäßig mit der Frage, ob eine Person als Mitglied zu qualifizieren ist oder nicht, betraut und hat diesbezügliche Entscheidungskompetenz.

cc) Einsatz des Vermögens zu rechtlich missbilligten Zwecken

Entsprechend der Ausführungen zum Vereinsverbot liegt hier ein rechtlich missbilligter Zweck vor, wenn Vermögen gerade dazu eingesetzt wird, die

---

831 *Zuck/Lechner*, BVerfGG, § 46 BVerfGG Rn. 1.

832 Der Bundesgerichtshof führte dazu aus: „Eine förmliche Mitgliedschaft, also etwa eine listenmäßige Erfassung der Mitglieder, die Zahlung von Mitgliedsbeiträgen oder die Ausstellung einer Mitgliederkarte wird nicht verlangt.": *BGHSt* 18, 296, 299 f.

833 *BGHSt* 18, 296, 300; auf diese Entscheidung verweist auch: Lackner/Kühl/Heger-*Heger*, § 84 StGB Rn. 3; das Parteiverbot ist entsprechend des Vereinsverbots strafrechtlich in §§ 84 ff. StGB flankiert: Barczak-*Kliegel*, § 46 BVerfGG Rn. 33.

verbotenen Ziele bzw. das verbotene Verhalten weiterzuführen. Der Verbotstatbestand für Parteien ist in Art. 21 Abs. 2 GG normiert. Soll durch die Vermögensverfügung die freiheitlich demokratische Grundordnung beeinträchtigt oder der Bestand der Bundesrepublik Deutschland gefährdet werden, liegt ein rechtlich missbilligter Zweck vor. Wann das der Fall ist, wird im Folgenden erläutert.

(1) Beeinträchtigung oder Beseitigung der freiheitlich demokratischen Grundordnung

Eine Legaldefinition für den Begriff der freiheitlich demokratischen Grundordnung gibt es nicht.[834] Das Bundesverfassungsgericht konturierte den Begriff in bereits ergangenen Entscheidungen über ein Parteiverbot.[835] Es handele sich um eine Ordnung, die Gewalt und Willkür ausschließe und maßgeblich durch folgende Prinzipien geprägt sei: „Die Achtung vor den im Grundgesetz konkretisierten Menschenrechten, vor allem vor dem Recht der Persönlichkeit auf Leben und freie Entfaltung, die Volkssouveränität, die Gewaltenteilung, die Verantwortlichkeit der Regierung, die Gesetzmäßigkeit der Verwaltung, die Unabhängigkeit der Gerichte, das Mehrparteienprinzip und die Chancengleichheit für alle politischen Parteien mit dem Recht auf verfassungsmäßige Bildung und Ausübung einer Opposition."[836] Zu den Voraussetzung dieser Ordnung zählten ferner freie Wahlen, die Vereinigungsfreiheit, das Mehrparteiensystem, die Aufteilung der Staatsmacht und der Parlamentarismus.[837] Zuletzt hob das Gericht die Bedeutung des Demokratieprinzips – als die Herrschaft

---

834 Der Begriff der freiheitlich demokratischen Grundordnung findet sich in zahlreichend Artikeln des Grundgesetzes: Art. 10 Abs. 2 S. 2, Art. 11 Abs. 2 S. 2, Art. 18 S. 1, Art. 21 Abs. 2 S. 1, Art. 87a Abs. 4 S. 1, Art. 73 Abs. 1 Nr. 10 lit. b, Art. 87a Abs. 4 S. 1 und Art. 91 Abs. 1 GG. Diese Aufzählung ist entnommen von: *Papier/Durner*, AöR 2003, 340, 355 f.

835 Aus folgenden drei Entscheidungen des Bundesverfassungsgericht sei zur Beschreibung des Begriffs der freiheitlich demokratischen Grundordnung exzerpiert: Zu nennen sind hier das Verbotsurteil über die Sozialistische Reichspartei (SRP) im Jahr 1952: *BVerfGE* 2, 1; die Entscheidung über das Verbot der Kommunistischen Partei Deutschlands (KPD) im Jahr 1956: *BVerfGE* 5, 85; und die Entscheidung über die Verfassungswidrigkeit der Nationaldemokratischen Partei Deutschlands (NPD) im Jahr 2017: *BVerfGE* 144, 20.

836 *BVerfGE* 2, 1, 13.

837 *BVerfGE* 5, 85, 199, 230, 236.

der Freien und Gleichen und die Rechtsstaatlichkeit durch die Rechtsbindung staatlicher Gewalt und deren gerichtlicher Kontrolle – hervor.[838]

Im zweiten eingeleiteten NPD-Verbotsverfahren differenzierte das Bundesverfassungsgericht zwischen den Begriffen „beeinträchtigen“ und „beseitigen.“[839] Das Gericht setzte sich detailliert mit der Auslegung des Begriffs der „Beeinträchtigung“ auseinander und kam zu folgender Beschreibung: „Ein „Beeinträchtigen“ liegt daher bereits vor, wenn eine Partei, selbst wenn sie noch nicht erkennen lässt, welche Verfassungsordnung an die Stelle der bestehende treten soll, qualifiziert die Außerkraftsetzung der bestehenden Verfassungsordnung betreibt. Ausreichend ist, dass sie sich gegen eines der Wesenselemente der freiheitlichen demokratischen Grundordnung (Menschenwürde, Demokratie, Rechtsstaat) wendet, da diese miteinander verschränkt sind und sich gegenseitig bedingen.“[840]

Unter „beseitigen“ ist „die Abschaffung zumindest eines der Wesenselemente der freiheitlichen demokratischen Grundordnung oder deren Ersetzung durch eine andere Verfassungsordnung oder ein anderes Regierungssystem“[841] zu verstehen.

(2) Gefährdung des Bestands der Bundesrepublik Deutschland

Das alternative Schutzgut von Art. 21 Abs. 2 GG bildet der Bestand der Bundesrepublik Deutschland. Der Bestand betrifft die „territoriale Integrität“[842] und „territoriale Unversehrtheit“[843] des Staates. Davon sind die 16 Bundesländer umfasst, die in der Präambel des Grundgesetzes aufgezählt sind.[844]

(3) Zwischenfazit

Soll Vermögen zu einem Zweck verwendet werden, der zum Verbot der Partei geführt hat, ist dieser Zweck rechtlich missbilligt und das dritte Kriterium erfüllt. Die Konturierung der alternativen Verbotstatbestände aus Art. 21 Abs. 2

838 *BVerfGE* 144, 20, 208 ff.

839 Das erste Verbotsverfahren gegen die NPD wurde aus verfahrensrechtlichen Gründen im Jahr 2003 eingestellt: *BVerfGE* 107, 339.

840 *BVerfGE* 144, 20, 213 m.w.N.

841 *BVerfGE* 144, 20, 211 m.w.N.

842 Dürig/Herzog/Scholz-*Klein*, Art. 21 GG Rn. 520 m.w.N; Sachs-*Ipsen/Koch*, Art. 21 GG Rn. 165 m.w.N.

843 Jarass/Pieroth-*Jarass*, Art. 21 GG Rn. 54 m.w.N. .

844 Dürig/Herzog/Scholz-*Klein*, Art. 21 GG Rn. 520.

GG ist Gegenstand bundesverfassungsgerichtlicher Rechtsprechung und kann dieser entnommen werden.

c) *Zwischenfazit*

Es konnte gezeigt werden, dass die in dieser Untersuchung entwickelten Kriterien nicht nur zur Bewertung der Schutzunwürdigkeit von Vermögen herangezogen werden können, wenn ein Verein verboten wurde, sondern auch wenn sich das Verbotsverfahren auf eine Partei bezieht.

Angewendet auf den oben genannten Beispielsfall bedeutet das Folgendes: Normativ betrachtet liegt kein schutzwürdiges Vermögen des A vor. Die Missbilligung durch die Rechtsordnung wird durch das Parteiverbotsurteil deutlich, aus dem die Auflösung der Partei und die Einziehung des Parteivermögens folgt. A war auch Mitglied der Partei und verfügte über Vermögen, um die verfassungsfeindlichen Ziele der Partei weiterzuführen. Die drei Kriterien sind erfüllt, sodass ein Wertungswiderspruch vorliegt, der zum Ausschluss der Vermögensposition aus dem schutzwürdigen Vermögen des Betrugstatbestands führt.

Dass die Kriterien in diesem Fall leicht modifiziert wurden, ist nicht abträglich. An die Stelle einer unanfechtbar gewordenen Verbotsverfügung tritt das Urteil des Bundesverfassungsgerichts, dem die Auflösung, die Vermögenseinziehung und der Grund des Verbots zu entnehmen ist. Das Strafgericht orientiert sich bei der Prüfung der drei Kriterien folglich nicht an einem Auszug aus dem Bundesanzeiger, sondern zieht den Inhalt der bundesverfassungsgerichtlichen Verbotsentscheidung heran.[845]

Die Unterschiede zwischen Vereins- und Parteiverbotsverfahren fallen dabei nicht ins Gewicht, sondern zeigen, dass durch ein Parteiverbot eine noch höher zu bewertende rechtliche Missbilligung ausgedrückt wird. Das beginnt bereits bei den materiellen Voraussetzungen, die bei Art. 21 Abs. 2 GG deutlich enger gefasst sind als im vereinsrechtlichen Verbotstatbestand des § 3 VereinsG.[846] Ein weiterer Unterschied liegt in der Zuständigkeit für ein Parteiverbotsverfahren. Das Parteienprivileg ergibt sich nicht nur aus der Zuständigkeit des Bundesverfassungsgericht, sondern auch in der Besonderheit, dass die Einleitung eines entsprechenden Verfahrens von einem Antrag von Bundestag, Bundesrat

---

845 Bevor das Bundesverfassungsgericht nicht die Verfassungswidrigkeit einer Partei festgestellt hat, ist es niemandem, auch nicht der Strafjustiz gewährt, diese rechtlich geltend zu machen: *BVerfGE* 138, 102, 111.

846 *Baudewin*, NVwZ 2013, 1049, 1051; *Baudewin*, NVwZ 2021, 1021, 1023.

oder der Bundesregierung abhängig ist und damit obersten Verfassungsorganen anvertraut ist, § 43 Abs. 1 S. 1 BVerfGG.[847] Als parteispezifische Rechtsfolge eines Verbots tritt außerdem der Verlust der Mandate der Abgeordneten ein;[848] hilfsweise kann zu einem Antrag, eine Partei für verfassungswidrig zu erklären, noch ein Antrag auf Ausschluss von staatlicher Parteienfinanzierung gestellt werden, Art. 21 Abs. 3 GG, § 43 Abs. 1 S. 2 BVerfGG.[849]

2. Rechtsmethodologische Überprüfung

Im vorangegangenen Abschnitt wurde ein Wertungswiderspruch auf Rechtsanwendungsebene zwischen § 46 Abs. 3 BVerfGG und § 263 StGB festgestellt. Dieses Ergebnis – also die Feststellung eines Wertungswiderspruchs im parteienrechtlichen Kontext – ist auch kohärent mit der in Abschnitt B.III.1.d) vorgenommenen rechtsmethodologischen Einordnung eines Wertungswiderspruchs. Dies zeigt die im Folgenden vorzunehmende rechtsmethologische Einordnung der Konstellation als Wertungswiderspruch.

a) Voraussetzungen eines Wertungswiderspruchs

Die Einordnung orientiert sich an der bereits analysierten Struktur eines Wertungswiderspruchs: Ausgehend von dem Ergebnis bzw. der Rechtsfolge des Parteiverbotsverfahrens und der Begründung dessen wird ein Wertungswiderspruch untersucht, der sich mit der Bewertung des Vermögens als schutzwürdig ergibt.[850]

Die Wertung, die der Betrugsstrafbarkeit in diesem Fall zu entnehmen wäre, wird hier nicht noch einmal erwähnt, weil es sich sonst um eine Wiederholung

---

847 Im Gegensatz zu politischen Vereinigungen ist die Entscheidung über die Verfassungswidrigkeit der Exekutive entzogen, Art. 21 Abs. 4 GG; man spricht deshalb auch vom Parteienprivileg: *BVerfGE* 144, 20, 362; *Baudewin*, Öffentliche Ordnung im Versammlungsrecht, Rn. 451.

848 So geschehen im SRP-Verbotsurteil: *BVerfGE* 2, 1, 74; diese Folge ist mittlerweile in § 46 Abs. 1 Nr. 5, Abs. 4 BWahlG, § 22 Abs. 2 Nr. 5, Abs. 4 EuWG und den entsprechenden Landeswahlgesetzen verankert. Zur vorangegangenen Debatte siehe nur: *Zuck/Lechner*, BVerfGG, § 46 BVerfGG Rn. 19.

849 Die staatliche Teilfinanzierung von Parteien richtet sich nach §§ 18 ff. PartG und orientiert sich am Erfolg, den eine Partei bei der Wählerschaft bei Europa-, Bundestags- und Landtagswahlen erzielt, die Summe ihrer Mitglieds- und Mandatsträgerbeiträge sowie dem Umfang der eingeworbenen Spenden (vgl.: § 18 Abs. 1 PartG), vgl. dazu eingehend: *Nikkho*, Der Ausschluss aus der staatlichen Parteienfinanzierung, 116 ff.

850 Siehe dazu Abschnitt B.III.1.d) dieser Untersuchung.

handeln würde. Dafür wird auf die Ausführungen in Abschnitt B.III.1.d) dieser Untersuchung verwiesen.

aa) Ergebnis

Das Ergebnis des Parteiverbotsverfahrens bzw. die Rechtsfolgen desselben sind den Art. 21 Abs. 2 GG, § 13 Nr. 2, §§ 43 ff. BVerfGG zu entnehmen.[851] Neben der Feststellung der Verfassungswidrigkeit folgen aus dem Verbotsurteil die Auflösung der Partei und die Einziehung des Parteivermögens.

bb) Begründung

In einem nächsten Schritt ist näher zu betrachten, welcher Zweck diesen dargestellten Rechtsfolgen im Parteiverbotsverfahren zukommt. Ratio des Parteiverbots ist es, mit den Instrumenten der Parteiauflösung und der Einziehung die freiheitlich demokratische Grundordnung vor der Einwirkung durch verfassungsfeindliche Parteien zu schützen.[852] Das Bundesverfassungsgericht bezeichnete es als „schärfste und überdies zweischneidige Waffe des demokratischen Rechtsstaats gegen seine organisierten Feinde."[853] Verfassungswidrigen Parteien soll dadurch die Plattform entzogen werden, die sich aus der Stellung als Partei im Staats- und Gesellschaftsgefüge ergibt.[854]

Die Einziehung des Vereinsvermögens soll außerdem verhindern, dass der Zusammenhalt der Partei zum Zwecke der Vermögensauseinandersetzung aufrecht erhalten wird.[855] Gleichermaßen soll der Partei die wirtschaftliche Grundlage entzogen werden, die ihr eine Fortführung ihrer verfassungsfeindlichen Aktivitäten ermöglichen würde.[856]

Das Bundesverfassungsgericht führte sowohl zur Natur der Maßnahme des Parteiverbots als auch zu dessen Sinn und Zweck aus: „Das Einschreiten gegen eine Partei auf Grund des Art. 21 Abs. 2 GG ist seinem Wesen nach Präventivmaßnahme, Vorsorge für die Zukunft. Sie soll Gefahren rechtzeitig abwehren, mit deren Eintreten nach der bisher in Reden und Handlungen

851 Siehe dazu Abschnitt E.II.1.b)aa) dieser Untersuchung.
852 *BVerfGE* 25, 44, 56.
853 *BVerfGE* 107, 339, 369.
854 Dürig/Herzog/Scholz-*Klein*, Art. 21 GG Rn. 495.
855 *BVerfGE* 5, 85, 392 f; *BVerfGE* 25, 44, 56.
856 *BVerfGE* 25, 44, 56.

sichtbar gewordenen allgemeinen Haltung der Partei gegenüber der freiheitlichen demokratischen Grundordnung gerechnet werden muß.“[857]

cc) Widerspruch

Würde man im Beispielsfall eine Betrugsstrafbarkeit von B bejahen, läge darin ein Wertungswiderspruch. Dieser ergibt sich aus den widerstreitenden Wertungen aus Art. 21 Abs. 2 GG und § 46 Abs. 3 BVerfGG einerseits und § 263 StGB andererseits. Denn normativ betrachtet mangelt es an einer schutzwürdigen Vermögensposition, wenn zeitlich vor dem potentiellen Betrugssachverhalt ein Parteiverbot ergangen ist.

Das Parteiverbot hat zum Ziel, die Partei als Rechtssubjekt aufzulösen und das Parteivermögen dem Wirtschaftsverkehr, insbesondere natürlich der verbotenen Partei, zu entziehen.[858] Eine dem Verein zuzuordnende – die drei entwickelten Kriterien dienen nicht nur zur Feststellung eines Wertungswiderspruchs, sondern auch einer entsprechenden Verknüpfung mit dem jeweiligen Verbotsverfahren – Vermögensposition als schutzwürdig zu qualifizieren, steht der Wertung, die einer Parteiverbotsentscheidung zu entnehmen ist, entgegen: In Folge eines solches Verbots existieren weder Vermögenssubjekt noch das Vermögen als Objekt.

Die Wirkung eines entsprechenden Urteils ist untermauernd heranzuziehen. Diese tritt mit der Verkündung des Urteils ein.[859] Die Feststellung, dass eine Partei verboten ist, ist nicht befristet und kann auch nicht wieder zurückgenommen werden, sodass sie ab dem Zeitpunkt der Verkündung uneingeschränkt Wirkung für die Zukunft entfaltet.[860] Ab dem Zeitpunkt des verkündeten Urteils gibt es folglich weder die Partei noch entsprechendes Vermögen. Im Anschluss daran generiertes neues Vermögen durch Parteimitglieder als schutzwürdig zu bewerten, unterläuft die Wertungen der Verbotsentscheidung und steht damit im Widerspruch. Denn die Gewährleistung vermögensstrafrechtlichen Schutzes ist nicht geboten, wenn vorher Vermögenssubjekt und entsprechendes

---

857 *BVerfGE* 5, 85, 142; *Baudewin* bezeichnet das Parteiverbotsverfahren als „Sicherheitsvorkehrung“: *Baudewin*, Öffentliche Ordnung im Versammlungsrecht, Rn. 464 m.w.N.

858 Albrecht/Roggenkamp-*Albrecht*, § 46 BVerfGG Rn. 10 m.w.N; zum (hier nicht relevant werdenden) Meinungsstreit, ob die rechtliche Existenz durch die Feststellungs- oder die Auflösungsentscheidung eintritt: Barczak-*Kliegel*, § 46 BVerfGG Rn. 27 m.w.N.

859 *BVerfGE* 5, 85, 393; Barczak-*Kliegel*, § 46 BVerfGG Rn. 23.

860 Barczak-*Kliegel*, § 46 BVerfGG Rn. 23.

Vermögen vernichtet wurden und diese Existenzauslöschung fortwährend Geltung beansprucht.

b) *Zwischenfazit*

Rechtsmethodologisch liegt in der untersuchten Sachverhaltskonstellation ein Wertungswiderspruch vor. Dieser ist gleichermaßen wie der Wertungswiderspruch zu vereinsrechtlichen Wertungen aufzulösen.

3. Praktische Anwendungsfälle

Im Folgenden wird kurz dargestellt, welche Parteien bereits verboten wurden. Daraus kann geschlossen werden, in welchen praktischen Anwendungsfällen ein Wertungswiderspruch überhaupt entstehen würde. In der Praxis gibt es weitaus häufiger Vereins- als Parteiverbote, weil erstere an viel geringere Voraussetzungen gebunden sind.[861] Die in Deutschland ergangenen Entscheidungen in Parteiverbotsverfahren sind qua Natur der Sache eng mit der politischen Entwicklung der Parteienlandschaft verknüpft.[862]

a) *Parteiverbotsverfahren*

In der Geschichte der Bundesrepublik gab es insgesamt sechs Anträge, Parteien für verfassungswidrig zu erklären. Davon wurden nur zwei Parteien – die SRP und die KPD – bereits wenige Jahre nach Inkrafttreten des Grundgesetzes verboten.[863] Die entsprechenden Verbotsurteile enthielten neben der Auflösung der Partei auch den Ausspruch über die Einziehung des Parteivermögens. Die Anträge, die Nationale Liste (NL) und die Freiheitliche Deutsche Arbeiterpartei (FAP) zu verbieten, wurden als unzulässig mangels Erfüllung des Parteienbegriffs im Sinne von Art. 21 GG und der einfachgesetzlichen Konkretisierung in § 2 Abs. 1 S. 1 PartG zurückgewiesen.[864]

Gegen die NPD wurden zwei Verbotsverfahren angestrengt. Das erste wurde wegen mangelnder Staatsfreiheit auf Führungsebene eingestellt, weil dieses von drei der insgesamt sieben Richterinnen und Richter als ein nicht behebbares Verfahrenshindernis angesehen wurde.[865] Im zweiten Verfahren wurde zwar

---

861 *Baudewin*, NVwZ 2021, 1021, 1024.

862 Zur historischen Betrachtung des Umgangs mit Parteien siehe: *Nikkho*, Der Ausschluss aus der staatlichen Parteienfinanzierung, 21 ff.

863 *BVerfGE* 2, 1; *BVerfGE* 5, 85.

864 *BVerfGE* 91, 262; *BVerfGE* 91, 276.

865 Die Richter Sommer, Jentsch, Di Fabio und Mellinghoff sprachen sich gegen die Annahme eines Verfahrenshindernisses aus, vgl.: *BVerfGE* 107, 339, 378 ff.

festgestellt, dass die NPD dahin strebe, die freiheitlich demokratische Grundordnung zu beseitigen, es jedoch an konkreten Anhaltspunkten mangele, dass sie damit erfolgreich sein wird, weshalb ein Verbot ausblieb.[866] Das in Art. 21 Abs. 2 GG verwendete Verb („darauf ausgehen") wurde nicht als erfüllt angesehen, da dieses eine Chance auf erfolgreiche Durchsetzung voraussetzt.[867]

b) Zwischenfazit

Die praktischen Anwendungsfälle bleiben folglich überschaubar. Bislang wurden nur zwei politische Parteien verboten. Diese Verbotsentscheidungen werden aufgrund des zeitlichen Abstands – die Entscheidungen sind Mitte des letzten Jahrhunderts ergangen – für die Entstehung eines Wertungswiderspruchs nicht relevant werden.

Die bis jetzt nur theoretische Anwendbarkeit des eigenen Lösungsansatzes auf ein vorgelagertes Parteiverbotsverfahren lässt sich allerdings nicht als Argument gegen diesen formulieren. Parteiverbotsverfahren sind als Instrument nur dann geboten, wenn die Demokratie sich wirklich wehren muss. Es ist gut, wenn das bis jetzt noch nicht so häufig der Fall gewesen zu sein scheint. Wann das Bundesverfassungsgericht das nächste Parteiverbot aussprechen wird, bleibt abzuwarten und anschließend sorgfältig zu prüfen, ob sich in entsprechenden Sachverhaltskonstellationen ein Wertungswiderspruch zu strafrechtlichem Vermögensschutz ergeben kann.

Durch diesen Abschnitt wird außerdem deutlich, dass die entwickelten Kriterien nur einen engen und konturierten Anwendungsbereich eröffnen, in denen ein Wertungswiderspruch entstehen kann. Normativ betrachtet ist nach dem eigenen Lösungsansatz eine Vermögensposition nur in bestimmten Fällen als nicht schutzwürdig zu bewerten.

4. Fazit

Die entwickelten Kriterien können sowohl bei vorausgegangenen Vereins- als auch Parteiverbotsverfahren als Maßstab für die Frage dienen, ob ein Wertungswiderspruch vorliegt. Die leichte Anpassung der Kriterien an die Besonderheiten eines Parteiverbotsverfahrens lässt keinen Rückschluss auf die Inkompatibilität des eigenen Lösungsansatzes mit dieser Sachverhaltskonstellation zu. Vielmehr wird dadurch deutlich, dass dieser trotz der konturierten Voraussetzungen eine gewisse Flexibilität aufweist.

---

866 *BVerfGE* 144, 20; eine ausführliche Untersuchung der NPD-Verbotsverfahren findet sich hier: *T. Kliegel/Roßbach,* Das NPD-Verbotsverfahren.

867 *BVerfGE* 144, 20, 241, 325.

III. Nicht geeignete Anknüpfungspunkte

Schließlich werden Konstellationen vorgestellt, die keinen Wertungswiderspruch entstehen lassen. Es wird auf Anknüpfungspunkte im StGB und Nebengesetzen eingegangen, die auf den ersten Blick möglich erscheinen, aber letztendlich nicht imstande sind, die Struktur des dieser Arbeit zugrunde liegenden Wertungswiderspruchs abzubilden.

1. Anknüpfung an Struktur des Verbotssubjekts

Die entwickelten Kriterien dienen auch der Zuordnung einer individuell verletzten Person zu einem Verbotssubjekt. Gegenstand der Untersuchung waren in dieser Hinsicht bislang der verbotene Verein und die verbotene Partei.

Vorstellbar wäre – angelehnt an die spezifische Struktur einer Vereinigung – an im weitesten Sinne gruppenbezogene Delikte im StGB anzuknüpfen.[868] Ein Wertungswiderspruch könnte dann vorliegen, wenn sich die verletzte Person auch eines solchen Delikts strafbar gemacht hätte und Vermögen eingezogen wurde.

Dieser Ansatz stellt keine abbildbare Parallele zu dem in dieser Untersuchung aufgezeigten Wertungswiderspruch dar. Der vereinsrechtliche Vereinigungsbegriff unterscheidet sich von dem im StGB verwendeten Begriffen, die Personenzusammenschlüsse kriminalisieren. Beispielhaft sind an dieser Stelle die „kriminelle Vereinigung“ in § 129 StGB oder die „Bande“ in § 244 Abs. 1 StGB zu nennen.[869] Ausgenommen von der begrifflichen Diskrepanz sind natürlich die das Vereinsverbot flankierende Strafnormen in §§ 85 ff. StGB.[870]

---

868 Eine differenzierte Darstellung, die auf die Begriffe Vereinigung und Bande näher eingeht und auch auf die im StGB kriminalisierten Beziehungen zu Vereinigungen behandelt, findet sich hier: *Schroeder*, ZIS 2014, 389, 389 ff.

869 Der Begriff der „Vereinigung“ in § 129 StGB kommt dem in § 2 Abs. 1 VereinsG verwendeten Begriff schon sehr nahe. Im Gegensatz zum öffentlich-rechtlichen Vereinigungsbegriff beinhaltet die Definition allerdings nur vier und nicht fünf Elemente: Albrecht/Roggenkamp-*Albrecht*, § 129 StGB Rn. 12 ff; zum Vereinigungsbegriff des § 129 StGB siehe auch: *Montenegro*, GA 2019, 489; der Zweck einer Bande unterscheidet sich insofern von dem Zweck, den eine Vereinigung nach § 2 Abs. 1 VereinsG erfüllen. Der Zweck einer Bande muss nämlich darauf gerichtet sein, im Einzelnen noch ungewisse Straftaten zu begehen, siehe nur: *BGHSt* 46, 321.

870 Der im VereinsG verwendete Vereinigungsbegriff ist insofern „präjudiziell“ für die Strafnorm § 85 StGB, denn sie dient gerade dazu, die Verbotsentscheidung abzusichern: Kindhäuser-*Paeffgen/Klesczewski*, § 85 StGB Rn. 11.

Neben begrifflichen Unstimmigkeiten ist entscheidend, dass es an einer erheblichen Missbilligung durch die Rechtsordnung mangelt. Denn während sowohl das Vereins- als auch das Parteiverbot imstande sind, Vermögen einzuziehen und die rechtliche Existenz des Rechtssubjekts zu vernichten, fehlt eine solche „duale" Missbilligung hier. Anschaulich ausgedrückt: Es gibt kein grundgesetzlich vorgesehenes „Bandenverbotsverfahren", wenn die Bande nicht gleichzeitig als Verein oder Partei zu qualifizieren ist und die spezifischen Verbotsvoraussetzungen vorliegen. Der Einziehung kann nur kumulativ betrachtet in Kombination mit der Auslöschung des dazugehörigen Rechtssubjekts die Wertung entnommen werden, dass gerade gesetzlich intendiert ist, dass auch kein neues Vermögen generiert und zu verbotenen Zwecken eingesetzt wird. Nur in einer solchen Konstellation ist die Annahme eines Wertungswiderspruchs überzeugend. Eine solche liegt hier nicht vor.

Die Frage, ob anders gelagerte strafrechtsinterne Wertungswidersprüche zum Beispiel zwischen § 129 StGB und § 263 StGB vorliegen können, betrifft nicht die spezifische Konstellation, die dieser Arbeit zugrunde liegt. Diese und weitere strafrechtsinterne Wertungswidersprüche sind nicht Gegenstand dieser Untersuchung.

2. Anknüpfung an Einziehungsvorschriften in anderen Gesetzen

Des Weiteren wäre denkbar, an Einziehungsvorschriften in anderen Gesetzen als dem VereinsG und dem BVerfGG anzuknüpfen. Zu nennen wären beispielsweise § 33 BtMG, § 29a OwiG, § 143 Abs. 5 MarkenG, § 110 UrhG oder § 54 WaffG. Diesen Regelungen ist gemein, dass sie die Einziehung von Gegenständen normieren. Eine punktuelle Einziehung eines oder mehrerer Gegenstände genügt allerdings nicht, um das erste Kriterium des Lösungsansatzes zu bejahen und damit die Prüfung eines Wertungswiderspruchs einzuleiten. Denn erforderlich ist eine eindeutige Missbilligung durch die Rechtsordnung, die sich erst durch das kumulative Vorliegen von Einziehung des Vermögens und der Auslöschung des zugehörigen Rechtssubjekts offenbart.[871] Letzteres ist nicht möglich, wenn es sich bei dem Rechtssubjekt um eine natürliche Person handelt.

Vorstellbar wäre deshalb, an entsprechende Regelungen anzuknüpfen, die für Kapitalgesellschaften gelten. Konzepte im privatwirtschaftlichen Bereich, die vergleichbar sind mit einem Vereins- oder Parteiverbotsverfahren und

871 Siehe dazu Abschnitt D.II.1. dieser Untersuchung.

gleichermaßen einschneidende Rechtsfolgen nach sich ziehen, sucht man allerdings vergebens. Selbstverständlich gibt es Vorschriften, die Auflösungsgründe – zu nennen wären beispielsweise § 262 AktG oder § 60 GmbHG – normieren. Allerdings dienen diese Regelungen dazu, die Abwicklung so transparent wie möglich und zum größtmöglichen Schutz der Gläubigerinteressen zu gestalten.[872] Eine Parallele zu den staatlichen Verbotsverfahren, die eine Auslöschung des Rechtssubjekts und eine Einziehung des entsprechenden Vermögens normieren, um zukünftig gesetzeswidrige Aktivitäten verfassungsfeindlicher Kräfte zu verhindern, kann deshalb nicht gezogen werden.

3. Fazit

Es kann weder an eine ähnliche Struktur des Verbotssubjekts noch an einzelne Einziehungs- oder Auflösungsvorschriften angeknüpft werden, um parallel gelagerte Konstellationen zu entwickeln, in denen ein Wertungswiderspruch entstehen kann. Es mangelt in diesen Fällen an einer eindeutigen Missbilligung durch die Rechtsordnung.

IV. Fazit: Lösungsvorschlag ist praxistauglich

In diesem Abschnitt konnte dargestellt werden, dass Wertungswidersprüche zwischen §§ 3 Abs. 1, 11 Abs. 1, 2 VereinsG und § 263 Abs. 1 StGB in ganz unterschiedlichen Sachverhaltskonstellationen vorkommen können. Diese können anhand der drei entwickelten Kriterien erkannt und auch aufgelöst werden. Daneben konnte gezeigt werden, dass sich ein Wertungswiderspruch auch ergeben kann, wenn ein Parteiverbotsverfahren und nicht ein Vereinsverbotsverfahren dem Betrugssachverhalt zeitlich vorgelagert war.

Der eigene Lösungsvorschlag ist somit nicht nur dogmatisch schlüssig, sondern konnte sich auch in der Praxis bewähren. Er ist weder als zu eng noch als zu weit bezeichnen und erfasst nur Fälle, die in das entwickelte dreigliedrige Prüfungsschema passen. Die drei Kriterien dienen als Instrument, den Wertungswiderspruch zu erkennen und sind auf eine Vielzahl von unterschiedlichen Sachverhalten anwendbar.

---

872 Siehe dazu nur: Fleischer-*Berner*, § 60 GmbHG Rn. 1 f.

F. Zusammenfassung und Ergebnisse der Untersuchung

Die zu Anfang dieser Untersuchung gestellte Frage – „Ist das Vermögen einer Terrororganisation strafrechtlich schutzwürdig?" – kann am Ende wie folgt beantwortet werden: Es kommt darauf an. Die vorliegende Untersuchung konnte zeigen, worauf es ankommt.

Handelt es sich bei der Terrororganisation um eine verbotene Vereinigung und stehen spezifische vereinsrechtliche Wertungen im Widerspruch zum strafrechtlichen Vermögensschutz, gebietet es das Dogma der Einheit der Rechtsordnung, diesen Wertungswiderspruch aufzulösen. Die Wertung eines vereinsrechtlich durchgeführten Verbotsverfahren, das durch die Auslöschung des Vereins als Rechtssubjekt und durch die Einziehung des gesamten Vereinsvermögens die Demokratie vor extremistischen verfassungsfeindlichen Strömungen schützen will, spricht dagegen, entsprechendes Vermögen betrugsstrafrechtlich zu schützen.

Die Schwierigkeit in der Praxis besteht darin, einen solchen Wertungswiderspruch überhaupt zu erkennen, um anschließend zu eruieren, wie mit diesem umzugehen ist. Die Untersuchung hat genau an dieser Stelle angesetzt und will durch die Entwicklung eines eigenen Lösungsansatzes einen Beitrag zur Erkennung und damit schließlich auch zur Auflösung von einem solchen Wertungswiderspruch leisten. Dazu wurden drei Kriterien entwickelt und definiert, die sowohl Rechtswissenschaft als auch -praxis bei dieser Aufgabe dienlich sein können. Sie sind als normative Komponente des juristisch-ökonomischen Vermögensbegriffs bei der Auslegung des Vermögensbegriffs zu berücksichtigen. Es ist nun Aufgabe von Strafjustiz und -wissenschaft, die Kriterien heranzuziehen, um zu untersuchen, ob Wertungswidersprüche vorliegen und das dreigliedrige Prüfungsschema mit Leben zu füllen.

Im Kontext eines Betrugssachverhalts liegt ein Wertungswiderspruch und deshalb kein schutzwürdiges Vermögen der verletzten Person vor, wenn folgende drei Kriterien kumulativ vorliegen:

1. Eine eindeutige rechtliche Missbilligung des Vermögens erfolgt über Wertungen des VereinsG
   - eine unanfechtbare Verbotsverfügung und eine unanfechtbare Einziehungsanordnung müssen vorliegen;

- aufgrund des räumlich beschränkten Anwendungsbereichs des VereinsG muss sich das Vereinsverbot auf Vereine mit Sitz im Inland beziehen und die Einziehung inländisches Vermögen betreffen.

2. Bei der verletzten Person handelt es sich um ein Mitglied dieses verbotenen Vereins.
   - Nichtmitglieder sind nicht erfasst, auch wenn sie sich mit Zielen des Vereins identifizieren.
3. Die verletzte Person muss das Geld zu einem rechtlich missbilligten Zweck einsetzen.
   - Ein solcher Zweck liegt vor, wenn über das Geld verfügt wurde, um die verbotenen Ziele des verbotenen Vereins weiterzuführen.
   - Ein Handeln zu rein privaten Zwecken ist nicht erfasst.

Es hat sich gezeigt, dass die Kriterien mit straf- und verfassungsrechtlichen Vorgaben vereinbar sind und sich als praxistauglich bewehren.

Die Befürchtung, dass es aufgrund der Folge – der Ausschluss der Strafbarkeit wegen Betruges – zu einer Normdestabilisierung komme oder Mitglieder eines verbotenen Vereins sogar als „outlaw“ geächtet würden, erweist sich als unbegründet. Wie gezeigt werden konnte, entsteht keine relevante strafrechtliche Schutzlücke im extremistisch politischen Bereich. Neben dem Geldwäschetatbestand, der einschlägig sein kann, sind alle nicht vermögensbezogenen Straftatbestände denkbar und anwendbar. Zudem ist das Ergebnis, dass ein Sachverhalt nicht unter einen Straftatbestand subsumiert werden kann, kein Grund zur Besorgnis. Vielmehr ist das als Ausdruck des Ultima-Ratio-Prinzips zu verstehen, das dem Strafrecht immanent ist.

Begonnen hat diese Untersuchung nicht nur mit einer Eingangsfrage, sondern auch mit der Vorstellung des „IS-Falls“ des Bundesgerichtshofs, der der Verfasserin als Ausgangspunkt diente. Zu dem viel diskutierten Urteil ist am Ende dieser Arbeit zweierlei zu sagen: Erstens handelte es sich bei der verletzten Person gerade nicht um ein Mitglied des „Islamischen Staats“, sodass ein Wertungswiderspruch zumindest zu vereinsrechtlichen Wertungen schon gar nicht vorgelegen haben könnte. Zweitens läge auch kein Wertungswiderspruch zu vereinsrechtlichen Wertungen vor, wenn man unterstellen würde, dass es sich um ein Mitglied des „Islamischen Staats“ gehandelt hätte. Denn eine Prüfung anhand der drei Kriterien kommt nicht zu dem Ergebnis, dass ein Wertungswiderspruch im konkreten Fall vorliegen würde: Es scheitert bereits am ersten Kriterium, weil es sich bei dem „Islamischen Staat“ um einen ausländischen Verein handelt, der nicht durch eine deutsche Verbotsbehörde nach dem VereinsG aufgelöst werden kann. Ob anders gelagerte Wertungswidersprüche eine

Strafbarkeit in einem solchen Fall ausschließen würden, ist nicht Gegenstand dieser Untersuchung. Ein Wertungswiderspruch zu vereinsrechtlichen Wertungen liegt zumindest nicht vor.

Auch wenn der analysierte Wertungswiderspruch nicht explizit im „IS-Fall" angelegt war, hat er zur Einordnung und Lösung eines Parallelproblems beigetragen, das durch die zugrunde liegende Sachverhaltskonstellation angesprochen wurde.

Durch die Darstellung der praktischen Anwendungsfälle konnte verdeutlicht werden, dass die entwickelten Kriterien nur einen engen und konturierten Anwendungsbereich eröffnen, in denen ein Wertungswiderspruch entstehen kann. Normativ betrachtet ist deshalb eine Vermögensposition im Kontext des Betrugstatbestands nur in sehr bestimmten Fällen als nicht schutzwürdig zu qualifizieren. Ob das als gut oder schlecht zu bewerten ist, ist nicht an der Verfasserin zu beurteilen. Es stellt sich als nicht mehr und nicht weniger als ein konsequent angewandter juristisch-ökonomischer Vermögensbegriff dar, der das Gebot der Einheit der Rechtsordnung ernst nimmt.

Abschließend werden die Kernthesen dieser Untersuchung zusammengefasst aufgezählt:

1. Der juristisch-ökonomische Vermögensbegriff ermöglicht durch die überzeugende Kombination aus wirtschaftlichem und normativem Maßstab die Berücksichtigung von Wertungswidersprüchen.
2. Ein Wertungswiderspruch liegt auf Ebene der Normanwendung vor, wenn Ergebnis und Begründung der jeweiligen Normen im Widerspruch zueinander stehen.
3. Zwischen den Wertungen aus §§ 3 Abs. 1, 11 Abs. 1, 2 VereinsG und § 263 Abs. 1 StGB liegt ein Wertungswiderspruch vor.
4. Aus der strukturellen Einordnung des Wertungswiderspruch in die Gesamtrechtsordnung lassen sich Argumente gegen die Schutzwürdigkeit der Vermögensposition und für die Beachtung des Wertungswiderspruchs ableiten:
   a) Der Vergleich von straf- und vereinsrechtlicher Einziehung lässt den Schluss zu, dass Vermögenspositionen, die der vereinsrechtlichen Einziehung unterlagen, ebenfalls als nicht schutzwürdig zu qualifizieren sind.
   b) Die zivilrechtliche Prüfung des Falls hat ergeben, dass der getäuschten Person zivilrechtlicher Schutz verwehrt wäre und insofern auch kein strafrechtlicher Schutz geboten ist.
   c) Das verfassungsrechtlich verankerte Ultima-Ratio-Prinzip und der Verhältnismäßigkeitsgrundsatz sprechen dafür, dass Vermögenspositionen,

die wertungsmäßig nicht als schutzwürdig zu qualifizieren sind, nicht strafrechtlich geschützt werden.

5. Ein Wertungswiderspruch verstößt gegen das Prinzip der Einheit der Rechtsordnung.
   a) Das Argument der Einheit der Rechtsordnung wird bislang in der strafrechtlichen Diskussion nur sehr oberflächlich begründet.
   b) Die verfassungsrechtliche Begründung dieses Arguments ermöglicht es, eine konkrete Verletzung des Prinzips darzulegen.
6. Die Prüfung, ob ein Wertungswiderspruch in dieser Konstellation vorliegt, erfolgt anhand von drei entwickelten Kriterien.
   a) Diese Kriterien sind auf Grundlage des juristisch-ökonomischen Vermögensbegriffs bei der Auslegung des Tatbestandsmerkmals des Vermögens zu berücksichtigen.
   b) Die Berücksichtigung des Wertungswiderspruchs, die bei Vorliegen der entwickelten drei Kriterien geboten ist, führt dazu, dass das Vermögen nicht als schutzwürdig qualifiziert werden kann. Mangels objektiven Tatbestands liegt deshalb keine Strafbarkeit wegen Betrugs vor.
7. Kritik, die dem eigenen Lösungsansatz entgegengebracht werden könnte, kann entkräftet werden:
   a) Ein Verstoß gegen den Grundsatz der Gewaltenteilung liegt nicht vor. Das Strafgericht entscheidet selbstständig, ob es die exekutive Verbotsentscheidung bei der Auslegung des Vermögensbegriffs berücksichtigt.
   b) Feindstrafrecht wird nicht geschaffen, weil die entsprechenden Voraussetzungen nicht vorliegen.
   c) Der eigene Lösungsansatz ist nicht viktimodogmatisch ausgestaltet, weil ein Wertungswiderspruch und nicht zumutbares anderes Verhalten zu einer Verneinung der Strafbarkeit führen.
8. Eine Strafbarkeitslücke entsteht nicht. Der Sachverhalt kann unter den Geldwäschetatbestand subsumiert werden. Weitere nicht vermögensbezogene Tatbestände werden durch die Analyse des Wertungswiderspruchs nicht tangiert.
9. Die entwickelten Kriterien sind mit der Auslegung des Tatbestandsmerkmal des Vermögens anhand des klassischen Auslegungscanons vereinbar.
10. Durch den Ausschluss der Betrugsstrafbarkeit wird weder ein Freibrief erteilt noch ein Anreiz für kriminelles Verhalten gesetzt.
    a) Die technische Nicht-Erfüllung des objektiven Tatbestands ist nicht als Freibrief zu verstehen.
    b) Die technische Nicht-Erfüllung des objektiven Tatbestands ist gleichermaßen nicht als Anreiz im kriminologischen Sinne zu bewerten.

11. Ein Wertungswiderspruch kann auch entstehen, wenn nicht ein Vereins-, sondern ein Parteiverbotsverfahren dem Betrugssachverhalt zeitlich vorgelagert war.

G. Literaturverzeichnis

Achenbach, Hans, Aus der 2018/2019 veröffentlichten Rechtsprechung zum Wirtschaftsstrafrecht, NStZ 2019, 711–716.

Albrecht, Florian/Roggenkamp, Jan Dirk (Hrsg.), Vereinsgesetz, München 2014 (zit. als Albrecht/Roggenkamp-*Bearbeiter*).

Appel, Ivo, Verfassung und Strafe, Zu den verfassungsrechtlichen Grenzen staatlichen Strafens, Berlin 1998.

Arzt, Gunther, Die deutsche Strafrechtswissenschaft zwischen Studentenberg und Publikationsflut, in: Gerhard Dornseifer, Eckhard Horn (Hrsg.), Gedächtnisschrift für Armin Kaufmann, Köln 1989, S. 839–878.

Baldus, Manfred, Die Einheit der Rechtsordnung, Bedeutungen einer juristischen Formel in Rechtstheorie, Zivil- und Staatsrechtswissenschaft des 19. und 20. Jahrhunderts, Berlin 2019.

Barczak, Tristan (Hrsg.), Mitarbeiterkommentar zum Bundesverfassungsgerichtsgesetz, Berlin 2018.

Baudewin, Christian, Das Vereinsverbot, NVwZ 2013, 1049–1054.

Baudewin, Christian, Das Vereinsverbot, NVwZ 2021, 1021–1026.

Baudewin, Christian, Öffentliche Ordnung im Versammlungsrecht, 3. Aufl., Baden-Baden 2020.

Bechtel, Alexander, Der Schutz illegaler Betäubungsmittel durch die Vermögens- und Eigentumsdelikte – sinnvoll?, wistra 2018, 154–160.

Bechtel, Alexander, Von geprellten Hausverkäufern und getäuschten Terroristen – Ein Schlaglicht auf aktuelle Rechtsprechung zum strafrechtlichen Vermögensschutz, JURA 2019, 63–71.

Becker, Christian/Rönnau, Thomas, Grundwissen – Strafrecht: Der objektiv-individuelle Schadensbegriff beim Betrug (§ 263 StGB), JuS 2017, 975–979.

Binding, Karl, Lehrbuch des gemeinen deutschen Strafrechts, Band 1, 2. Aufl., Goldbach 1997.

Binding, Karl, Lehrbuch des gemeinen deutschen Strafrechts, Band 2, 2. Aufl., Goldbach 1997.

Bittmann, Folker, Die Idee der Vermögensabschöpfung, in: Folker Bittmann, Marcus Köhler, Gundula Seeger, Sohre Tschakert (Hrsg.), Handbuch der strafrechtlichen Vermögensabschöpfung, Köln 2020, S. 3–8.

Bleckmann, Albert, Zu den Methoden der Gesetzesauslegung in der Rechtsprechung des BVerfG, JuS 2002, 942–947.

Blume, Lara, Strafbefreiende Wirkung der "neuen" Arbeitskampffreiheit?, Eine Untersuchung der Wechselwirkung zwischen Art. 9 Abs. 3 GG und den Strafnormen des StGB, Baden-Baden 2019.

Bockelmann, Paul, Der Unrechtsgehalt des Betruges, in: Paul Bockelmann (Hrsg.), Probleme der Strafrechtserneuerung, Festschrift für Eduard Kohlrausch zum 70. Geburtstage, Berlin 1978, S. 226–252.

Böckenförde, Ernst-Wolfgang, Grundrechte als Grundsatznormen: zur gegenwärtigen Lage der Grundrechtsdogmatik, Der Staat 1990, 1–31.

Böse, Martin, Die Glaubens- und Gewissensfreiheit im Rahmen der Strafgesetze (insbesondere § 34 StGB), ZStW 2001, 40–75.

Brähler, Volker, Herleitung, Inhalt und Grenzen des staatlichen Strafanspruchs, in: Markus Thiel (Hrsg.), Wehrhafte Demokratie, Beiträge über die Regelungen zum Schutze der freiheitlichen demokratischen Grundordnung, Tübingen 2003, S. 251–289.

Brand, Christian/Winter, Moritz, Grundrechte als strafrechtliche Rechtfertigungsgründe, JuS 2021, 113–117.

Brodowski, Dominik, Die Verwaltung darf nicht strafen – warum eigentlich nicht? Zugleich eine Vorstudie zu einer rechts-evolutionären, weichen Konstitutionalisierung strafrechtsdogmatischer Grundannahmen, ZStW 2016, 370–393.

Brüning, Christoph, Das Grundrecht der Versammlungsfreiheit in der "streitbaren Demokratie", Rechtsextremistische Demonstrationen im Streit der Gerichte, Der Staat 2002, 213–243.

Bruns, Hans-Jürgen, in: Karl Engisch, Reinhart Maurach (Hrsg.), Festschrift für Edmund Mezger zum 70. Geburtstag, München 1954, S. 335–362.

Bruns, Hans-Jürgen, Untreue im Rahmen rechts- oder sittenwidriger Geschäfte, NJW 1956, 151.

Buchholz, Momme, Die Rechtsprobleme des Vorlagebeschlusses zum Vermögensbegriff, JA 2018, 264–272.

Bundeskriminalamt, Organisierte Kriminalität – Bundeslagebild 2021, Wiesbaden 2022.

Bundesministerium des Innern und für Heimat, Verfassungsschutzbericht, Berlin 2021.

Burchard, Christoph, Strafrechtslimitation als Motor der Strafrechtsexpansion. Wissenschaftsethische Vorüberlegungen zu "Dual Use Research of Concern" aus dem Bereich der Strafrechtswissenschaften, in: Milan Kuhli, Martin Asholt (Hrsg.), Strafbegründung und Strafeinschränkung als Argumentationsmuster, Baden-Baden 2017, S. 23–43.

Burchard, Christoph, Strafverfassungsrecht – Vorüberlegungen zu einem Schlüsselbegriff, in: Klaus Tiedemann, Christoph Burchard, Dominik Brodowski, Helmut Satzger, Ulrich Sieber (Hrsg.), Die Verfassung moderner Strafrechtspflege, Erinnerung an Joachim Vogel, Baden-Baden 2016, S. 25–62.

Bürger, Sebastian, Berücksichtigung behördlicher Entscheidungen bei der Auslegung von Strafnormen, ZStW 2021, 637–658.

Burkhardt, Björn, Rechtsirrtum und Wahndelikt, JZ 1981, 681–688.

Canaris, Claus-Wilhelm, Systemdenken und Systembegriff in der Jurisprudenz, Entwickelt am Beispiel des deutschen Privatrechts, 2. Aufl., Berlin 2014.

Cramer, Peter, Grenzen des Vermögensschutzes im Strafrecht, JuS 1966, 472–477.

Cramer, Peter, Vermögensbegriff und Vermögensschaden im Strafrecht, Bad Homburg v.d.H. 1968.

Danwerth, Christopher, Analogie und teleologische Reduktion – zum Verhältnis zweier scheinbar ungleicher Schwestern, ZfPW 2017, 230–249.

Dölling, Dieter/Duttge, Gunnar/König, Stefan/Rössner, Dieter (Hrsg.), Gesamtes Strafrecht, 5. Aufl., Baden-Baden 2022 (zit. als Dölling/Duttge-*Bearbeiter*).

Donini, Massimo, Techniken und regulative Modelle eines verfassungsorientierten Strafrechts, in: Klaus Tiedemann, Christoph Burchard, Dominik Brodowski, Helmut Satzger, Ulrich Sieber (Hrsg.), Die Verfassung moderner Strafrechtspflege, Erinnerung an Joachim Vogel, Baden-Baden 2016, S. 87–96.

Duden, Bedeutung "Anreiz", abrufbar unter https://www.duden.de/rechtschreibung/Anreiz (zugegriffen am 19.4.23).

Duden, Bedeutung "Freibrief", abrufbar unter https://www.duden.de/rechtschreibung/Freibrief (zugegriffen am 19.4.23).

Ebner, Markus, Anmerkung zu BGH Urt. v. 11.4.2018 – 5 StR 595/17, ZWH 2018, 296–299.

Eisele, Jörg/Bechtel, Alexander, Der Schadensbegriff bei den Vermögensdelikten, JuS 2018, 97–103.

Eisenberg, Ulrich/Kölbel, Ralf, Kriminologie, 7. Aufl., Tübingen 2017.

El-Ghazi, Mohamad/Marstaller, Marie-Lena/Zimmermann, Till, Die erweiterte selbständige Einziehung gem. § 76a Abs. 4 StGB nach der Reform des Geldwäschestrafrechts, NZWiSt 2021, 297–304.

Engisch, Karl, Die Einheit der Rechtsordnung, Darmstadt 1987.

Engländer, BGH v. 12. 3. 2002 3 StR 4/02 Erzwungene Entgeltsrückzahlung aus betrügerischem Rauschgiftgeschäft, JR 2003, 163–165.

Eser, Albin (Hrsg.), Strafgesetzbuch, 30. Aufl., München 2019 (zit. als Schönke/ Schröder-*Bearbeiter*).

Felix, Dagmar, Einheit der Rechtsordnung, Zur verfassungsrechtlichen Relevanz einer juristischen Argumentationsfigur, Tübingen 2020.

Fischer, Thomas, Strafgesetzbuch, Mit Nebengesetzen, 70. Aufl., München 2023.

Fischer, Thomas, Wirtschaftlicher, faktischer und normativer Schadensbegriff, in: Thomas Fischer, Elisa Hoven, Hans-Peter Huber, Rolf Raum, Thomas Rönnau, Frank Saliger, Gerson Trüg (Hrsg.), Dogmatik und Praxis des strafrechtlichen Vermögensschadens, Baden-Baden 2015, S. 51–60.

Fleischer, Holger/Goette, Wulf (Hrsg.), Münchener Kommentar zum Gesetz betreffend die Gesellschaften mit beschränkter Haftung, 4. Aufl., München 2022 (zit. als Fleischer-*Bearbeiter*).

Frauen, Jana, Verbot der Hells Angels, Eine Analyse der Wirksamkeitseffekte strafrechtlicher Verbotsnormen am Beispiel des Hamburger Charters, Frankfurt am Main 2011.

Frisch, Wolfgang, Voraussetzungen und Grenzen staatlichen Strafens, NStZ 2016, 16–25.

Gaede, Karsten, Der Steuerbetrug, Eine Untersuchung zur Systematisierung der europäisierten Deliktsfamilie des Betruges und zur legitimen Reichweite des notwendig normgeprägten Betrugsunrechts der Steuerhinterziehung: zugleich ein Beitrag zum Verhältnis von Strafrecht und Verfassungsrecht, Baden-Baden 2016.

Gaier, Reinhard (Hrsg.), Münchener Kommentar zum Bürgerlichen Gesetzbuch, Band 1 (9. Aufl. 2021), Band 7 und 8 (9. Aufl. 2023), München (zit. als MüKo-*Bearbeiter*).

Gallas, Wilhelm, Der Betrug als Vermögensdelikt, in: Paul Bockelmann (Hrsg.), Festschrift für Eberhard Schmidt zum 70. Geburtstag, Aalen 1971, S. 401–436.

Gärditz, Klaus Ferdinand, Demokratizität des Strafrechts und Ultima Ratio-Grundsatz, JZ 2016, 641–650.

Gärditz, Klaus Ferdinand, Strafbegründung und Demokratieprinzip, Der Staat 2010, 331–367.

Gebauer, Tim, Die Bestimmung des erlangten Etwas bei der Einziehung von Taterträgen nach §§ 73 ff. StGB, insbesondere von Erlösen aus Kapitalmarktdelikten, Berlin 2019.

Gerlach, Julia, Die Vereinsverbotspraxis der streitbaren Demokratie, Verbieten oder Nicht-Verbieten?, Baden-Baden 2012.

Gerland, Heinrich Balthasar, Deutsches Reichsstrafrecht, 2. Aufl., Berlin, Boston 1932.

Goerlich, Helmut, Wertordnung und Grundgesetz, Kritik einer Argumentationsfigur des Bundesverfassungsgerichts, Baden-Baden 1973.

Greco, Luis, Verfassungskonformes oder legitimes Strafrecht? Zu den Grenzen einer verfassungsrechtlichen Orientierung der Strafrechtswissenschaft, in: Beatrice Brunhöber, Katrin Höffler, Johannes Kaspar, Tobias Reinbacher, Moritz Vormbaum (Hrsg.), Strafrecht und Verfassung, Baden-Baden 2013, S. 13–36.

Groh, Katrin, Vereinsgesetz, 2012.

Grundmann, Cornelia, Das fast vergessene öffentliche Vereinsrecht, Eine Analyse der neueren Entwicklungen des öffentlichen Vereinsrechts, Baden-Baden 1999.

Grüneberg, Christian/Ellenberger, Jürgen (Hrsg.), Bürgerliches Gesetzbuch, 82. Aufl., München 2023 (zit. als Grüneberg-*Bearbeiter*).

Güntert, Lothar, Gewinnabschöpfung als strafrechtliche Sanktion, Eine Untersuchung zu den Verfallsbestimmungen der §§ 73 bis 73d des Strafgesetzbuches, Köln 1983.

Günther, Hans-Ludwig, Strafrechtswidrigkeit und Strafunrechtsausschluss, Studien zur Rechtswidrigkeit als Straftatmerkmal und zur Funktion der Rechtfertigungsgründe im Strafrecht, Köln 1983.

Häberle, Peter (Hrsg.), Strafrechtliche Nebengesetze, München 2023 (zit. als Erbs/Kohlhaas-*Bearbeiter*).

Hanebeck, Alexander, Die Einheit der Rechtsordnung als Anforderung an den Gesetzgeber? Zu verfassungsrechtlichen Anforderungen wie „Systemgerechtigkeit“ und „Widerspruchsfreiheit“ der Rechtsetzung als Maßstab verfassungsgerichtlicher Kontrolle, Der Staat 2002, 429–451.

Hassemer, Raimund, Schutzbedürftigkeit des Opfers und Strafrechtsdogmatik, Zugleich ein Beitrag zur Auslegung des Irrtumsmerkmals in § 263 StGB, Berlin 1981.

Hecker, Bernd, Die richtlinienkonforme und die verfassungskonforme Auslegung im Strafrecht, JuS 2014, 385–393.

Hefendehl, Roland, Vermögensgefährdung und Exspektanzen, Das vom Zivilrecht konstituierte und vom Bilanzrecht konkretisierte Herrschaftsprinzip als Grundlage des strafrechtlichen Vermögensbegriffs, Berlin 1994.

Heintschel-Heinegg, Bernd von/Joecks, Wolfgang (Hrsg.), Münchener Kommentar zum Strafgesetzbuch, Band 1 und 2 (4. Aufl. 2020), Band 3 und 4 (4. Aufl. 2021), Band 5 und 6 (4. Aufl. 2022), München (zit. als MüKo-*Bearbeiter*).

Hennings, Frank, Teleologische Reduktion des Betrugstatbestandes aufgrund von Mitverantwortung des Opfers, Unter besonderer Berücksichtigung des Kapitalanlage- und Kreditbetruges, Berlin 2001.

Hermes, Georg, Grundrechtsschutz durch Privatrecht auf neuer Grundlage? – Das BVerfG zu Schutzpflicht und mittelbarer Drittwirkung der Berufsfreiheit, NJW 1990, 1764–1768.

Herzog, Roman (Hrsg.), Grundgesetz, München 2022 (zit. als Dürig/Herzog/Scholz-*Bearbeiter*).

Hillenkamp, Thomas, Vorsatztat und Opferverhalten, Göttingen 1981.

Hillenkamp, Thomas, Was macht eigentlich die Viktimodogmatik?, ZStW 2017, 596–628.

Hillenkamp, Thomas, Zum Schutz "deliktischen Besitzes" durch die Strafgerichte, in: Uwe Hellmann, Christian Schröder, Hans Achenbach (Hrsg.), Festschrift für Hans Achenbach, München 2011, S. 189–205.

Hirsch, Hans, Literaturbericht: Cramer, Peter: Vermögensbegriff und Vermögensschaden im Strafrecht, ZStW 1969, 944–953.

Hirschberg, Rudolf, Der Vermögensbegriff im Strafrecht, Versuch eines Systems der Vermögensdelikte, Berlin, Heidelberg 1934.

Höpfner, Clemens, Die systemkonforme Auslegung, Zur Auflösung einfachgesetzlicher, verfassungsrechtlicher und europarechtlicher Widersprüche im Recht, Tübingen 2020.

Hörnle, Tatjana, Subsidiarität als Begrenzungsprinzip – Selbstschutz, in: Andrew von Hirsch (Hrsg.), Mediating principles, Begrenzungsprinzipien bei der Strafbegründung, Baden-Baden 2006, S. 36–47.

Hoyer, Andreas, Zur Strafbarkeit der Zueignung von Betäubungsmitteln als Eigentumsdelikt, in: Stephan Barton, Ralf Eschelbach, Michael Hettinger, Eberhard Kempf, Christoph Krehl, Franz Salditt (Hrsg.), Festschrift für Thomas Fischer, München 2018, S. 361–370.

Hüls, Silke, Grenzen des Wirtschaftsstrafrechts?, Die Ausdehnung strafrechtlicher Normen und die Schwierigkeiten ihrer Begrenzung, Tübingen 2019.

Isensee, Josef, Subsidiaritätsprinzip und Verfassungsrecht, Eine Studie über das Regulativ des Verhältnisses von Staat und Gesellschaft, 2. Aufl., Berlin 2001.

Jäger, Christian, Drogenentzug schadet nicht dem Vermögen, JA 2016, 790–793.

Jahn, Matthias, Anmerkung zu BGH, Urt. v. 11.4.2018 – 5 StR 595/17, JuS 2018, 719–721.

Jahn, Matthias, Das Strafrecht des Staatsnotstandes, Die strafrechtlichen Rechtfertigungsgründe und ihr Verhältnis zu Eingriff und Intervention im Verfassungs- und Völkerrecht der Gegenwart, Frankfurt am Main 2004.

Jahn, Matthias, Strafverfassungsrecht: Das Grundgesetz als Herausforderung für die Dogmatik des Straf- und Strafverfahrensrechts, in: Klaus Tiedemann, Christoph Burchard, Dominik Brodowski, Helmut Satzger, Ulrich

Sieber (Hrsg.), Die Verfassung moderner Strafrechtspflege, Erinnerung an Joachim Vogel, Baden-Baden 2016, S. 63–86.

Jahn, Matthias/Brodowski, Dominik, Das Ultima-Ratio-Prinzip als strafverfassungsrechtliche Vorgabe zur Frage der Entbehrlichkeit von Straftatbeständen, ZStW 2017, 363–381.

Jahn, Matthias/Brodowski, Dominik, Krise und Neuaufbau eines strafverfassungsrechtlichen Ultima Ratio-Prinzips, JZ 2016, 969–980.

Jakobs, Günther, Bürgerstrafrecht und Feindstrafrecht, HRRS 2004, 88–95.

Jakobs, Günther, Das Selbstverständnis der Strafrechtswissenschaft vor den Herausforderungen der Gegenwart, in: Albin Eser, Winfried Hassemer, Björn Burkhardt (Hrsg.), Die deutsche Strafrechtswissenschaft vor der Jahrtausendwende, Rückbesinnung und Ausblick, München 2000, S. 47–56.

Jakobs, Günther, Feindstrafrecht? – Eine Untersuchung zu den Bedingungen von Rechtlichkeit, HRRS 2006, 289–297.

Jakobs, Günther, Terroristen als Personen im Recht, ZStW 2005, 839–851.

Jarass, Hans D./Kment, Martin (Hrsg.), Grundgesetz, 17. Aufl., München 2022 (zit. als Jarass/Pieroth-*Bearbeiter*).

Jareborg, Nils, Criminalisation as ultima ratio, in: Jörg Arnold (Hrsg.), Menschengerechtes Strafrecht, Festschrift für Albin Eser zum 70. Geburtstag, München 2005, S. 1341–1353.

Jescheck, Hans-Heinrich/Weigend, Thomas, Lehrbuch des Strafrechts, Allgemeiner Teil, 5. Aufl., Berlin 1996.

Kargl, Walter, Der strafrechtliche Vermögensbegriff als Problem der Rechtseinheit, JA 2001, 714–720.

Kaspar, Johannes, Verhältnismäßigkeit und Grundrechtsschutz im Präventionsstrafrecht, Baden-Baden 2014.

Kaufmann, Arthur, Subsidiaritätsprinzip und Strafrecht, in: Claus Roxin, Hans-Jürgen Bruns, Herbert Jäger (Hrsg.), Grundfragen der gesamten Strafrechtswissenschaft, Festschrift für Heinrich Henkel zum 70. Geburtstag am 12. September 1973, Berlin 1974, S. 89–107.

Kindhäuser, Nikolaus/Wallau, Rochus, Anmerkung zu BGH, Beschl. v. 12.5. 2002 – 3 StR 4/02, NStZ 2003, 151–154.

Kindhäuser, Urs, Strafe, Strafrechtsgut und Rechtsgüterschutz, in: Klaus Lüderssen, Cornelius Nestler-Tremel, Weigend Ewa (Hrsg.), Modernes Strafrecht und ultima-ratio-Prinzip, 1990, S. 29–37.

Kindhäuser, Urs, Täuschung und Wahrheitsanspruch beim Betrug, ZStW 1991, 398–424.

Kindhäuser, Urs, Zum Vermögensschaden beim Betrug, in: Cornelius Prittwitz (Hrsg.), Festschrift für Klaus Lüderssen, Zum 70. Geburtstag am 2. Mai 2002, Baden-Baden 2002, S. 635–648.

Kindhäuser, Urs/Neumann, Ulfrid/Paeffgen, Hans-Ullrich/Saliger, Frank (Hrsg.), Strafgesetzbuch, 6. Aufl., Baden-Baden 2023 (zit. als Kindhäuser-*Bearbeiter*).

Kingreen, Thorsten/Poscher, Ralf, Grundrechte. Staatsrecht II, 38. Aufl., Heidelberg 2022.

Kirchner, Hildebert/Böttcher, Eike, Abkürzungsverzeichnis der Rechtssprache, 10. Aufl., Berlin 2021.

Kliegel, Thomas/Roßbach, Matthias, Das NPD-Verbotsverfahren, Dokumentation des Verfahrens der Jahre 2013 bis 2017 vor dem Bundesverfassungsgericht, Tübingen 2020.

Kloepfer, Michael, Verfassungsrecht Band I, Grundlagen, Staatsorganisationsrecht, Bezüge zum Völker- und Europarecht, München 2011.

Kretschmer, Joachim, Der betrugsstrafrechtliche Schutz im Rahmen sitten- oder gesetzeswidriger Rechtsbeziehungen – Folgen des Gesetzes zur Regelung der Rechtsverhältnisse der Prostituierten, StraFo 2003, 191–194.

Kretschmer, Joachim, Gilt das Strafrecht zwischen Straftätern? – oder: Der Rückzug des Strafrechts aus gesetzes- und sittenwidrigen Rechtsbeziehungen, StraFo 2009, 189–194.

Kröpil, Karl, Unterschiedliche Auswirkungen der Begehung von Bagatelldelikten – Ein bedenklicher Wertungswiderspruch?, ZRP 2010, 178–181.

Krüger, Matthias, Neues aus Karlsruhe zu Art. 103 II GG und § 266 StGB, Bespr. von BVerfG, Beschl. vom 23. 6. 2010 – 2 BvR 2559/08, NStZ 2010 626, NStZ 2011, 369–375.

Kudlich, Hans, Eigentumsfähigkeit von illegal erworbenen Drogen, JA 2006, 335–336.

Kudlich, Hans, Grundrechtsorientierte Auslegung im Strafrecht, JZ 2003, 127–133.

Kühl, Kristian, Fragmentarisches und subsidiäres Strafrecht, in: Ulrich Sieber (Hrsg.), Strafrecht und Wirtschaftsstrafrecht, Dogmatik, Rechtsvergleich, Rechtstatsachen, Festschrift für Klaus Tiedemann zum 70. Geburtstag, Köln 2008, S. 29–46.

Kühl, Kristian, Strafrecht Allgemeiner Teil, 8. Aufl., München 2017.

Kuhlen, Lothar, Die verfassungskonforme Auslegung von Strafgesetzen, Heidelberg 2006.

Kutschera, Franz von/Breitkopf, Alfred, Einführung in die moderne Logik, Freiburg 1971.

Lackner, Karl/Kühl, Kristian/Heger, Martin (Hrsg.), Strafgesetzbuch, 30. Aufl., München 2023 (zit. als Lackner/Kühl/Heger-*Bearbeiter*).

Lagodny, Otto, Strafrecht vor den Schranken der Grundrechte, Die Ermächtigung zum strafrechtlichen Vorwurf im Lichte der Grundrechtsdogmatik; dargestellt am Beispiel der Vorfeldkriminalisierung, Tübingen 1996.

Lampe, Ernst-Joachim, Personales Unrecht im Betrug, in: Gerhard Dannecker, Winrich Langer, Otfried Ranft, Roland Schmitz, Joerg Brammsen (Hrsg.), Festschrift für Harro Otto, Zum 70. Geburtstag am 1. April 2007, Köln 2007, S. 623–647.

Larenz, Karl, Methodenlehre der Rechtswissenschaft, 6. Aufl., Berlin 1991.

Larenz, Karl/Canaris, Claus-Wilhelm, Methodenlehre der Rechtswissenschaft, 3. Aufl., Berlin 1995.

Laufhütte, Heinrich/Tiedemann, Klaus (Hrsg.), Leipziger Kommentar, Berlin 2012 (zit. als LK-*Bearbeiter*).

Lembke, Ulrike, Einheit aus Erkenntnis?, Die Unzulässigkeit der verfassungskonformen Gesetzesauslegung als Methode der Normkompatibilisierung durch Interpretation, Berlin 2009.

Lepsius, Oliver, Normenhierarchie und Stufenbau der Rechtsordnung, JuS 2018, 950–954.

Li, Yao, Der „wirtschaftliche" Vermögensbegriff in der höchstrichterlichen Rechtsprechung. Eine Untersuchung anlässlich BGH Urt. v. 11.4.2018 – 5 StR 595/17 (Versuchter Betrug zum Nachteil des sog. Islamischen Staats), NZWiSt 2019, 405–411.

Lichtenthäler, Sören, Besitzverbot und Eigentumsschutz, Eine Untersuchung zur Reichweite der Garantie des Eigentums an »verbotenen« Sachen in straf- und zivilrechtsdogmatischer Hinsicht, Tübingen 2020.

Lindner, Josef Franz, Der Grundsatz der Einheit der Rechtsordnung, in: Phillip Hellwege, Marta Soniewicka (Hrsg.), Die Einheit der Rechtsordnung, Annäherungen – Bestandsaufnahmen – Reflexionen, Tübingen 2020, S. 15–26.

Looschelders, Dirk, Die Ausstrahlung der Grundrechte auf das Schadensrecht, in: Jürgen Wolter, Eibe Riedel, Jochen Taupitz (Hrsg.), Einwirkungen der Grundrechte auf das Zivilrecht, Öffentliche Recht und Strafrecht, Heidelberg 1999, S. 93–111.

Lüthge, Benedikt J./Klein, Maximilian L., Die materielle Genehmigungsfähigkeit im Umweltstrafrecht: Bekanntes Problem, neue Ansätze, ZStW 2017, 48–81.

Meier, Bernd-Dieter, Kriminologie, 6. Aufl., München 2021.

Meyer, Ernst, Grundzüge einer systemorientierten Wertungsjurisprudenz, Tübingen 1984.

Meyer-Goßner, Lutz/Schmitt, Bertram (Hrsg.), Strafprozessordnung, 65. Aufl., München 2022 (zit. als Meyer-Goßner/Schmitt-*Bearbeiter*).

Mitsch, Wolfgang, Erpresser versus Betrüger BGH, NJW 2002, 2117, JuS 2003, 122–126.

Möllers, Thomas, Die Trias von verfassungsorientierter und verfassungskonformer Auslegung sowie der verfassungskonformen Rechtsfortbildung – Ein Beitrag zu mehr Methodenehrlichkeit beim Streit zwischen den beiden Senaten des BVerfG, in: Stefan Lorenzmeier, Hans-Peter Folz (Hrsg.), Recht und Realität, Festschrift für Christoph Vedder, Baden-Baden 2017, S. 721–749.

Montenegro, Lucas, Die kriminelle Vereinigung als Unrechtsperson, Zugleich ein Beitrag zur Auslegung von § 129 II StGB, GA 2019, 489–505.

Müller-Dietz, Heinz, Verfassungsrechtliche Schutz- und Pönalisierungspflichten, in: Karl Heinz Gössel, Otto Triffterer (Hrsg.), Gedächtnisschrift für Heinz Zipf, Heidelberg 1999, S. 123–133.

Munoz Conde, Francisco, Der Kampf gegen Terrorismus und das Feindstrafrecht, in: Winfried Hassemer, Eberhard Kempf, Sergio Moccia (Hrsg.), In dubio pro libertate, Festschrift für Klaus Volk zum 65. Geburtstag, München 2009, S. 495–505.

Nagler, Johannes, Bezugscheine als Objekte von Vermögensverbrechen, ZAkDR 1941, 294–296.

Naucke, Wolfgang, Strafrecht, Eine Einführung, 10. Aufl., Neuwied 2002.

Naucke, Wolfgang, Zur Lehre vom strafbaren Betrug, Ein Beitrag zum Verhältnis von Strafrechtsdogmatik und Kriminologie, Berlin 1964.

Nelles, Ursula, Untreue zum Nachteil von Gesellschaften, Zugleich ein Beitrag zur Struktur des Vermögensbegriffs als Beziehungsbegriff, Berlin 1991.

Nikkho, Ramin, Der Ausschluss aus der staatlichen Parteienfinanzierung, Legalität, Legitimität und Folgen, Baden-Baden 2021.

Nolte, Georg, in: Detlef Merten, Hans-Jürgen Papier (Hrsg.), Handbuch der Grundrechte in Deutschland und Europa, Einzelgrundrechte, Heidelberg 2013.

Opitz, Martin G., Rocker im Spannungsfeld zwischen Clubinteressen und Gesellschaftsnormen, Konstanz 1990.

Otto, Harro, Die Struktur des strafrechtlichen Vermögensschutzes, Berlin 1970.

Palazzo, Francesco, Feindstrafrecht, Strafrecht und Verfassung, in: Ulrich Sieber (Hrsg.), Strafrecht und Wirtschaftsstrafrecht, Dogmatik, Rechtsvergleich, Rechtstatsachen, Festschrift für Klaus Tiedemann zum 70. Geburtstag, Köln 2008, S. 15–28.

Papier, Hans-Jürgen/Durner, Wolfgang, Streitbare Demokratie, AöR 2003, 340–371.

Park, Zin-Wan, Die verfassungskonforme Auslegung als richterliche Verfassungskonkretisierung, Berlin 2000.

Pawlik, Michael, Das unerlaubte Verhalten beim Betrug, Köln 1999.

Perron, Walter, Die Unterscheidung zwischen Auslegung und Analogie aus deutscher Perspektive, in: Eric Hilgendorf (Hrsg.), Das Gesetzlichkeitsprinzip im Strafrecht, Ein deutsch-chinesischer Vergleich, Tübingen 2013, S. 211–233.

Petzold, Kurt, Rechtsstaatliches Verfahren für verfassungswidrige Vereine – das neue Vereinsgesetz, NJW 1964, 2281–2284.

Planker, Markus, Das Vereinsverbot in der verwaltungsgerichtlichen Rechtsprechung, NVwZ 1998, 113–118.

Podolsky, Johann/Brenner, Tobias/Baier, Roland/Veith, Christian, Vermögensabschöpfung im Straf- und Ordnungswidrigkeitenverfahren, Einziehung und vorläufige Vermögenssicherung: Leitfaden für die Praxis, 6. Aufl., Stuttgart u.a. 2019.

Prittwitz, Cornelius, Das deutsche Strafrecht: Fragmentarisch? Subsidiär? Ultima ratio?, in: Peter-Alexis Albrecht (Hrsg.), Vom unmöglichen Zustand des Strafrechts, Frankfurt am Main, Berlin 1995, S. 387–405.

Prittwitz, Cornelius, Das Strafrecht: Ultima ratio, propria ratio oder schlicht strafrechtliche Prohibition?, Zugleich ein Kommentar zu den Beiträgen von Klaus F. Gärditz und Matthias Jahn, ZStW 2017, 390–400.

Puppe, Ingeborg, Kleine Schule des juristischen Denkens, 5. Aufl., Göttingen 2023.

Rautenberg, Florian, Rechtsstaatswidriges Feindstrafrecht oder notwendige Maßnahmen zur Terrorismusbekämpfung?, Zur Verfassungsmäßigkeit der §§ 89a, 89b und 91 StGB, Baden-Baden 2014.

Reichert-Hammer, Hansjörg, Politische Fernziele und Unrecht, Ein Beitrag zur Lehre von der Strafrechtswidrigkeit unter besonderer Berücksichtigung der Verwerflichkeitsklausel des 240 Abs. 2 StGB, Berlin 1991.

Reimer, Franz, Juristische Methodenlehre, 2. Aufl., Baden-Baden 2020.

Rengier, Rudolf, Strafrecht Besonderer Teil I, Vermögensdelikte, 25. Aufl., München 2023.

Renzikowski, Joachim, Wertungswidersprüche als (straf-)rechtsmethodisches Problem, GA 1992, 159–177.

Rogall, Klaus, Grundprobleme des Abfallstrafrechts, 2. Teil, NStZ 1992, 561–567.

Rönnau, Thomas, Vermögensdelikte im engeren und weiteren Sinne, in: Thomas Fischer, Elisa Hoven, Hans-Peter Huber, Rolf Raum, Thomas Rönnau, Frank Saliger, Gerson Trüg (Hrsg.), Dogmatik und Praxis des strafrechtlichen Vermögensschadens, Baden-Baden 2015, S. 31–42.

Rönnau, Thomas/Begemeier, Thomas, Die Vermögensabschöpfung ist keine Strafe!?, Zur Rechtsnatur der §§ 73 ff. StGB anlässlich BVerfG, Beschl. v. 10.2.2021 - 2 BvL 8/19, NStZ 2021, 705–708.

Rönnau, Thomas/Begemeier, Thomas, Grund und Grenzen der Bruttoeinziehung, zur Gestaltung der Bruttoabschöpfung anlässlich der Reform der strafrechtlichen Vermögensabschöpfung, GA 2017, 1–19.

Rostalski, Frauke, Der Vermögensschaden als Tatbestandsmerkmal im Schatten des "Verschleifungsverbots", HRRS 2016, 73–84.

Roxin, Claus, 60 Jahre Grundgesetz aus der Sicht des Strafrechts, JöR 2011, 1–28.

Roxin, Claus, Der Grundsatz der Gesetzesbestimmtheit im deutschen Stafrecht, in: Eric Hilgendorf (Hrsg.), Das Gesetzlichkeitsprinzip im Strafrecht, Ein deutsch-chinesischer Vergleich, Tübingen 2013, S. 113–139.

Roxin, Claus/Greco, Luis, Strafrecht Allgemeiner Teil Bd. 1: Grundlagen. Der Aufbau der Verbrechenslehre, 5. Aufl., München 2020.

Rudolphi, Hans-Joachim, Die verschiedenen Aspekte des Rechtsgutsbegriffs, in: Eberhard Barth (Hrsg.), Festschrift für Richard M. Honig, Zum 80. Geburtstag 3. Januar 1970, Göttingen 1970, S. 151–167.

Rudroff, Natalie, Das Vereinigungsverbot nach Art. 9 Abs. 2 GG und dessen verwaltungsrechtliche Auswirkungen, Köln 1995.

Rühl, Ulli, Grundfragen der Verwaltungsakzessorietät, JuS 1999, 521–529.

Sachs, Michael (Hrsg.), Grundgesetz, 9. Aufl., München 2021 (zit. als Sachs-*Bearbeiter*).

Sacksofsky, Ute, Gleichheitsrechte, in: Matthias Herdegen, Johannes Masing, Ralf Poscher, Klaus Ferdinand Gärditz, Matthias Bäcker, Pascale Cancik, Wolfgang Durner, Astrid Wallrabenstein (Hrsg.), Handbuch des Verfassungsrechts, Darstellung in transnationaler Perspektive, München 2021, S. 1229–1286.

Saliger, Frank, Auswirkungen des Untreue-Beschlusses des Bundesverfassungsgerichts vom 23.6.2010 auf die Schadensdogmatik, ZIS 2011, 902–918.

Saliger, Frank, Grundbezüge von Vermögen und Schaden - Person, Wirtschaft und Recht, in: Thomas Fischer, Elisa Hoven, Hans-Peter Huber, Rolf Raum, Thomas Rönnau, Frank Saliger, Gerson Trüg (Hrsg.), Dogmatik und Praxis des strafrechtlichen Vermögensschadens, Baden-Baden 2015, S. 15–30.

Saliger, Frank, Juristischer und wirtschaftlicher Schaden, HRRS 2012, 363–368.

Samson, Erich, Grundprinzipien des strafrechtlichen Vermögensbegriffes, JA 1989, 510–514.

Samson, Erich, Grundprobleme des Betrugstatbestandes (3. Teil), JA 1978, 625–630.

Satzger, Helmut, Probleme des Schadens beim Betrug, JURA 2009, 518–528.

Sax, Walter, Grundsätze der Strafrechtspflege, in: Karl August Bettermann, Franz L. Neumann, Hans Carl Nipperdey (Hrsg.), Rechtspflege und Grundrechtsschutz, 2. Aufl., Berlin 1972, S. 909–1014.

Schenke, Wolf-Rüdiger/Graulich, Kurt/Ruthig, Josef (Hrsg.), Sicherheitsrecht des Bundes, 2. Aufl., München 2019 (zit. als Schenke-*Bearbeiter*).

Schilling, Hellen, Diskrepanzen beim Vermögensschaden, Eine Analyse der aktuellen Rechtsprechung des Bundesgerichtshofs, NStZ 2018, 316–321.

Schimke, Martin/Dauernheim, Jörg (Hrsg.), Handbuch Vereins- und Verbandsrecht, 14. Aufl., Köln 2018 (zit. als Reichert-*Bearbeiter*).

Schlack, Andrés, Der Betrug als Vermögensverschiebungsdelikt, Untersuchungen zur Absicht rechtswidriger Bereicherung beim Betrugstatbestand, Baden-Baden 2017.

Schlösser, Jan, Die Zweckverfehlungslehre des BGH nach den Grundsatzentscheidungen des BVerfG zum Vermögensschaden bei Betrug und Untreue, in: Thomas Fischer, Elisa Hoven, Hans-Peter Huber, Rolf Raum, Thomas Rönnau, Frank Saliger, Gerson Trüg (Hrsg.), Dogmatik und Praxis des strafrechtlichen Vermögensschadens, Baden-Baden 2015, S. 89–98.

Schlösser, Jan, Einschränkung der Lehre vom persönlichen Schadenseinschlag, HRRS 2014, 395–401.

Schlüchter, Ellen, Tatbestandsmerkmal des Vermögensschadens beim Betrug – Ärgernis oder Rechtsstaatserfordernis, in: Norbert Brieskorn (Hrsg.), Vom mittelalterlichen Recht zur neuzeitlichen Rechtswissenschaft, Bedingungen, Wege und Probleme der europäischen Rechtsgeschichte, Paderborn 1994, S. 573–590.

Schmidt, Heiner, Grundrechte als verfassungsunmittelbare Strafbefreiungsgründe, Zu Methode und Praxis der Verfassungseinwirkung auf das materielle Strafrecht, Baden-Baden 2008.

Schmidt, Karsten, Einheit der Rechtsordnung – Realität? Aufgabe? Illusion?, in: Karsten Schmidt (Hrsg.), Vielfalt des Rechts – Einheit der Rechtsordnung?, Hamburger Ringvorlesung, Berlin 1994, S. 9–29.

Schnorr, Gerhard, Öffentliches Vereinsrecht, Köln 1965.

Schoch, Friedrich/Schneider, Jens-Peter (Hrsg.), Verwaltungsverfahrensgesetz, 3. Aufl., München 2022 (zit. als Schoch/Schneider-*Bearbeiter*).

Schroeder, Friedrich-Christian, Vereinigung, Bande, Gruppe & Co., Die organisationsbezogenen Straftatbestände des deutschen Strafgesetzbuchs, ZIS 2014, 389–392.

Schüler-Springorum, Horst, Über Victimologie, in: Eberhard Barth (Hrsg.), Festschrift für Richard M. Honig, Zum 80. Geburtstag 3. Januar 1970, Göttingen 1970, S. 201–215.

Schulte von Drach, Markus, Warum der Name "Daesch" den Islamischen Staat ärgert, SZ vom 23.11.2015, abrufbar unter https://www.sueddeutsche.de/politik/terrororganisation-warum-der-name-daesch-den-islamischen-staat-aergert-1.2745175 (zugegriffen am 19.4.23).

Schünemann, Bernd, Rechtsgüterschutz, ultima ratio und Viktimodogmatik – von den unverrückbaren Grenzen des Strafrechts in einem liberalen Rechtsstaat, in: Andrew von Hirsch (Hrsg.), Mediating principles, Begrenzungsprinzipien bei der Strafbegründung, Baden-Baden 2006, S. 18–35.

Schwind, Hans-Dieter, Kriminologie und Kriminalpolitik, Eine praxisorientierte Einführung mit Beispielen, 24. Aufl., Heidelberg 2021.

Sehl, Markus, BVerfG zum 'linksunten.indymedia'-Verbot: Chance vertan, abrufbar unter https://www.lto.de/recht/hintergruende/h/bverfg-1bvr133620-linksunten-indymedia-pressefreiheit-bverwg-radio-dreyeckland/ (zugegriffen am 19.4.23).

Seifert, Karl-Heinz, Das neue Vereinsgesetz, DÖV 1964, 685–690.

Seyderhelm, Maximilian, Grundrechtsbindung Privater, Baden-Baden 2021.

Simon, Eric, Gesetzesauslegung im Strafrecht, Eine Analyse der höchstrichterlichen Rechtsprechung, Berlin 2011.

Sodan, Helge, Das Prinzip der Widerspruchsfreiheit der Rechtsordnung, JZ 1999, 864–873.

Spickhoff, Andreas, Zivilrechtliche Wertungen und strafrechtlicher Vermögensbegriff, JZ 2002, 970–977.

Stächelin, Gregor, Strafgesetzgebung im Verfassungsstaat, Normative und empirische materielle und prozedurale Aspekte der Legitimation unter Berücksichtigung neuerer Strafgesetzgebungspraxis, Berlin 1998.

Stelkens, Ulrich/Bonk, Joachim/Sachs, Michael (Hrsg.), Verwaltungsverfahrensgesetz, 10. Aufl., München 2023 (zit. als Stelkens/Bonk/Sachs-*Bearbeiter*).

Stern, Klaus, Das Staatsrecht der Bundesrepublik Deutschland, Grundbegriffe und Grundlagen des Staatsrechts, Strukturprinzipien der Verfassung, 2. Aufl., München 1984.

Stürner, Rolf (Hrsg.), Bürgerliches Gesetzbuch, 18. Aufl., München 2021 (zit. als Jauernig-*Bearbeiter*).

Swoboda, Sabine, Betrug und Erpressung im Drogenmilieu: Abschied von einem einheitlichen Vermögensbegriff, – Zugleich eine Anmerkung zu den Entscheidungen des BGH, Beschluss vom 12. 3. 2002 – 3 StR 4/02 (LG Mönchengladbach) und Urt. vom 7. 8. 2003 – 3 StR 137/03 (LG Aurich) -, NStZ 2005, 476–482.

Tiedemann, Klaus, Verfassungsrecht und Strafrecht, Heidelberg 1991.

Trendelenburg, Cornelius, Ultima ratio?, Subsidiaritätswissenschaftliche Antworten am Beispiel der Strafbarkeit von Insiderhandel und Firmenbestattungen, Frankfurt 2011.

Ullenboom, David, Praxisleitfaden Vermögensabschöpfung, 2. Aufl., Heidelberg 2021.

Valerius, Brian, Übungsklausur – Strafrecht: Der Untergang Babylons (Offenbarung 18) – Grundrechte als Rechtfertigungsgrund, JuS 2007, 1105–1110.

Valerius, Brian, Untauglicher Versuch und Wahndelikt, JA 2010, 113–116.

van Ooyen, Robert, Die Parteiverbotsverfahren vor dem Bundesverfassungsgericht, in: Martin Möllers, Robert van Ooyen (Hrsg.), Parteiverbotsverfahren, 5. Aufl., Frankfurt 2017, S. 59–80.

Vogel, Joachim, Strafrechtsgüter und Rechtsgüterschutz durch Strafrecht im Spiegel der Rechtsprechung des Bundesverfassungsgerichts, StV 1996, 110–115.

Vormbaum, Thomas, Fragmentarisches Strafrecht in Geschichte und Dogmatik, ZStW 2012, 660–690.

Voßkuhle, Andreas/Kaufhold, Ann-Katrin, Grundwissen – Öffentliches Recht: Das Bundesstaatsprinzip, JuS 2010, 873–876.

Wachter, Matthias, Anmerkung zu BGH Urt. v. 11.4.2018 – 5 StR 595/17, StV 2019, 85–88.

Wagner, Markus, Die Akzessorietät des Wirtschaftsstrafrechts, Zugleich ein Beitrag zu Begriff und Wesen des Wirtschaftsstrafrechts, Heidelberg 2016.

Wahl, Rainer, Elemente der Verfassungsstaatlichkeit, JuS 2001, 1041–1048.

Waltke, Philipp, Kunst und öffentlicher Frieden – Strafbefreiung durch Grundrechte?, Berlin 2021.

Wang, Jing, Die Vermögensverfügung als Tatbestandsmerkmal des Betrugs, Rechtsvergleichende Untersuchung des deutschen, japanischen und chinesischen Rechts, Baden-Baden 2016.

Weber, Klaus, Einheit der Rechtsordnung, in: Klaus Weber (Hrsg.), Rechtswörterbuch, 30. Aufl., München 2023.

Weber, Martin, Grenzen EU-rechtskonformer Auslegung und Rechtsfortbildung, Baden-Baden 2010.

Wegner, Kilian, Crime Really Does Not Pay!, VerfBlog vom 03.05.2022, abrufbar unter https://verfassungsblog.de/crime-really-does-not-pay/ (zugegriffen am 19.4.23).

Weigend, Thomas, Der Grundsatz der Verhältnismäßigkeit als Grenze staatlicher Strafgewalt, in: Thomas Weigend, Georg Küpper (Hrsg.), Festschrift für Hans Joachim Hirsch zum 70.Geburtstag am 11. April 1999, Berlin 1999, S. 917–938.

Weinberger, Ota, Rechtslogik, 2. Aufl., Berlin 2021.

Wessels, Johannes/Hillenkamp, Thomas/Schuhr, Jan, Straftaten gegen Vermögenswerte, 45. Aufl., Heidelberg 2022.

Windsberger, Alexandra, Verbotene Gegenstände als Schutzgüter des Strafrechts?, ZStW 2021, 123–151.

Zieschang, Frank, Der Einfluß der Gesamtrechtsordnung auf den Umgang des Vermögensschutzes durch den Betrugstatbestand, in: Thomas Weigend, Georg Küpper (Hrsg.), Festschrift für Hans Joachim Hirsch zum 70. Geburtstag am 11. April 1999, Berlin 1999, S. 831–848.

Ziethen, Jörg, Dogmatische Konsequenzen des Prostitutionsgesetzes für Dirnen- und Freierbetrug, NStZ 2003, 184–189.

Zimmermann, Till, Erpressung einer Prostituierten, NStZ 2012, 211–213.

Zimmermann, Till, “Gutes Geld”?, Neues zur Vermögensqualität von “Drogengeld” und “Bestechungslohn”, GA 2017, 544–558.

Zoglauer, Thomas, Einführung in die formale Logik für Philosophen, 6. Aufl., Stuttgart 2021.

Zöller, Mark, Der Terrorist und sein (Straf-)Recht, Wege und Irrwege der neueren Gesetzgebung zur Terrorismusbekämpfung, GA 2016, 90–108.

Zschockelt, Alfons, Verbrechen und Vergehen gegen das Betäubungsmittelgesetz, NStZ 1996, 222–226.

Zuck, Rüdiger/Lechner, Hans, Bundesverfassungsgerichtsgesetz, 8. Aufl., München 2019.

www.ingramcontent.com/pod-product-compliance
Ingram Content Group UK Ltd.
Pitfield, Milton Keynes, MK11 3LW, UK
UKHW021847290926
8980IPUK00005B/687

9 783631 921807